同济教育研究

汪道涵

一九八七年五月

同济教育研究（第六辑）

教育与创新、创业

同济大学高等教育研究所　编

同济大学出版社
TONGJI UNIVERSITY PRESS
·上海·

内 容 提 要

随着经济社会转型和技术结构升级，国家对创新型人才的需求与日俱增，当前各大高校都在大力开展针对大学生的创新创业能力培养。本书所收关于“创新与创业教育”的论文，介绍了同济大学近年来在创新创业教育方面所做的工作和取得的成效；关于高教发展、教育质量、思政教育、服务师生的论文，对高校办学中的其他一些基本问题开展了广泛和深入的研究；“教育管理硕士论坛”所收论文则涉及其他教育领域。本书内容覆盖面广，理论性和实践性并重，不仅适合高等教育领域从事教学和研究的人士阅读，也可供关心我国教育事业发展的其他各界人士参考。

图书在版编目(CIP)数据

教育与创新、创业 / 同济大学高等教育研究所编
.—上海：同济大学出版社，2022.8
(同济教育研究；6)
ISBN 978-7-5765-0400-2

Ⅰ. ①教… Ⅱ. ①同… Ⅲ. ①高等教育—中国—文集
Ⅳ. ①G649.2-53

中国版本图书馆 CIP 数据核字(2022)第 178061 号

教育与创新、创业
同济大学高等教育研究所 **编**
责任编辑 翁 晗 **助理编辑** 孙铭蔚 **责任校对** 徐春莲 **封面设计** 陈益平

出版发行 同济大学出版社 www.tongjipress.com.cn
(地址：上海市四平路 1239 号 邮编：200092 电话：021-65985622)
经 销 全国各地新华书店
排 版 南京文脉图文设计制作有限公司
印 刷 常熟市华顺印刷有限公司
开 本 787 mm×1092 mm 1/16
印 张 13.25
字 数 331 000
版 次 2022 年 8 月第 1 版
印 次 2022 年 8 月第 1 次印刷
书 号 ISBN 978-7-5765-0400-2

定 价 78.00 元

CONTENTS

目录

高教发展

教育质量

思政教育

服务师生

教育管理硕士论坛

创新与创业教育

高教发展

发展性资助:促进高等教育公平的新途径

◎ 花 艳

摘 要 发展性资助是在给予经济困难生经济资助的基础上,强调经济困难生的全面发展,更加关注于经济困难生素质与能力的提高。促进高等教育公平,重点在于遵循平等对待、差异对待与补偿三大原则。发展性资助关注高校弱势群体经济困难生,关注经济困难生的全面发展,体现了教育"促进学生发展"的本质内涵,发挥出教育缓解相对贫困的作用。这一育人体系的建立与实施,将成为提升高等教育公平性的新途径。

关键词 发展性资助 教育公平 教育过程公平 经济困难生

一、引言

现代社会发展中,教育发挥着基础性、全局性和先导性作用。教育公平是一种重要的社会公平,在整个社会公平体系中具有基础性地位[1]。如何发挥教育缓解相对贫困的作用,用教育阻断贫困的代际传递,一直是教育学界及其他多学科研究的热点问题,其中作为弱势群体的高校经济困难生得到了诸多关注。

我国高校学费政策,经历了 1949—1977 年的免费高等教育政策,到 1978—1994 年的从全部免费到部分收费的"双轨制",再到 1992 年之后,国家"招生并轨",并逐步实行了高等教育普遍收费制度[2]。在大学收费制度实行的最初几年,学生因缴不起学费而不得不放弃求学机会的报道屡见不鲜,经济困难生在校园内因经济拮据而度日为艰的新闻报道也频频出现。

党中央和政府高度重视上述情况,并结合我国的社会及高校实际,逐步推出一系列的助学帮困政策与措施,如助学贷款、国家奖助学金制度、高校新生报道"绿色通道",以及吸收社会团体或企业,设立专门面向经济困难生的奖助学金等。经过二十多年的探索与实

作者简介 花艳,同济大学附属同济医院党委副书记,副教授;华东师范大学教育学部教育专业博士研究生。

践,已经构筑了以经济资助为主,涵盖国家、学校及社会(捐赠)多渠道投入的资助体系,为解决经济困难生在读期间的经济问题提供了良好的经济保证[3],相当程度上保障了经济困难生在校期间的生活与学习基本经济需求,也体现了高等教育阶段的教育公平。

然而经济困难生在校的成长与发展除了经济上的困难之外,与普通学生相比还存在心理、学习策略、文化适应等方面的诸多局限[3-5]。例如,对大学学习方式的适应比普通学生困难,在与老师的沟通交流上比普通学生更加局促,心理上存在自卑情绪,等等。经济困难生比普通学生需要更多的提升素质与能力的指导与帮扶。在给予经济困难生相应的基本学习生活经济保障之后,对于教育公平中的更深层次的问题,如引导帮助经济困难生在高校中更好地成长与发展[6]凸显了出来。但是目前高校中以经济资助为主的助学帮困体系,并不能很好地回应这样的要求[7]。由此发展性资助的概念应运而生。

相对于长期以来的经济性资助,发展性资助在给予经济困难生经济帮扶之外,更关注对经济困难生学业、心理以及综合能力的帮扶[8]。发展性资助概念不但切合教育公平中教育过程公平的差异对待原则与补偿原则,也体现了教育中"学生发展"的本质内涵,同时还很好地回应了教育缓解相对贫困的新要求。

二、我国高校经济困难生资助体系与发展性资助概念的提出

(一)我国高校经济困难生资助体系的发展历程

立德树人是高校的根本任务,这就要求关注每一名在校生的发展与成长,特别是学生中弱势群体的成长。国家一直高度重视高校经济困难生的资助工作,制定并不断完善经济困难生的资助政策。总体来说,我国资助政策与体系的发展与我国高校收费政策的发展变化基本同步。我国高校经济困难生资助体系建设经历了三个阶段[9]。

中华人民共和国成立后至 20 世纪 80 年代:这一阶段,我国实行免费高等教育制度。1952 年 7 月至 1954 年 8 月,教育部规定,向高校中全体学生发放人民助学金,以保障全体在校生的学习与生活。之后,教育部颁布了《全国高等学校一般人民助学金实施办法》,"办法"规定,人民助学金从向全体学生发放,转变为向其中的部分学生发放。但是高等师范院校继续实行向全体学生发放的政策[2]。

20 世纪 80 年代至 90 年代末:这个阶段我国结束了高等教育免费制度,转而开始实施高校收缴学费的制度。高校中施行的普遍性人民助学金制度也同时结束。1987 年起我国实行高校学生奖学金制度,并同时开始对于高校中的经济困难生给予助学帮困。高校学生奖学金包括优秀学生奖学金、专业奖学金和定向奖学金。在奖学金制度之外,对于高校中的经济困难生,国家设立了贷款、困难补助、勤工助学、学费减免等政策[9]。1993 年 7 月,国家教委、财政部颁发了《关于高等学校生活特别困难学生进行资助的通知》,正式开始向高

校经济困难生发放困难补助。

20 世纪 90 年代末至今:这一阶段,我国开始实行普遍的高等教育收费制度。高校收费制度的实施,给来自经济困难家庭的学生带来了压力,也引发了人们相应的关注[9]。国家高度重视,多部委联合发力,制定政策,对经济困难生进行资助。1999 年国家助学贷款政策开始施行,由商业银行向贫困大学生发放无息助学贷款。2000 年在全日制普通高校中建立新生"绿色通道",对于新生中因为家庭经济困难,难以按时缴纳学费和住宿费的学生,可以在提供相应证明的情况下,暂时不缴纳学费,而先行办理入学手续。在入学后,根据实际情况,分别采取相应措施予以资助。

同时,我国不断拓展原先的困难补助政策,在高校中设立国家助学金和国家奖学金,并增设国家励志奖学金,用于奖励高校经济困难生中成绩优异的学生。2007 年 5 月,国务院颁发《关于建立健全普通本科高校高等职业学校和中等职业学校家庭经济困难学生资助政策体系的意见》。至此,我国已建立起以政府为主导、学校和社会积极参与的国家学生资助政策体系[10]。

总体来看,我国的经济困难生资助体系,主要提供的是经济资助,履行着"决不让一个学生因家庭经济困难而失学"的庄严承诺,很好地推动了我国高等教育的教育公平。但是也要看到,让学生获得足够的资金,而不致失学,在教育公平的层次中,主要还只是解决了教育起点公平的问题。现有的诸多研究表明,这些经济困难生进入高校,在学习生活中存在诸如心理、文化适应、社交等发展性的困难与障碍。为促进高校内部的教育公平,保障在校生拥有同等的在校发展与取得学业成就的机会,在提供经济资助的保障基础上,还应该有帮助经济困难生克服非经济限制的资助。由此关注经济困难生全面发展的发展性资助应运而出。

(二) 发展性资助的内涵及理论基础

通过梳理发展性资助的相关研究成果,进一步厘清发展性资助的概念内涵,发现:发展性资助是对已有的以经济资助为主的高校经济困难生助学资助的补充与完善,并不是对传统经济资助的否定。发展性资助就是要在经济资助的基础上,进一步着眼于高校经济困难生的个体全面发展,满足该群体更高层次的需求,提高学生的综合素质[8]。

发展性资助的理论基础主要有:其一,公平与效率理论认为,目前的高校资助体系,基本实现了对经济困难生的经济支持,使得每个经济困难生都与其他学生一样拥有一个相对公平的发展起点,但是在教育公平中,"教育机会均等前提下的教育效益最大化"的效率诉求问题显现出来,而发展性资助能回应这种诉求[11]。其二,需要层次理论认为,经济资助满足了经济困难生的最基本的发展需求,但是教育就是要为学生各层次发展需要提供机会、创造条件。发展性资助多方位的帮扶,能够支持与帮助学生实现自我发展各层次的需要[12]。其三,人的全面发展理论认为,高校要实现"立德树人"的根本任务,就要培养全面发展的人,切实地解决经济困难生发展可能与发展要求之间存在的矛盾。通过心理辅导、难点解答、素质拓展等方式,促进经济困难生克服成长的困境,得到全面和充分发展。其四,教育公平理论认为,发展性资助为经济困难生成长成才全面发展创设环境、提供支持,有效保障了经济困难生教育条件、效果及成功机会的均等,把资助的维度与经济困难生发展的需求维度相对接,从而实现更广泛更大程度的公平[13]。

三、发展性资助对高等教育公平的促进意义

(一)教育公平的内涵

关于教育公平的定义,诸多学者借鉴了胡森关于教育公平的界定[6]。胡森认为,教育公平这一概念经历了保守主义、自由主义和新观念三个演变过程,形成了理论结构,即起点公平、过程公平和结果公平[14]。

学者石中英认为,教育公平的主要内涵,在法律上,是人人享受平等的教育权利;在教育政策领域,是人人平等地享有公共教育资源;在教育活动中,是人人受到平等的教育对待,人人具有同等的取得学业成就和就业前景的机会[1]。

学者王善迈认为教育公平,从宏观层面上是指:适龄儿童、青少年享有同等的受教育权利和机会,享有同等的公共教育资源服务,并向弱势群体倾斜;从微观层面上是指:教育者应同等地对待每个受教育者,不应有任何歧视。他同时认为,教育公平具有阶段性、相对性、区域性的特点[15]。

学界较为一致地认为,教育公平具有三个阶段特征:起点公平、过程公平和结果公平。起点公平在于有教无类、博爱平等,主要是让每个孩子都有接受教育的均等机会;过程公平是因材施教、差异对待,关键是让受教育者接受最适合自我的教育,以自己的方式获得成长与发展;结果公平是人尽其才、各展所长,同时在差异基础上实现较高水平的平等[15]。

另一方面,发展性资助关乎教育系统的内部公平,即高校如何分配自身内部资源,提供多样化的丰富的教育活动,充分挖掘学生潜能,并对处于弱势的学生给予关注,从而推动学生在校发展过程中及取得学业成就的公平,属于教育过程公平的范畴。

(二)教育过程公平的意义与原则

1. 教育过程公平何以重要

教育过程公平体现了教育公平中个体公平的本质内涵[16]。从宏观上看,教育公平是法律、制度与政策上的公平,是面向群体的公平;从微观上看,教育公平是满足受教育发展需要的问题,是面向个体的公平。而教育过程公平正是教育的实践环节,学校内部系统中的公平,是具体对待每一名受教育者时的公平。

教育过程公平体现教育的内涵式发展的要求。实现高等教育内涵式发展，有别于外延式发展，如追加教育资源的投入等，而是要求高校充分挖掘现有资源的改革教育过程，充分关注在校生中的弱势群体，实现高校自身内部的公平。

从教育起点、过程与结果公平三阶段的内涵来看，教育过程公平连接着起点公平与结果公平，没有过程公平，教育机会均等就可能只是形式性的，教育结果公平也无从实现[16]。教育过程公平成为实现真正的教育公平的关键所在。

2. 教育过程公平的实施原则

教育过程公平应遵循平等对待原则、差异对待原则和补偿原则[17]。

平等对待原则是指人人拥有平等的人格基础，理应被公平地对待，学校管理者与教师应尊重每一个学生受教育的权利，不可偏私、偏爱和给予特权优待。

差异对待原则是指因人而异、因材施教达到每个学生充分发挥自己潜能的目的。只有承认学生间的差异，在平等的基本原则上，发现学生的个体差异，尊重差异，提供丰富多样、层次各异的教育教学活动与环境，才能体现真正的公平。

补偿原则是从教育公平的正义原则上来看的。美国著名哲学家罗尔斯从伦理学的角度，提出了独具特色且影响深远的以补偿教育为核心的教育公平理论。根据补偿原则，高校在推进学校内部公平时，应该对贫困等弱势学生给予更多的关注，分配更多的教育资源，学校教师与管理者也应该给予他们更多的学业支持、心理关怀及能力提升方面的帮助。

（三）发展性资助对高等教育公平的促进意义

从教育公平的本质上看，发展性资助是对教育公平本质的回应。教育根本上是培养人，是要促进人的发展。实现教育公平就是要消除不平等不公平，就是要扫清阻碍人发展的障碍，为具体的人的发展创设条件。发展性资助在给予经济困难生经济资助的基础上，关注他们的全面发展，为他们的全面发展提供学业、心理、综合能力提升等多方面的帮扶，帮助经济困难生获得与普通学生一样发展的机会。高校树立发展性资助理念，实施发展性资助，是回归了教育的本质，回归了教育公平的本质。

从教育过程公平的实施原则来看，发展性资助是教育过程公平补偿原则的体现。罗尔斯认为，人们受到政治体制、经济和社会条件的制约，也受到人们出生所具有的不平等社会地位和自然禀赋的深刻影响，个体上的不平等由此产生，这是无法自我选择、强加在个体上的。应“允许那种能给最少受惠者带来补偿利益的不平等分配”[14]。对经济困难生开展发展性资助正是体现了这样的补偿原则，从而在高校内部实现了教育公平的正义原则。同时因为其对弱势群体的关注，而符合差异对待原则，即给不同的学生以不同的但适合其自身的教育。

从教育过程公平的实践来看，发展性资助是高校教育公平提升途径的丰富与拓展。经过二十多年的发展，我国已经建立起多元而立体的经济资助体系，已经有力地给予了经济困难生经济上的支持,已经实现了"决不让一个学生因家庭经济困难而失学"的承诺,解决了家庭经济困难学生没钱上学的问题。而就高校内涵式发展的要求来看,如何进一步提升高校办学质量,在经济困难生群体上,明确为给他们提供同等和适合的发展机会。发展性资助为解决新的深层次的公平问题提供了途径。

四、高校发展性资助实践模式的构建

依据发展性资助的特征以及教育过程公平的内涵,在构建高校发展性资助实践模式时,应注重理念转变、需求调研、项目化活动、精神引导、人文关怀五个关键点[18]。

第一,树立发展性资助的理念。理念的转变需要高校领导层能够将"如何实现经济困难生的成长成才和全面发展"作为对经济困难生开展资助的目标问题,同时贯穿于工作的始终。认识到高校内部的公平问题,在经济困难生这一群体上的体现,已经从先前的"没钱上学"的问题,转变为"更好地学习、同等的发展机会"的问题。

第二,深入调研经济困难生的生活困境和发展需求。深入了解经济困难生的发展需求以及当前发展的制约因素,成为在实践中成功与否的核心。

第三,开展项目化的资助活动。在给予经济困难生经济资助的基础上,依据经济困难生的需求,开展项目化的资助活动,具体可以分为:学业发展规划项目、专业技能提高项目、人文素质提高项目、实践能力提高项目、职业规划能力提高项目、出国交流专项资助项目等。

第四,创设情境,加强精神引导。针对已有研究中指出的,经济困难生因为家庭环境等因素,在日常学习生活中更易出现自卑、敏感等心理问题,加强精神引导就是要激发经济困难生内动力,挖掘自身优点,立足长远的人生发展,增强信心与持续努力的动力。

第五,加强人文关怀,避免"标签化"的伤害。避免"经济困难生"等标签化效应,运用更加清新的话语体系,防止引发抵触心理与再次伤害。

五、结语

发展性资助作为高校新兴的经济困难生资助方式,相对于目前普遍采用的经济资助,更加关注经济困难生的在校发展与获得同等学业成就的机会。体现了对教育公平的本质回应,符合教育过程公平的实施原则,同时在我国高等教育内涵式发展的要求下,也是高校教育公平提升途径的丰富与拓展。

作为新途径,发展性资助如何在高校有效地实践,以及它的实施对于高等教育公平提升的实际效果,还有待进一步的实证研究。

参考文献

[1] 石中英.教育公平的主要内涵与社会意义[J].中国教育学刊,2008(3):1-6,27.
[2] 沈玉顺. 我国高校学费政策的演变[J]. 高教与经济,2000(2):20-25,46.
[3] 高玉玲.贫困生的生活困境及其应对策略——兼论发展性资助支持体系的构建[J].北京工业大学学报(社会科学版),2015,15(2):1-5,12.
[4] 李博,宋波.多维度贫困理论视角下高校学生资助工作的创新[J].知识经济,2013(7):167-168.
[5] 余秀兰.从被动融入到主动整合:农村籍大学生的城市适应[J].高等教育研究,2010,31(8):91-99.
[6] 周谷平,余源晶.近30年来政策话语对教育公平的关注——基于《教育部工作要点》的实证研究[J].教育研究,2012,33(2):35-40,52.
[7] 郭昕. 我国普通高校贫困生资助问题研究[D].武汉:华中师范大学,2013:135-146.
[8] 陈清.发展性学生资助理念的内涵探析与理论归宿[J].山东农业工程学院学报,2015,32(5):163-165.
[9] 余秀兰.60年的探索:建国以来我国大学生资助政策探析[J].北京大学教育评论,2010,8(1):151-163,192.
[10] 央广网."不让一个学生因为家庭经济困难而失学" [EB/OL].http://www.cnr.cn/chanjing/gongyi/20180822/t20180822_524338866.shtml.
[11] 汪亮.教育公平视野下高职院校发展性资助体系研究[J].学理论,2015(24):129-130,149.
[12] 刘世勇,王林清,马彦周.学生激励的新视角:发展性资助[J].湖北社会科学,2010(11):178-181.
[13] 余本兰.全面发展视域下高校家庭经济困难学生发展性资助的思考与实践[J].吉林省教育学院学报(下旬),2015,31(6):6-8.
[14] 易红郡. 西方教育公平理论的多元化分析[J]. 湖南师范大学教育科学学报,2010,9(4):5-9.
[15] 王善迈. 教育公平的分析框架和评价指标[J]. 北京师范大学学报(社会科学版),2008(3):93-97.
[16] 吕星宇.教育过程公平研究:教育公平研究的新趋势[J].当代教育科学,2008(15):3-6.
[17] 张祖民. 教育过程公平的内涵与原则[J]. 教育探索,2014(10):1-3.
[18] 花艳,王小莉,张绣宇. 发展性资助在高校院系的实践探索——基于"笃志青年"项目的案例研究[J].高校辅导员学刊,2018,10(3):38-43.

长三角教育精英的空间分布与结构特征研究*

◎ 薛琪薪

摘　要　本研究通过履历法(CV法)建立了长三角教育精英人才数据库,涵盖了1998—2017年的628名高校特聘教授。研究发现,长三角学术精英的空间集聚以沪苏浙皖排序,复旦、南大、上海交大、浙大为第一梯队;江苏汇集工学和管理学精英,浙江集聚农学精英,上海集中其他学科精英。教育精英的性别差异、年龄差异、学科差异与地区差异密切联系,男性精英占有绝对优势;"60后"教育精英超过六成,超过一半出生于长三角地区。总体而言,长三角教育精英以工学、理学、医学为主,合计接近八成,历年变化如下:一是学科门类从工学、理学、医学、农学扩展到所有门类;二是自然科学占比下降,人文社会科学占比逐渐上升;三是在全国的占比逐渐下降。最后对发展人才生态进行了展望。

关键词　长三角　教育精英　精英人才　空间分布　人才结构

教育精英人才在国家和地区科技文化发展中的重要性不言自明,国家和地区之间的竞争,最终是精英人才的竞争。随着中国高等教育的发展以及人才规划和人才政策的实施,教育精英人才不断增多,但与科技发展事业的需求相比,仍然存在结构性的短缺现象。近年来国际形势的变化,凸显出中国在教育精英人才占有和使用方面还存在短板,对人才培育和发展的研究尚不充足。这就要求学界加强对这一群体现状和规律的研究,分析人才发展的各个阶段及可能存在的障碍,为优化人才发展生态环境而努力。

一、研究方法与数据处理

1996年在美国佐治亚理工学院的开展的研究价值图(Research Value Mapping)项目,

---

* 教育部人文社科重点研究基地重大项目"中国大城市人口与可持续发展研究"(17JJD790008)。

作者简介　薛琪薪,上海市青少年研究中心助理研究员,博士,研究方向为青年人才、人口社会学。

是利用学术人才履历来开展科学评价研究的最早探索。在后期的发展中,研究者利用履历分析方法(Curriculum Vitae, CV)追踪教育精英人才的职业流动轨迹,探索人才流动规律,成为人才流动研究中的一大新趋势。[1]例如,Dietz 等(2005)收集了 1 200 名科技精英人才的履历信息,研究了科技精英人才的机构流动过程。[2]Sabatier 等(2006)收集了 500 多名法国生命科学人才的职业履历,讨论了职业流动对事业发展的影响模式。[3]在国内的研究中,张凤珠等(2011)使用学术履历分析方法对学术人才的资助绩效进行了评估,[4]黄海刚等(2018)基于 1994—2014 年“长江学者”“杰青基金”获得者的履历数据,讨论了教育精英人才的空间布局与集聚特征。[5-6]相关研究中,这一方法主要用于分析学术人才的职业轨迹、学术人才的地理迁移、学术网络的科研生产率等问题。本研究的主体数据,即利用履历分析方法开展收集。

本研究以“长江学者特聘教授”为样本,讨论教育精英的空间分布与结构特征问题。在具体的数据采集方面,首先筛选 1998—2017 年在长三角地区当选的“长江学者”;随后,通过机构官网、搜索引擎、学术作品的作者简介、访谈记录、个人传记等途径汇集相关履历信息。最后,通过 Web of Science、中国知网(CNKI)等数据库,补充教育精英人才科研发表的数量与引用量等信息。最终形成包括人口学特征信息、教育阶段信息和工作阶段信息三部分内容的长三角教育精英基本信息数据库。

在数据处理方面,如图 1 所示,通过官网介绍主页、搜索引擎、学术作品作者简介、访谈记录、个人传记等方式获得教育精英人才的履历信息之后,再将相关信息输入统一的 Excel 表格中,为后续的数据清洗等工作做好准备,并对录入的信息依次开展手工编码。在通过 Web of Science、CNKI 等数据库补充缺失数据时,需要通过各种手段确保录入信息的准确性。既要排除同名同姓学者的干扰,做到数据不错入;又要做到该学者本人的数据不遗漏。在实际操作中,为了保障数据不错入,主要通过作者的国别、城市、机构等分辨重名情况;同

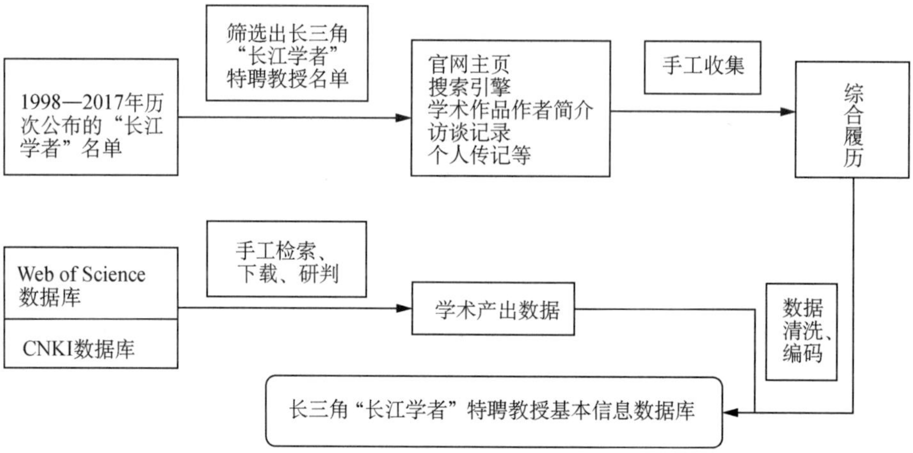

图 1　长三角教育精英基本信息数据库构建流程

一机构内的重名学者,则结合专业领域、教育背景等来进行判定。在保障数据不遗漏方面,特别是在搜索外文数据库的科研发表情况时,通过分次利用姓名简写、全拼等形式组合检索,以使收集到的数据尽量全面。

二、长三角教育精英空间分布的整体格局

根据1998—2017年“长江学者”名单,教育部共评选了特聘教授2 301人,其中在长三角地区当选的共有628位,占比27.29%,略低于京津冀地区(763名,占比33.16%),但高于珠三角地区(90名,占比3.91%)。以此观之,长三角地区在汇聚教育精英人才方面占有一定的优势。

(一) 分布情况按照沪苏浙皖的顺序排列,复旦、南大、上海交大、浙大处于第一梯队

从“长江学者”特聘教授的申报地来看,如表1所示,上海市共有285名“长江学者”特聘教授,排名第一,占比达45.4%,接近一半。江苏省共有215名“长江学者”特聘教授,排名第二,占比达34.2%。浙江省和安徽省的“长江学者”特聘教授则明显少于前两者,分别为95名和33名,占比为15.1%和5.3%。

表1　长三角教育精英的申报地分布

	上海市	江苏省	浙江省	安徽省	总计
人数(人)	285	215	95	33	628
比例	45.4%	34.2%	15.1%	5.3%	100.0%

从“长江学者”特聘教授的推荐高校来看,如表2所示,复旦大学、南京大学、上海交通大学、浙江大学拥有“长江学者”特聘教授数量最多,分别达到了97人、96人、88人、88人,四所高校拥有的“长江学者”特聘教授数量合计达到了长三角地区的58.7%,接近六成,成为集聚教育精英人才的第一梯队。东南大学、中国科技大学、同济大学、华东师范大学、华东理工大学拥有的“长江学者”特聘教授数量分别为34人、30人、27人、21人、19人,处于集聚教育精英人才的第二梯队,五所高校拥有的“长江学者”特聘教授数量合计达到了长三角地区的20.8%。排名前十名的高校,拥有的“长江学者”特聘教授累计数量为511人,占比达到81.3%。这也说明,长三角地区各高校在教育精英人才占有方面表现出较大的“贫富分化”,“头部”高校在集聚教育精英人才方面有着较大的优势。如Cong Cao(2004)的研究指出的那样,工作环境、科研轨迹等可以极大地预测教育精英人才的发展成就和荣誉取得,工作机构声誉和个人成就具有互相促进的优势积累效应,有利于学术人才进入精英行列。[7]

表 2 长三角教育精英的推荐高校

排名	推荐高校	人数	比例	排名	推荐高校	人数	比例
1	复旦大学	97	15.4%	22	南京工业大学	4	0.6%
2	南京大学	96	15.3%	23	中国药科大学	4	0.6%
3	上海交通大学	88	14%	24	江苏大学	3	0.5%
4	浙江大学	88	14%	25	南京医科大学	3	0.5%
5	东南大学	34	5.4%	26	浙江师范大学	3	0.5%
6	中国科技大学	30	4.8%	27	合肥工业大学	2	0.3%
7	同济大学	27	4.3%	28	上海体育学院	2	0.3%
8	华东师范大学	21	3.3%	29	上海中医药大学	2	0.3%
9	华东理工大学	19	3%	30	安徽大学	1	0.2%
10	南京航空航天大学	11	1.8%	31	江苏师范大学	1	0.2%
11	中国矿业大学	10	1.6%	32	南京林业大学	1	0.2%
12	河海大学	9	1.4%	33	南京审计大学	1	0.2%
13	南京理工大学	8	1.3%	34	南京信息工程大学	1	0.2%
14	上海财经大学	8	1.3%	35	南京邮电大学	1	0.2%
15	海军军医大学	7	1.1%	36	上海外国语大学	1	0.2%
16	江南大学	7	1.1%	37	上海音乐学院	1	0.2%
17	南京师范大学	7	1.1%	38	徐州医学院	1	0.2%
18	上海大学	7	1.1%	39	浙江财经大学	1	0.2%
19	苏州大学	7	1.1%	40	浙江工业大学	1	0.2%
20	南京农业大学	6	1%	41	浙江理工大学	1	0.2%
21	东华大学	5	0.8%	42	中国美术学院	1	0.2%
					合计	628	100

（二）浙江集中农学精英，江苏汇聚工学、管理学精英，上海则成为其他大部分学科的精英之城

从地区差异来看，长三角各省市的教育精英人才的学科分布各有侧重。如图 2 所示，浙江集中了农学的教育精英，长三角 50%的农学学科的“长江学者”特聘教授都在浙江工作。江苏则汇聚了工学、管理学的大部分教育精英，占比分别达到了 41.27%和 41.67%。上海则成为其他大多数学科精英的集结之地，特别是哲学（占比 72.73%）、医学（65.22%）、历史学（50.00%）、经济学（56.25%）、教育学（58.33%）、法学（55.00%）等学科门类，上海拥有的“长江学者”特聘教授占长三角的比重均超过了一半，凸显出上海对教育精英人才的巨大吸引力。而安徽

拥有的“长江学者”特聘教授数量较少，所以各学科门类占比也较小，目前还没有出现优势学科门类。

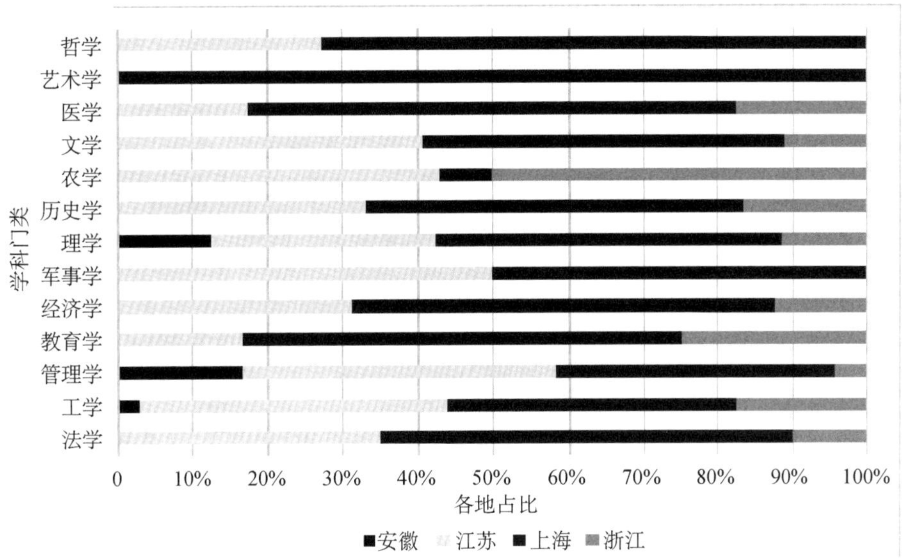

图 2　分学科门类教育精英在长三角的地区分布

三、长三角教育精英群体的人口学特征

（一）长三角教育精英的性别年龄结构

1. **男性数量占有绝对优势，沪苏浙皖女性占比逐渐下降**

在长三角 628 名教育精英中，有男性 590 人，占比 93.9%；女性 38 人，占比 6.1%。关于教育精英人才中女性占比较少的问题，牛珩等（2012）对科技精英人才的研究也同样发现，百人计划中的女性精英人才占比为 7%，“杰青基金”获得者中女性占比 6%，[8] 均处于低位，与本研究的发现接近。本研究发现，上海市的女性“长江学者”特聘教授数量最多，达到 20 人，女性占比也最高，占上海市的 7.02%。其次是江苏省和浙江省，女性“长江学者”特聘教授分别达到了 12 人和 5 人，占比分别为 5.58%和 5.26%。安徽省的女性“长江学者”特聘教授最少，目前只有 1 人，占比也较少，为 3.03%。男性特聘教授具有显著的数量优势，也反映出女性教育精英人才在发展方面可能存在“玻璃天花板”，即一层隐隐存在的阻碍女性人才晋升和发展的性别权力结构和性别文化。[9] 精英阶层中性别差距较为明显，女性在精英人才中所占的比例远远低于男性。如许叶萍等（2009）的研究发现，市场与社会的分离对于女性的工作表现形成了某种悖论，由于强调女性在家庭建设和子女养育方面的社会作用，

损害了女性的职场表现和成就的取得。[10]李忠路(2011)同样指出,家庭责任极大地影响了女性晋升为精英人才,控制人力资本这一变量后性别差距进一步提升。[11]

2. 女性平均年龄小,不同地区和不同学科平均年龄差异明显

一个群体的平均年龄,是其社会特征的重要标识之一。马蒂尔达·怀特·赖利(1969)认为,生命周期历程与社会变迁的交织,使得社会成员归属于不同的社会年龄阶层。[12]陈路舟(2018)对中国科学院院士当选年龄的统计显示,改革开放之后,由于历史原因,当选院士的平均年龄较高,1980—1999年稳定在62岁左右,但从2003年开始大幅下降,以后稳定在54岁左右。[13]在本研究中,长三角教育精英平均年龄为55.07岁,其中男性平均年龄55.11岁,女性平均年龄54.45岁。从地区来看,安徽省的"长江学者"特聘教授群体最年轻,平均年龄为53.33岁;其次是浙江省和江苏省,平均年龄分别为54.56岁和54.75岁;上海市的"长江学者"特聘教授群体平均年龄最大,达到55.69岁。

Gregorutti(2008)对美国大学教授的研究发现,具有男性、来自自然科学部门、年龄在41~50岁之间等特征的大学教授更有学术生产力,晋升得更快。[14]在本研究中,不同学科学术精英的平均年龄差距较大,其中军事学、理学、工学、医学等自然科学领域的"长江学者"特聘教授平均年龄均在55岁以下,而文学、历史、哲学、艺术等人文学科的"长江学者"特聘教授平均年龄则达到或超过59岁。总体呈现出人文社科领域的"长江学者"特聘教授年龄较大,而自然科学领域的"长江学者"特聘教授更为年轻的趋势。

3. "60后"教育精英占比超过六成,当选年龄呈现逐渐上升趋势

从出生年代来看,教育精英具有明显的集中趋势,出生于1960—1964年的占比36.1%,出生于1965—1969年的占比28.2%,两者合计达到了64.3%,即超过六成属于"60后"。其次是"70后"群体,出生于1970—1974年的占比15.3%,出生于1975—1979年的占比4.3%,两者合计达到了19.6%,占比接近二成。排名第三的是"50后"群体,出生于1950—1954年的占比3.1%,出生于1955—1959年的占比11.8%,两者合计达到了14.9%。可以看出,"60后"长江学者特聘教授目前是长三角教育精英人才的主力军,发挥着承前启后的作用。

而从当选"长江学者"时的平均年龄来看,长三角"长江学者"特聘教授的总体平均当选年龄是43.4岁。如图3所示,在1998年第一届评选时,"长江学者"特聘教授的平均当选年龄为38.6岁。平均当选年龄最低的是2000年,为34.4岁;平均当选年龄最高是2016年和2017年,为46.4岁。整体呈现出随着时间发展,平均当选年龄逐年上升的趋势。这也说明随着我国高等教育的发展,高校科技人才的竞争更加激烈,学术精英们需要更多的时间积累评选"长江学者"所需的研究成果和学术资历,获得学术共同体的认可。

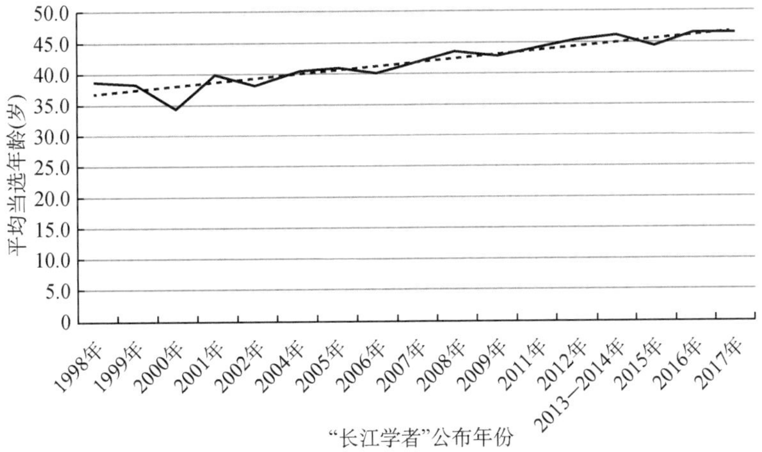

图 3　长三角教育精英当选"长江学者"的平均年龄

(二)长三角教育精英的出生地分布及初始职业特征

1. 出生地以华东地区和中南地区为主,合计超过四分之三

教育活动本身就是"在一定的人类社会生活、物质生产方式和地理环境中产生、发展和进行,具有强烈的地域性特征的重要人类活动"。[15]因此,学术人才群体除内在的结构性特征外,又表现出不同的空间分布状况。在全球化的时代背景下,高等教育被赋予了鲜明的地理印记,螺旋式发展的"时空域"使得高等教育呈现趋同性与差异性、同质化与特色化并存的格局。[16]通过分析"长江学者"特聘教授的出生地分布,可以很好地探索教育精英人才从出生地到主要工作地的空间流动情况。以下就按照中国政治区域的划分标准,将"长江学者"特聘教授的出生省级单位纳入中国的六大行政板块,得出教育精英人才的出生区域分布情况。经过统计,华东地区(占比 65.0%)和中南地区(占比 11.5%)占比最多,合计占比 76.5%,超过了四分之三。Florida 指出,城市的公共服务水平、开放度和包容度对吸引人才集聚至关重要。[17]长三角地区具有优良的产业经济环境、教育环境和社会文化环境,在城市经济产出、科研投入和固定资产投资方面都处于国内领先的地位,自然对周边地区的人才具有较大的吸引力。同时,不能忽略产业集聚对人才集聚的影响,Clark 指出,产业升级引起人才的就业结构变动,从而形成新的人才集聚结构。[18]改革开放之后,长三角地区的产业结构升级调整,从"二一三"结构过渡到"二三一"结构,进一步发展到"三二一"结构。[19]随着产业结构向工业化和现代化迈进,动态调整中的产业集聚不断吸引人才,产生"羊群效应"。[20]

2. 来源地分布在全国除港澳青藏外的 30 个省级行政区,超过一半出生于长三角本区域

按照省级行政区进一步细化"长江学者"特聘教授的出生地,可以发现长三角"长江学者"特聘教授群体来源广泛,除了香港、澳门、青海、西藏这四个地区本身人口基数较小,暂时没有产生主要工作在长三角地区的长江学者外，祖国各地的其他30个省级行政区都是长三角地区“长江学者”特聘教授的“培育”地区。以主要出生地而言，这些教育精英主要出生在江苏、浙江、安徽、山东和上海这五个地区，人数合计占比达到了59.7%。而就长三角的江浙沪皖四个省级行政区而言，出生于本区域的“长江学者”特聘教授占比达到了53.2%，超过一半。

3. 初始职业为教学人员的接近六成，科学研究人员约占四分之一

现代社会中，职业是人类生活和社会分层体系的重要指标，而职业结构是分析社会流动的重要视角之一。社会学家布劳与邓肯在1967年出版的《美国的职业结构》一书中分析了先赋因素和自致因素对个人获得职业地位的影响。他们的实证研究发现，初始职业对个人的职业地位和成就获得具有重要影响。[21]因此，职业流动可以作为分析人才流动时的一个切入视角，而初始职业就是一个重要的观察起点。

按照2015版《中华人民共和国职业分类大典》对中国职业类别的划分，对教育精英的初始职业分类(中类)统计可以发现，教学人员占据绝对主流。如表3所示，在628名教育精英中，共有372名初始职业是教学人员，占比59.2%，接近六成。在这372名初始职业是教学人员的教育精英中，有13名初始职业是中小学教师，占全体初始职业为教学人员群体的3.5%；359名初始职业是本专科院校教师，占比96.5%。数量排名第二的初始职业是科学研究人员，有158人，占比25.2%。在初始职业是科学研究人员的群体中，有111名是在从事博士后研究，47名是在各科研机构工作，分别占科学研究人员的70.3%和29.7%。数量排名第三的初始职业是卫生专业技术人员，有43人，占全体长三角“长江学者”特聘教授的6.8%。这些初始职业是卫生专业技术人员的教育精英主要是在本科或硕士毕业后在医疗疾控部门工作，很多是一边工作，一边继续深造。排名第四的初始职业是工程技术人员，有35人，占全体教育精英的5.6%，他们主要是在各类企事业单位从事工程技术工作。排名第五的初始职业是军人，有12人，占全体教育精英的1.9%，其中11人是在军医大学及下属医院工作，1人从事翻译工作。总体来看，长三角教育精英的初始职业以教学和科学研究人员为主，两者合计占比达到了84.4%，绝大部分人在职业生涯之初就走上了教学研究岗位，并在之后不断积累提升。

表3　长三角教育精英的初始职业

职业分类(中类)	人数	占比
教学人员	372	59.2%
科学研究人员	158	25.2%
卫生专业技术人员	43	6.8%
工程技术人员	35	5.6%
军人	12	1.9%

（续表）

职业分类(中类)	人数	占比
行政办公人员	4	0.6%
文学艺术工作人员	2	0.3%
新闻出版、文化工作人员	1	0.2%
空缺	1	0.2%

四、长三角教育精英的学科分布及历年变化

考察“长江学者”特聘教授群体的专业背景，有助于了解他们的知识结构，掌握长三角区域高等院校的优势所在，优化各学科的发展方向，促进教育精英人才的进一步发展。按照教育部公布的学科门类，对“长江学者”特聘教授群体的学科分布进行归类，可以发现他们在学科分布方面呈现出明显的集中趋势，即以工学(占比 40.13%)、理学(占比27.71%)、医学(占比 10.99%)为主的特征，三者合计占比 78.82%，接近八成。这也符合中国科学人才以工学、医学、理学为主的总体趋势，如《中国科技人力资源发展研究报告(2018)》指出，中国科学人才总量达 10 154.5 万人，其中工学人才占比 54.1%，医学人才占比 12.6%，理学人才占比 7.4%[22](P113-120)。而人才数量最少的学科门类是历史学(占比0.96%)、军事学(占比 0.32%)、艺术学(占比 0.16%)，比重均在 1%以下。

按照教育部公布的一级学科分类，可以对不同一级学科的“长江学者”特聘教授进行归类，发现长三角教育精英以物理学人才为最多，占比达到 11.0%；其次是临床医学人才，占比 6.5%；再次是生物学人才，占比 5.7%；材料科学与工程人才，占比 4.9%；化学人才，占比 4.6%，前五名累计达到 32.7%。第六名到第十名的一级学科还包括中国语言文学(3.7%)、机械工程(3.5%)、电子科学与技术(3.5%)、数学(3.2%)和土木工程(2.9%)，前十名累计的学科人才占比 49.5%，接近一半。可以发现，“长江学者”特聘教授人数前十名的一级学科，主要以理学(合计24.5%)、工学(合计 11.3%)为主，但也包含了一个医学专业(临床医学，占比6.5%)和一个文学专业(中国语言文学，占比 3.7%)。

从历年变化来看，1998—2017 年，教育部总共发布了 17 次“长江学者”特聘教授名单，但 2013—2014 年发布的名单跨越 2 个年度，所以可以计为 18 次。长三角地区共 628 名“长江学者”特聘教授，平均每次评上 35 名。从数量变动来看，如图 4 所示，1999 年、2001 年、2009—2015 年、2017 年均是评上数量超过平均数 35 名的“大年”。

分学科门类来看，则呈现出以下特点：一是学科门类的扩展，从 1998 年时只涉及工学、理学、医学、农学这 4 个门类，逐渐发展到覆盖所有门类，学科分布趋于平衡。二是工学、理学等自然科学门类占比逐渐下降，而法学、管理学、经济学、文学等人文社会科学门类占比逐渐上升。如工学门类的“长江学者”特聘教授年度占比从 1998 年的 47.83%，下降至 2017 年

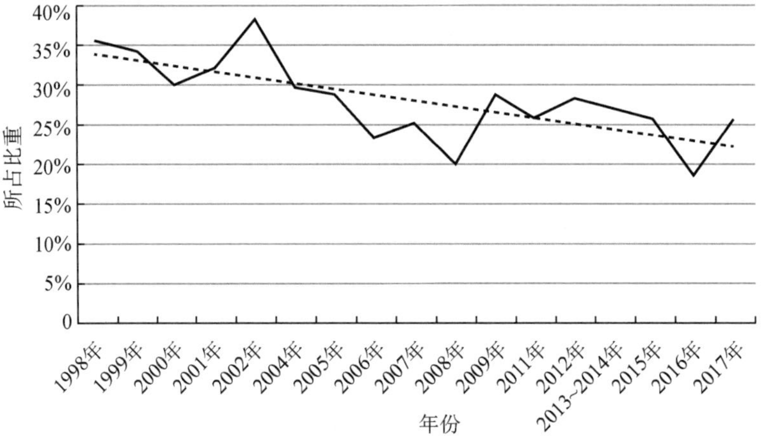

图 4　长三角教育精英占全国比重的历年变化

的 34.21%;理学门类的"长江学者"特聘教授年度占比从 1998 年的 39.13%,下降至 2017 年的 10.53%;而文学、法学、经济学、管理学等学科门类则从 1998 年占比为 0 分别上升至 2017 年的 5.26%、7.89%、7.89%、10.53%。三是长三角"长江学者"特聘教授数量在全国的占比逐渐下降,如图 4 所示,长三角的"长江学者"特聘教授占全国的比重,从 1998 年占比 35.38%下降至 2017 年的 25.50%。最高点是 2002 年,占比达到 38.10%;最低点是 2016 年,占比为 18.63%。平均而言,长三角"长江学者"特聘教授在全国的比重大约为 27.29%,但从 2006 年这一重要节点开始,比重基本上都低于这一平均值,并保持继续下行的趋势。

五、结语

作为教育精英人才的重要代表,长三角的"长江学者"特聘教授群体大都拥有较高的学历。其中最高学历为博士的有 619 人,占比达到 98.57%;最高学历为硕士的有 6 人,占比 0.96%;最高学历为本科的仅 1 人,占比 0.16%。在区内空间分布方面,"长江学者"特聘教授的拥有数量按照沪苏浙皖的顺序递减,与长三角人均 GDP 排名和"双一流"高校数量排名顺序接近。从推荐高校来看,第一梯队的复旦大学、南京大学、上海交通大学、浙江大学四所高校拥有的"长江学者"特聘教授数量最多,合计达到了长三角地区的 58.7%,接近六成。排名前十名的高校拥有的"长江学者"特聘教授累计占比 81.3%,"头部"高校在集聚教育精英人才方面优势明显。在学科门类分布上,浙江集中农学精英,江苏汇聚工学和管理学精英,上海则成为理医文法等其他大部分学科的精英之城。同时,这一教育精英群体在性别结构上并不平衡,男性占比 93.9%,处于绝对优势。在女性精英占比方面,上海的女性"长江学者"特聘教授比例相对较高,达到 7.02%,但总体依然偏低,沪苏浙皖的女性精英占比依次下降。从年龄结构来看,长三角全体"长江学者"特聘教授平均年龄为 55.07 岁,但分性别来看,女性精英平均比男性精英年轻 0.66 岁,不同地区和不同学科平均年龄差异明显。

总体呈现出人文社科领域和经济较强省市的教育精英年龄较大，而自然科学领域和经济较弱省市的教育精英更为年轻的趋势。此外，超过六成的长三角"长江学者"特聘教授属于"60后"，平均当选年龄随着时间发展呈现出愈发年轻的趋势。

从出生地分布及初始职业特征来看，长三角的教育精英出生地以华东地区和中南地区为主，合计超过四分之三。来源地分布在全国除港澳青藏外的30个省级行政区，超过一半出生于长三角本区域。在职业结构方面，初始职业为教学人员的接近六成，初始职业为科学研究人员的约占四分之一，两者合计占比达到了84.4%，绝大部分人在职业生涯之初就走上了教学研究岗位，并在之后不断积累提升。但是，英雄不问出处，研究也发现，有1名教育精英的初始职业是歌手，13名教育精英的初始职业是中小学教师，43名教育精英的初始职业是基层卫生专业技术人员。他们一边工作，一边提升学历和积累研究经验，最终攀登上学术领域的高峰。

在学科分布方面，长三角的教育精英以工学（占比40.13%）、理学（占比27.71%）、医学（占比10.99%）为主，三者合计占比78.82%，接近八成，这也符合中国科学人才以工学、医学、理学为主的总体趋势。从一级学科来看，长三角教育精英人才占比最多的依次是物理学、临床医学、生物学、材料科学与工程和化学，前五名累计占比32.7%。分学科门类的历年变化呈现出以下特点：一是学科门类的扩展，从1998年时只涉及工学、理学、医学、农学这4个门类，逐渐发展到覆盖所有门类，学科分布趋于平衡；二是工学、理学等自然科学门类占比逐渐下降，而法学、管理学、经济学、文学等人文社会科学门类占比逐渐上升；三是历年长三角"长江学者"特聘教授的数量波动较大，但在全国的占比呈现逐渐下降的趋势。

全球化背景下的高等教育具有鲜明的空间印记，在讨论学术精英人才和科技发展时，必须考虑其中的空间因素和地区差异。在对长三角学术精英人才的研究中，可以发现性别差异、学科差异都与地区差异联系在一起。以上海为代表的先发发展区域，具有经济资源、人才资源、科技资源、政策资源等方面的先发优势，拥有大多数学术精英人才，并在大部分学科门类内占据优势。但周边省市也在不断发力，奋起直追，结合自身禀赋发展优势学科。对于渴求精英人才的地区来说，需要集中力量，面向世界科学前沿和国家需求发展科研机构，把学术精英人才视为战略资源，大力优化人才生态环境，通过平台建设和生态营造，在引才的同时重视本土人才的培育，最终服务于当地的科技发展与经济文化生活。

参考文献

[1] 田瑞强，姚长青，袁军鹏，等.基于科研履历的科技人才流动研究进展[J].图书与情报，2013(5)：119-125.

[2] Dietz J S, Bozeman B. Academic careers, patents, and productivity: industry experience as scientific and technical human capital[J]. Research Policy, 2005, 34(3): 349-367.

[3] Sabatier M, Carrere M, Mangematin V. Profiles of academic activities and careers: does gender

matter? An analysis based on French life scientist CVs[J].The Journal of Technology Transfer,2006,31(3):311-324.

[4] 张凤珠,马亮,吴建南.多元资助格局下的科学基金绩效评估:案例研究与学术履历分析[J].科学学与科学技术管理,2011,32(6):5-11.

[5] 黄海刚,曲越,白华.中国高端人才的地理流动、空间布局与组织集聚[J].科学学研究,2018,36(12):2191-2204.

[6] 黄海刚,连洁,曲越.高校"人才争夺":谁是受益者?——基于"长江学者"获得者的实证分析[J].北京师范大学学报(社会科学版),2018(5):39-52.

[7] Cong Cao.China's scientific elite[M].New York:Routledge,2004.

[8] 牛珩,周建中.基于CV分析方法对中国高层次科技人才的特征研究——以"百人计划""长江学者"和"杰出青年"为例[J].北京科技大学学报(社会科学版),2012,28(2):98.

[9] Sánchez-Lópezn MP, Saavedra Al, Dresch V.Conformity to traditional gender norms in a feminized occupation: the influence on health behaviors[J].Health, 2014(6):2775-2789.

[10] 许叶萍,石秀印.在"社会"上贡献,于"市场"中受损——女性就业悖论及其破解[J].江苏社会科学,2009(3):17-25.

[11] 李忠路.工作权威层的性别差距及影响因素——监管权威的视角[J].社会,2011,31(2):111-124.

[12] 转引自:张世平.年龄分层理论与青年研究[J].青年研究,1988(3):6-7.

[13] 陈路舟.中国科技精英年龄分层优化分析[J].中国科技信息,2018(1):19-21.

[14] Gustavo Gregorutti. A mixed-method study of the environmental and personal factors that influence faculty research productivity at small-medium, private, doctorate-granting universities[D]. Berrien Springs: Andrews University,2008: 1-8.

[15] 罗明东. 教育地理学简论[J]. 云南师范大学学报:自然科学版,1998(2):95.

[16] 曲涛,王小会. 高等教育地理学探析[J].中国石油大学学报:社会科学版,2014(3):89.

[17] Richard Florida. The economic geography of talent[J]. Annals of the Association of American Geographers,2002,92(4):743-755.

[18] John Bates Clark. The moral outcome of labor troubles[J].New Englander and Yale Review,1886(6):533-537.

[19] 贾晓峰.长三角地区产业结构历史演变与对策[J].统计科学与实践,2011(12):6-8.

[20] 朱杏珍.人才集聚过程中的羊群行为分析[J].数量经济技术经济研究,2002(7):53-56.

[21] 彼得·M·布劳,奥蒂斯·杜德里·邓肯.美国的职业结构[M].李国武,译.北京:商务印书馆,2019.

[22] 中国科协调研宣传部,中国科协创新战略研究院.中国科技人力资源发展研究报告(2018)[M].北京:清华大学出版社,2020.

“双一流”高校产学研协同创新效率评价研究
——基于数据包络分析方法

◎ 平　川　李树蕾

摘　要　本文以数据包络分析的方法，对一部分“双一流”高校产学研协同创新活动的技术效率、纯技术效率和规模效率进行了动态分析，探究高校产学研协同创新活动变化趋势，并在此基础上对不同地区和学科进行对比分析。研究结果显示，高等院校产学研协同创新的规模效率在一定时间段内出现小幅上升，但技术效率和纯技术效率一直没有明显的上升趋势，大部分高等院校距离生产前沿面有较大的差距。东部高校产学研协同创新技术效率高于中西部高校。这说明虽然高校的产学研协同创新活动的规模在不断扩大，但是远没有达到最优。不同地区和学科存在发展的不平衡。

关键词　数据包络分析　产学研　协同创新　区域差异　学科差异

一、引言与相关文献概述

建设世界一流大学是办人民满意的教育的必然要求，我国的高等教育发展在建设世界一流大学和学科的道路上探索了很长时间。改革开放四十多年，我国高等教育蓬勃发展，高等学校的产学研协同创新能力也在不断提高。早在 1992 年，国务院就发起了“产学研联合工程”，最初产学研合作的背后逻辑是高校与企业之间相互取长补短。2012 年财政部和教育部牵头实施开展《高等学校创新能力提升计划》（简称“2011 计划”），大力推进高校发展人才、学科、科研等一体化的产学研创新体系。2015 年中央全面深化改革领导小组出台《统筹推进世界一流大学和一流学科建设总体方案》。顺应国家教育高质量发展的要求，“双一流”

作者简介　平川，山东大学商学院博士研究生，研究方向为产业经济。
李树蕾，山东大学商学院硕士研究生，研究方向为产业经济。

高校不再“跑马圈地”似的一味追求规模和数量的扩张，而是以开展基础性、前沿性研究和培养拔尖创新人才为目标。党的十九大报告明确提出，要“深化科技体制，建立以企业为主体、市场为导向、产学研深度融合的技术创新体系”。高效的产学研协同创新效率是产学研合作的重要目标，产学研协同创新活动的最终目标就是提升我国的教育发展水平，为经济社会持续稳定发展奠定坚实的基础。

根据国家发改委和工信部2020年披露的信息，我国的科学技术成果转化率不到30%，而发达国家已经达到70%。国内产学研协同创新活动的研究大多数是围绕产学研协同创新活动的概念内涵、发展模式和运行机制展开。有关创新绩效、投入产出效率与产学研合作的研究中，代明[1]对17个国家级创新试点城市的创新评价体系的创新效率进行了绩效评估，发现政府投入大的城市创新效率并不一定高效。林德明[2]利用一部分985工程高校数据研究了高校的技术转移效率和效率变动的持续性，发现大部分高校资源投资存在产出不足的缺陷。李毅[3]在教育供给侧改革的视角下对中部六省高等教育与经济发展的关系进行了探究，并且比较了不同省份规模效益的差异，有针对性地提出了对策和建议。许建红[4]利用东部地区12省市的科技数据研究了科技创新效率，重点对比了上海与其他地区的效率差异，认为科技成果转化能促进经济效益的提升。李宁[5]测算了多阶段的高技术产业区域之间的创新绩效，发现在不同的偏好阶段决策者可以施加不同的影响从而提升创新绩效。王默[6]构建了长三角地区的国家创新型城市创新效率评价指标体系，提出在创新型城市发展中应该加大环保力度，推进产业结构转型升级和不断提升自主创新能力。盛明科[7]利用30个省份的科技投入与产出数据探究了不同地区之间创新绩效的差异，认为提高技术创指数和资源配置效率有利于提高科技创新绩效。李航[8]对多个省份高等教育效率的影响因素进行了探究，认为地区经济社会外部条件、教育经费投入和人力资本支出是影响高等教育效率的关键因素。刘曼赟[9]利用2000—2016年的面板数据对我国中部六省技术创新效率和影响因素进行了实证研究，构建了技术创新效率的多层线性模型。

当前国内产学研协同创新效率的研究多是以单一行业或者企业的微观层面为视角，多是聚焦于个别地区和个别年份，缺少以高等院校为研究切入点、跨周期或者连续时间段的产学研协同创新效率的探究，也没有划分地区和区分学科进行针对性的研究。本文利用数据包络分析法，以选取的一部分“双一流”高校为研究对象，构建高校产学研协同创新投入产出指标体系，对高等院校产学研协同创新效率的技术效率、纯技术效率和规模效率进行分析。

二、研究方法和数据选取

使用数据包络分析方法(Pata Eevelopment Analysis, DEA)[10-11]，具体的实证研究包括规模效率值、技术效率值和纯技术效率值三个部分。该方法可以相对有效缓解和规避环境变量干扰项过多的问题，同时具体的应用可以对应研究和识别不同地区和不同学科产学研协同创新的演进特征和发展趋势，具体的三个组成部分如图1所示。

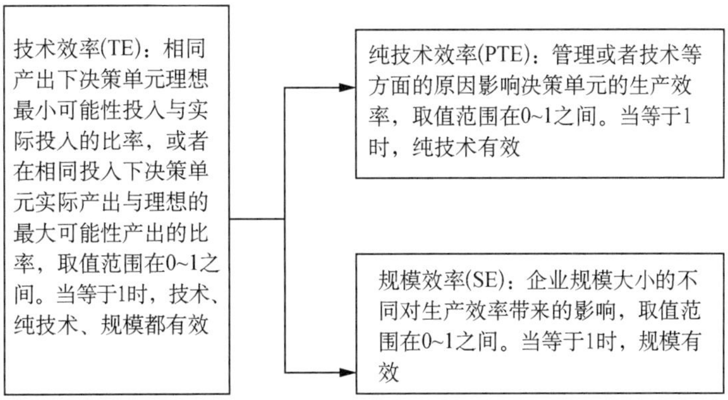

图1　技术效率、纯技术效率和规模效率基本含义

“双一流”高校全部为教育部直属重点高校。虽然2018年教育部直属高校进行了“扩军”，新增加了14所部省合作共建高校，但为了保证研究的连贯性、延续性，也考虑到产学研协同创新活动重点指标的可获得性，本文仍选取“扩军”以前的这一部分高校作为研究对象。相关的产学研协同创新方面的研究往往与知识产权相关，知识产权为多数开源活动。所以本文主要选取综合类、理工农医类和师范类的“双一流”高校作为研究对象。选取的高校数量为62所。

本文构建的高等学校产学研协同创新投入产出指标体系如图2所示。需要特别说明的是，高等学校的文化内涵、教学管理、办学模式，只是高校产学研发展的表层，更重要的是人力资本投入、使用和产出状况。人力资本是高等学校发展的基础，也是高等学校核心竞争力所在。因此本文选定的一个指标就是从事科学研究的高等学校教师和全日制学术型研究生。

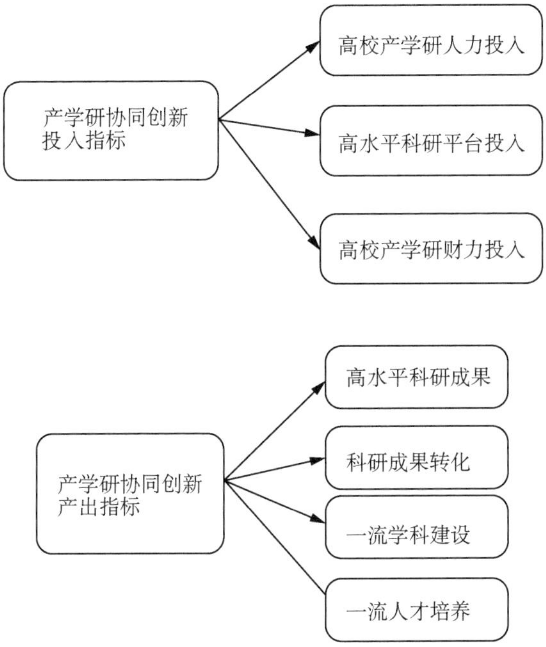

图2　高校产学研协同创新投入产出指标体系

科研成果转化是三种专利技术转让或出售产生的实际收益，这是直接衡量产学研协同创新活动成果带来经济收益的变量指标。

本文所使用的数据源于高等教育出版社出版的《高等学校科技统计资料汇编》[12]。该书是由教育部科学技术司根据国家统一部署和高等学校科技工作开展情况，在各省、自治区、直辖市教育厅(教委)科技统计年报的基础上整理综合的高等学校科技活动总体情况的数据资料汇集。

三、产学研协同创新效率评价与分析

本文在借鉴以往产学研协同创新相关研究的基础上，同时纳入 DEA 法的有效决策单元的具体效率数值、环境因素变量和松弛变量，对不同地区和不同学科产学研协同创新效率差异进行测算分析和比较研究(表 1，表 2)。

表 1　高校产学研协同创新效率平均值和指标分解(一)

高校名称	学科	地区	技术效率	纯技术效率	规模效率
北京大学	综合	东部	0.424	0.568	0.729
北京师范大学	师范	东部	0.461	0.719	0.568
北京交通大学	理工农医	东部	0.316	0.884	0.362
北京邮电大学	理工农医	东部	0.379	0.502	0.749
北京化工大学	理工农医	东部	0.341	0.509	0.689
北京林业大学	理工农医	东部	0.438	0.533	0.718
北京科技大学	理工农医	东部	0.192	0.568	0.417
电子科技大学	理工农医	西部	0.179	0.389	0.571
北京中医药大学	理工农医	东部	0.121	0.338	0.386
东南大学	综合	东部	0.221	0.309	0.687
大连理工大学	理工农医	东部	0.635	0.673	0.884
东北大学	综合	东部	0.174	0.271	0.579
东北师范大学	师范	中部	0.355	0.419	0.795
东华大学	理工农医	东部	0.316	0.884	0.362
长安大学	理工农医	西部	0.178	0.369	0.508
复旦大学	综合	东部	0.438	0.667	0.618
东北林业大学	理工农医	中部	0.499	0.566	0.821
合肥工业大学	理工农医	中部	0.159	0.312	0.471
河海大学	综合	东部	0.137	0.279	0.363
湖南大学	综合	中部	0.717	0.894	0.789
华北电力大学	理工农医	东部	0.260	0.768	0.342
华中农业大学	理工农医	中部	0.479	0.553	0.886

（续表）

高校名称	学科	地区	技术效率	纯技术效率	规模效率
华中科技大学	理工农医	中部	0.781	0.831	0.944
华中师范大学	师范	中部	0.418	0.537	0.798
华东理工大学	理工农医	东部	0.349	0.463	0.739
华东师范大学	理工农医	东部	0.668	0.768	0.829
华南理工大学	理工农医	东部	0.261	0.625	0.447
吉林大学	综合	中部	0.113	0.214	0.540
南京大学	综合	东部	0.288	0.458	0.708
江南大学	综合	西部	0.204	0.308	0.627
兰州大学	综合	东部	0.097	0.349	0.242

表 2　高校产学研协同创新效率平均值和指标分解(二)

高校名称	学科	地区	技术效率	纯技术效率	规模效率
南京农业大学	理工农医	东部	0.151	0.369	0.415
南开大学	综合	东部	0.554	0.908	0.575
清华大学	综合	东部	0.755	1	0.755
山东大学	综合	东部	0.581	0.706	0.809
上海交通大学	综合	东部	0.298	0.709	0.411
中国海洋大学	综合	东部	0.294	0.368	0.803
四川大学	综合	西部	0.167	0.506	0.480
天津大学	综合	东部	0.182	0.309	0.547
重庆大学	综合	西部	0.195	0.384	0.520
中山大学	综合	东部	0.269	0.447	0.766
中南大学	综合	中部	0.132	0.555	0.329
陕西师范大学	师范	西部	0.569	0.738	0.789
中国药科大学	理工农医	东部	0.220	0.287	0.761
中国人民大学	综合	东部	0.502	0.889	0.569
中国农业大学	理工农医	东部	0.282	0.471	0.633
中国地质大学(北京)	理工农医	东部	0.213	0.603	0.360

（续表）

高校名称	学科	地区	技术效率	纯技术效率	规模效率
中国地质大学(武汉)	理工农医	中部	0.081	0.153	0.639
中国石油大学(北京)	理工农医	东部	0.579	0.793	0.743
中国石油大学(华东)	理工农医	东部	0.253	0.388	0.623
中国矿业大学(北京)	理工农医	东部	0.182	0.309	0.547
中国矿业大学(徐州)	理工农医	东部	0.189	0.293	0.707
浙江大学	综合	东部	0.351	0.478	0.779
厦门大学	综合	东部	0.362	0.904	0.583
西南大学	综合	西部	0.122	0.283	0.503
西安电子科技大学	理工农医	西部	0.373	0.569	0.692
西北农林科技大学	理工农医	西部	0.277	0.466	0.715
西安交通大学	综合	西部	0.270	0.425	0.644
西南交通大学	理工农医	西部	0.196	0.314	0.576
武汉理工大学	理工农医	中部	0.175	0.225	0.603
武汉大学	综合	中部	0.237	0.352	0.443
同济大学	综合	东部	0.367	0.532	0.667

产学研创新效率的系统性输出表现为三个维度，即技术效率、纯技术效率和规模效率。很多高校离生产前沿面还存在很大的距离，产学研协同创新效率的提高仍然是一个长期的发展过程。这能够反映出当前产学研合作政策绝大多数是泛泛要求产学研相结合，但不同学校对产学研合作需求并不相同，没有做到对症下药。高等学校的创新人才培育、基础科学研究和服务地方经济发展等方面都会影响其产学研创新效率。

6 所高校中，产学研协同创新活动技术效率值大于 0.6 的同时，高校虽然在全部样本中技术效率值较高，但离前沿生产面仍有较大的距离。也存在协同创新活动技术效率值低于 0.15 的高校，因为通过 DEA 模型测算出的各效率值是投入与产出相对的效率值，所以许多名气大的高校虽然科研规模大，但是投入产出效率不一定高，反之亦然。这就说明技术效率和纯技术效率在高校产学研协同创新效率中权重较大，产生的影响也较大，而规模效率产生的影响相对较小。

从产学研协同创新活动纯技术效率值大于 0.8 的高校的产学研效率增长的驱动来源，可以看出技术进步与技术效率同时驱动产学研协同创新效率的提升，而且技术进步的增长速度大于技术效率的增长效率。

由图 3 可以看出，技术效率的变化趋势与纯技术效率的变化趋势大体走向一致，在经过一定的波动后都保持平稳，没有出现明显的上升走势。规模效率呈现出一定的上升趋势，但是上升的幅度很微小。这说明，高校产学研协同创新活动虽然一直有量的积累，但没有质的提高，产学研协同创新效率仍然不理想。同时，从图中可以看出技术效率值低于纯技术效率值和规模效率值，这说明产学研协同创新活动不仅存在内在的问题也存在规模不合理的问题。

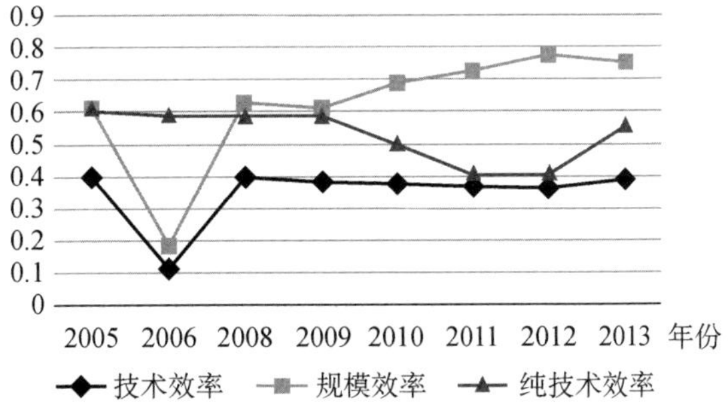

图 3　高校产学研协同创新效率变动趋势

高校产学研协同创新效率的地区对比和学科对比如表 3 所示。技术效率值和纯技术效率值都是东部地区高校相对较高。产学研协同创新的规模效率值则是中部地区高校高于东部地区高校和西部地区高校。这说明不同地区的高校产学研协同创新效率有显著的差别。分地区来看，东部地区高校地处经济发达的地区，在学科创新引智的薪资待遇与科研环境和平台建设等方面存在明显的优势，更容易吸引高水平的人才，也更容易获取科研资金。

“双一流”高校中的教育部直属的师范高校协同创新活动技术效率值较高。例如，华东师范大学技术效率值高达 0.668。这可以说明，师范类高校在产学研协同创新技术效率和纯技术效率方面比综合类高校和理工农医类高校表现得更高效。综合类高校在产学研协同创新活动规模效率值上较高，其次为师范类高校，最后是理工农医高校。

表 3　高校产学研协同创新效率地区对比和学科对比

学科/地区	技术效率	纯技术效率	规模效率
综合类	0.331	0.574	0.603
理工农医类	0.264	0.433	0.567
师范类	0.493	0.627	0.758
中部地区	0.293	0.407	0.659
西部地区	0.278	0.484	0.575
东部地区	0.352	0.549	0.621

四、结语

本文基于我国“双一流”高校产学研协同创新活动科技数据，对不同地区和不同学科类别的高校产学研协同创新效率差异进行了动态分析和对比，探究了效率值的高低变化趋势。结论如下:在所选取研究的时间段中,“双一流”高校协同创新的规模效率在某一时间段内出现上升的趋势,但技术效率和纯技术效率没有明显的上升趋势。大部分高等院校离生产前沿面有较大的距离。高校技术效率有 65%的提升潜力,规模效率和纯技术效率有至少 35%的提升空间。通过地区对比可以发现,东部地区高校产学研协同创新效率明显高于中西部地区高校。通过学科对比可以发现,师范类高校产学研协同创新技术效率和纯技术效率高于综合类高校和理工农医类高校。

创新的三螺旋理论要求政府、企业和高校三者分别承担原本由其他两者承担的任务,形成一个互动关系体。这就要求高等学校更多的承担服务地方经济、进行融合发展的职能。产学研协同创新是高等教育主动服务国家创新驱动发展战略的重要途径。高等学校应深刻理解产学研协同创新在高层次创新人才培养和科技创新研发方面对国家创新驱动发展战略资源建设的重要支撑作用。

参考文献

[1] 代明,张晓鹏.基于 DEA 的中国创新型城市创新绩效分析[J].科技管理研究,2011,31(6):6-9.

[2] 林德明,贾艳.基于 DEA 的“985 工程”高校技术转移效率研究[J].现代教育管理,2016(12):23-28.

[3] 李毅,姜天英,刘振国.基于 DEA 分析的中部六省高等教育与经济发展的关系研究[J].黑龙江高教研究,2017(3):72-76.

[4] 许建红,梁玲,孔令丞.东部 12 省市科技创新效率的 DEA 测评与上海科创策略研究[J].上海对外经贸大学学报,2019,26(2):59-68.

[5] 李宁,张佩琪,徐可,等.基于偏好多阶段 DEA 模型的高技术产业区域创新绩效评价研究 [J].工业技术经济,2017,36(2):57-65.

[6] 王默,魏先彪,彭小宝,等.国家创新型城市效率评价研究——基于两阶段 DEA 模型[J].北京理工大学学报(社会科学版),2018,20(6):65-74.

[7] 盛明科,孟佳.基于 DEA-Malmquist 模型的中国省域科技创新绩效评价研究[J].公共管理与政策评论,2018,7(2):46-55.

[8] 李航,李成明,白柠瑞,等.“双一流”背景下地区高等教育效率的驱动因素——基于 DEA-Tobit 模型的实证分析[J].技术经济与管理研究,2018(12):108-112.

[9] 刘曼赟,彭刚,符学忠.中部六省技术创新效率受制于何——基于超效率 DEA 和多层线性模型的实证研究[J].电子科技大学学报(社科版),2019,21(3):1-7.

[10] 李航,李成明,曲扶摇,等.资源配置、内涵发展与“双一流”建设分析——来自全国高等教育效率测度的证据[J].技术经济与管理研究,2018(11):92-98.

[11] 黄小平,刘光华,刘小强.“双一流”背景下区域高校系统科技创新能力:绩效评价与提升路径[J].江西师范大学学报(哲学社会科学版),2018,51(6):93-102.

[12] 中华人民共和国教育部科学技术司.高等学校科技统计资料汇编[M].北京:高等教育出版社,2019.

中国比较教育研究这五年：进程、热点及启示

◎ 徐　蕴

摘　要　本文通过对《全球教育展望》《比较教育研究》《外国教育研究》《比较教育学报》4 本我国比较教育研究领域专业期刊 2016—2020 年发表的 2668 篇学术论文进行分析，回顾近五年我国比较教育学科的发展现状，了解热点主题；结果显示，当前我国比较教育学科已经形成了具有一定规模的核心作者群体，以华东师范大学、北京师范大学为核心的高水平研究机构引领学科发展，研究的热点主题集中在全球教育治理、学生保护与发展、课程建设与改革、教育公平与质量、世界一流大学建设等方面；后期研究应该进一步重视理论建设，加强本土化融合，关注新兴经济体和发展中国家，均衡不同教育类型，全面推进我国比较教育学科的发展。

关键词　比较教育　研究现状　研究热点　文献计量　可视化分析

比较教育学是以比较法为主要方法，研究当代世界各国教育的一般规律和特殊规律，揭示教育发展的主要因素及相关关系，探索未来教育发展趋势的一门学科[1]，相关研究是教育学研究的重要组成部分，受到普遍关注和重视。论文产出是科学研究的显性标志，通过对某一学科代表性论文的追踪可以把握研究的发展脉络，是了解研究现状、追踪研究热点的重要手段[2]。Bradford 定律显示，某一专业领域的核心论文集中发表在少数顶尖期刊上，这些论文基本涵盖了该领域的总体状况[3]，基于该理论部分学者利用文献计量和可视化分析方法对比较教育研究领域顶尖期刊发表的论文进行研究，熊华军等利用 Ucinet 等软件对 2004—2013 年发表在《比较教育研究》上的 2 208 篇文献进行可视化分析，指出我国比较教育研究热点呈现全方位、多层次的特点[4]；近年来的文献主要关注国际研究，蔡娟对两本 SSCI 期刊 2000—2017 年发表的 773 篇论文进行分析，发现了发展教育、教育公平等热点主题[5]；梅伟惠等对三本 SSCI 期刊 2000—2019 年发表的 1 509 篇论文进行分析，发现了国际大规模学业成就评价、教育政策转移与传播等研究热点[6]。哈钦森(Hutchinson)等人的研

作者简介　徐蕴，南京大学教育研究院博士研究生，南京中医药大学副研究员，研究方向为比较教育。
基金资助　江苏省高校哲学社会社会科学基金资助项目(2021SJA0331)。

究显示文章的主题、特性和研究方法一般在五年内趋于稳定[7]，因此，本研究通过对《全球教育展望》《比较教育研究》《外国教育研究》《比较教育学报》(原《外国中小学教育》)4 本我国比较教育研究领域专业期刊 2016—2020 年发表的学术论文进行分析，了解近五年来我国本土比较教育研究的热点与变迁，为后期研究提供参考。

一、数据来源与方法

（一）数据来源

在文献检索时选择中国知网(CNKI)为检索源，使用图 1 所列的检索策略进行检索，共获得文献 2 774 篇，通过逐篇阅读，排除“书讯”“报道”“公告”“征文”等非学术论文 106 篇，其余 2 668 篇学术论文纳入本研究，其中《比较教育研究》891 篇(33.4%)、全球教育展望 642 篇(24.1%)、外国教育研究 576 篇(21.6%)、《比较教育学报》(原《外国中小学教育》)559 篇(20.9%)。

CNKI 检索策略
#1 "全球教育展望" [文献来源]
#2"比较教育研究"[文献来源]
#3"外国教育研究"[文献来源]
#4"比较教育学报"[文献来源]
#5"外国中小学教育" [文献来源]
#6 #1 OR #2OR#3OR#4OR#5
#7"2016.1.1—2020.12.31"[发表时间]
#8 #6 AND #7

图 1　CNKI 检索策略

（二）工具与方法

Citespace 是陈超美博士开发的一款用于文献计量和可视化分析的软件，能够快速识别和显示某一领域科学发展的前沿动态，追踪文献的共被引网络[8]。使用 Citespace 软件 5.6.R5 版本对纳入文献进行分析，将文献以“.refworks”的格式导出，以“download_xxx”重命名后导入软件中。分别对“Institution”“Author”“Keyword”等节点进行分析，同时利用 Endnote 导出文献信息建立数据库，进行数据校验。

二、核心作者和核心机构

（一）核心作者

论文发表是评价科研人员创造性工作的重要指标，而合作发表论文可以反映学术团队情况。纳入本研究的 2 668 篇论文中 1 171 篇由一位作者独立完成、1 497 篇由两位及以上作者合作完成，论文合著率 56.1%。署名作者共有 2 919 人，其中程晋宽发表的论文数量最多，达到 19 篇。以第一作者身份发表论文的共有 1 826 人，最高发文量达到 10 篇，使用普莱斯公式($N=0.749\times nmax\times 1/2$)[9] 计算核心作者发文标准为 4 篇，共有 81 人达到该标准。发表论文数量最多的三位作者分别是孔令帅、李昱辉和顾明远。从以上核心学者们的履历可以看出,他们均具有海外学习(工作)背景,这与比较教育的学科特征相契合,而年龄分布也体现了前辈持续引领、中青年迅速成长的特征,这反映了我国比较教育学科人才梯队建设良好。

(二)核心机构

通过对机构发表论文数量的统计,可以衡量机构的科研实力,了解研究的空间分布[10]。以论文第一作者单位为统计口径,五年间共有 325 个机构在四本期刊发表了学术论文,其中华东师范大学发表的论文数量最多,达到 394 篇,占比 14.8%,此外,还有12 个高校发表的论文数量在 30 篇以上,分别是北京师范大学(305 篇)、上海师范大学(171 篇)、东北师范大学(154 篇)、西南大学(86 篇)、南京师范大学(81 篇)、浙江师范大学(62 篇)、华南师范大学(53 篇)、浙江大学(50 篇)、陕西师范大学(44 篇)、首都师范大学(37 篇)、华中师范大学(36 篇)、厦门大学(34 篇),这 13 个机构共发表论文 1507 篇,超过论文总数的一半,由此可见,当前我国在该领域重要的核心研究力量已经形成。值得注意的是,这 13 个高产机构在第四轮学科评估中,教育学评估结果均在 B+及以上,说明聚焦比较教育研究对推进教育学一级学科建设具有重要意义。此外,本次统计中共有 89 篇论文的第一作者单位来自境外,其中 17 篇论文来中国香港、5 篇论文来自中国台湾,其余 67 篇论文来自 17 个国家,包括美国(13 篇)、德国(11 篇)、日本(7 篇)、英国(5 篇)、加拿大(5 篇)、韩国(5 篇)等;从机构来看,来自香港教育大学(6 篇)、香港中文大学(5 篇)、香港大学(5 篇)、哥伦比亚大学(4 篇)、格拉斯哥大学(3 篇)、惠灵顿维多利亚大学(3 篇)、多伦多大学(3 篇)等高校的论文较多;这些第一作者来自境外高校的论文大多数为与境内机构研究者合作完成,这体现了该领域研究的国际合作态势良好,将对提高成果质量、推动学科深度发展起到重要影响。

三、研究主题分析

(一)研究的热点主题

关键词是论文中最能揭示研究主题、反应主题信息特征的词汇或短语,通过高频关键词的统计,可以分析某一领域的总体特征以及热点主题[11]。纳入本研究的 2 668 篇论文共列出关键词 6 039 个,表 1 中列出了出现频次 15 次及以上的 44 个关键词。“美国”“日本”“英国”“德国”“澳大利亚”“俄罗斯”“加拿大”“韩国”“芬兰”“新加坡”“法国”“欧盟”“印度”等反映了对不同国家(区域)的关注,“高等教育”“基础教育”“学前教育”“职业教育”等反映了对不同教育类型的关注,体现了纳入文献研究的内容全面,可以很好地反映近五年我国比较教育研究的现状，而“知识图谱”成为高频关键词则反映文献计量分析作为总结历史研究成果、揭示未来发展趋势的一种重要方法，被广泛运用于比较教育研究。通过对高频关键词的归纳，再结合对其对应的高被引文献的追踪，可以将研究的热点主题归纳为“全球教育治理”“学生保护与发展”“课程建设与改革”“教育公平与质量”“世界一流大学建设”五个方面。

表1 出现频次15次及以上的关键词

关键词	频次	关键词	频次	关键词	频次
美国	294	教育政策	34	法国	23
日本	122	校园欺凌	32	公民教育	23
英国	113	俄罗斯	31	STEM 教育	22
核心素养	74	学前教育	31	教育质量	21
高等教育	85	教育国际化	31	知识图谱	20
德国	64	加拿大	29	课程	19
教师教育	62	韩国	28	课程标准	18
澳大利亚	52	教育援助	28	科学教育	18
基础教育	50	世界一流大学	27	欧盟	17
中小学	43	PISA	25	印度	16
课程改革	40	芬兰	25	深度学习	16
教育公平	40	教育改革	25	国际组织	16
比较教育	38	教师	24	全球化	15
一带一路	36	职业教育	24	创业教育	15
教师专业发展	34	新加坡	23		

1. 全球教育治理

2018年召开的中国教育学会比较教育分会第十九届年会将“人类命运共同体构建与比较教育新使命”作为主题[12]，反映了学界对“全球教育治理”的关注，这也是比较教育研究的核心主题。本研究将“比较教育”“一带一路”“教育国际化”“教育援助”“国际组织”“全球化”等关键词归纳到“全球教育治理”主题。孙进等[13]对“全球教育治理”的概念进行了界定，并指出了其主体的多元性和机制的多样性，认为当前多元主体基于多种机制在不同层面发挥作用，构建了相互交织又互相影响的全球教育治理体系。我国提出的“一带一路”战略完善了全球发展模式，其中的教育对外合作更是为全球教育治理提供了新方案，鲍东明等[14]对广东、福建、新疆三个“一带一路”战略核心区省份高校与东南亚、中亚的交流合作情况进行了调研，评估了成效和不足，提出了包括加强国家顶层设计、对接人才需求、加强本土适应性等建议；“教育援助”是全球教育治理的主要方式，滕珺等[15]根据“发展援助委员会”官方数据对“一带一路”沿线国家受到的教育援助的格局进行分析,提出了我国在推进“一带一路”建设中应该重视教育援助、合理选择援助对象、将职业教育和高等教育作为优先援助领域等建议;随着全球化的推进,“国际组织”在推进全球教育治理中的作用日益突出,孔令帅等[16]对联合国教科文组织(UNESCO)、经济合作发展组织(OECD)、联合国儿童基金会(UNICEF)和世界银行(WB)四个国际组织教育政策价值取向的共性、个性及局限性进行了分析,为我国更好地参与国际组织教育活动和全球教育治理提供了参考;周谷平等[17]分析了人才对“一带一路”建设的重要意义,梳理了推进“一带一路”建设需要的“创新创业人才”“国际组织人才”等各类型人才,并从“内生”和“外延”两个层面分析了所需人才的教育路径。

2. 学生保护与发展

“加强学生保护”和“关注学生发展”是教育的基本责任,围绕相关主题的研究也自然是比较教育关注的重要内容。本研究将“校园欺凌”“科学教育”“深度学习”“公民教育”“创业教育”等关键词归纳为“学生保护与发展”主题。当前全球和我国校园欺凌呈多发态势,本研究纳入的多篇文献聚焦反欺凌法律、反欺凌行动方案、反欺凌教育等主题,马焕灵等[18]介绍了美国校园欺凌立法理念、路径和法案的主要内容,认为法案兼顾了对欺凌者的惩罚及对被欺凌者的救济;韩婷芷等[19]对芬兰 KiVa 反欺凌项目的背景、内涵和实施路径进行了系统介绍,分析了该项目的特色和成效,认为该项目的组织形式、课程开发、教师培训、家校合作等方面可以为我国预防和处理校园欺凌提供参考和借鉴;张沿沿等[20]对美国为学龄儿童制作的“阻止欺凌”视频进行了研究,认为视频实现了问题与故事融合、保护与预防并举、学习与评价协同。在学生发展方面,围绕学生的公民教育、创业精神、科学教育的研究都较为丰富,陈卓[21]通过对新加坡小学《好品德好公民》教材的总体编排、教育内容、教育过程和教育方法进行分析,揭示了家庭教育环节在学生品格与公民教育中的特点;丁笑炯[22]介绍了欧洲中小学创业教育的政策及实践,认为创业教育应该突破传统的经济取向,由高等教育向基础教育延伸,实现培养公民创业精神的核心目的;培养学生科学精神是科学教育的目标,蔡铁权[23]通过分析学术界对科学精神内涵的主要观点,结合对西方科学精神源与流和中国科学精神是与非的全面梳理,完成了对科学精神内涵的诠释,并由此提出了我国基础教育领域培养学生科学精神的有效方法和路径。

3. 课程建设与改革

课程是教育教学的核心要素,课程建设与改革是教育变革的重要措施,不仅影响到变革的深度,还会涉及教育评价机制、教师教育改革等诸多内容,一直是教育研究的核心内容之一。本研究将“核心素养”“课程改革”“课程”“课程标准”“STEM 教育”“PISA”“深度学习”等关键词归纳为“课程改革与标准”主题。徐扬[24]基于伯恩斯坦“教育边界理论”的视角分析了芬兰 2016 年推行的《国家基础教育改革核心课程标准》改革,认为其在课程学科、师生关系和时空环境等方面呈现了“边界消弭”现象,并探讨了对我国中小学课程改革的借鉴和启示；张侨平[25]探讨了数学素养的起源与发展，及其在西方各国数学课程中及在国际学生评估项目(PISA)中存在的差异，分析了发展学生数学素养、培养数学素养的关键要素，提出要进一步反思学校数学教育的目标，全面推进课程改革；杜文彬等[26]通过与 Carla Johnson 教授的对话介绍了美国整合式 STEM 教育的发展历程和实施策略，Johnson 教授组成的专家团队通过以“核心概念”为锚点、以“问题—主导学科—问题教学”为架构的课程框架全面推进了整合式 STEM 教育的发展；深度学习是课堂转型的标识，高东辉等[27]回顾了美国近四十年“深度学习”研究，认为相关研究从内涵、框架、步骤等方面建构了“深度学习”的理论和实践体系，我国应该从理论研究、顶层设计、教育实践方面推进相关研究；周靖毅[28]介绍了在强调学生全球素养的理念下，加拿大安大略省推进的中小学课程改革，通过对“科目设置”“课时安排”“能力要求”“修习机会”等方面的变革，进一步凸显了小学阶段教育的基础性和综合性以及中学阶段教育的选择性和实用性，同时还保证了课程权力结构中各级权责明晰并且学校自主权较大。

4. 教育公平与质量

公平而有质量是新时代教育的新使命，党的十九大报告明确提出“努力让每个孩子都能享受有公平而有质量的教育”，本研究将“教育公平”“教育质量”“教师教育”“教师专业发展”“教育政策”等关键词归纳到“教育公平与质量”主题。肖甦等[29]介绍了俄罗斯政府围绕效率与公平两大核心诉求十八年来对国家统一考试进行的持续性改革，并展望未来改革方向，提出要通过制度再设计力求实现公平与效率的动态平衡，并分析了国家统一考试将面临的“功利应试”“职业指导不足”“难以满足能力评价”等挑战；陈殿兵等[30]以获得美国 2018 年度“杰出校长”奖的 11 位校长为研究对象，利用质性研究的方法探究他们推进教育公平正义的具体措施，认为应该从“教育机会”“教育过程”“教育结果”和“教育影响力”四个层面推进教育公平治理；张姝玥等[31]介绍了由“导向质量”“结构质量”“过程质量”3 个维度 20 个指标组成的德国学前教育质量评价体系，认为该体系具有较强的科学性和可操作性，关注了评价的主体，有多元化的评价方式，可以实现动态性的过程评价；曹艳红等[32]对国际移动学习研究和实践的进展进行了分析，认为移动学习推动了教师专业化发展、支持了学习者学习方式的变革、促进了发展中国家走向教育公平，提出未来要通过加大政策支持力度、完善硬件设施、开发教学资源，使移动学习能够更好地促进教育公平与教育质量提升。

5. 世界一流大学建设

2015 年国务院印发了《统筹推进世界一流大学和一流学科建设总体方案》，“双一流”建设被赋予了“为实现‘两个一百年’奋斗目标和实现中华民族伟大复兴的中国梦提供有力支柱”的历史使命，从高频关键词可以看出“世界一流大学”成为了研究热点。高黎介绍了 2013 年俄罗斯启动的“世界一流大学建设 5～100 项目”，评价了 21 所项目高校四年的建设成效，总结了“建立国际委员会”“推进专家治校”“科学设定目标”等建设经验，并提出俄罗斯建设一流大学的首要条件是“国家支持”、必要条件是“师生来源国际化”[33];张照旭等介绍了2014年日本启动的“全球顶尖大学计划”项目,对入选该项目A类的13所大学在“决策体制”“人事制度”“人才培养体系”“科研管理机制”等方面的多维行动路径进行了分析,这些改革有效地推动了学校的发展取得了良好成效[34];王永林介绍了巴西坚持全球视野、立足本土国情,通过五大战略抓手,在不选择重点建设高校的基础上,围绕世界一流大学的基本特征,全面推进高等教育内涵式发展,在价值导向上更加重视大学对国家及民众的服务而不是对国际认可的追求[35];王英杰提出了高等教育广义国际化的概念即国际化与大学各项工作融为一体,并以此概念分析了美国、中国香港、新加坡一流大学国际化的实践,分析了我国一流大学国际化的成绩与不足,认为我国一流大学建设应该有广义国际化的视野,摒弃国际化的量化指标而追求国际化的精神,为“人类命运共同体”的构建和引领输送更多、更优秀的人才[36]。

(二)研究主题的变迁

随着时间的推移,不同年份的高频关键词出现了变化,这些变化可以帮助我们了解研究主题的变迁,选择各年度出现频次前10位关键词见图2。“美国”“日本”“英国”“德国”“高等教育”“教师教育”“核心素养”等关键词连续多年出现,体现了对相关研究的持续关注,然而“美国”虽然连续五年均保持第一,但频次下降明显,反映了对国别的关注由一元走

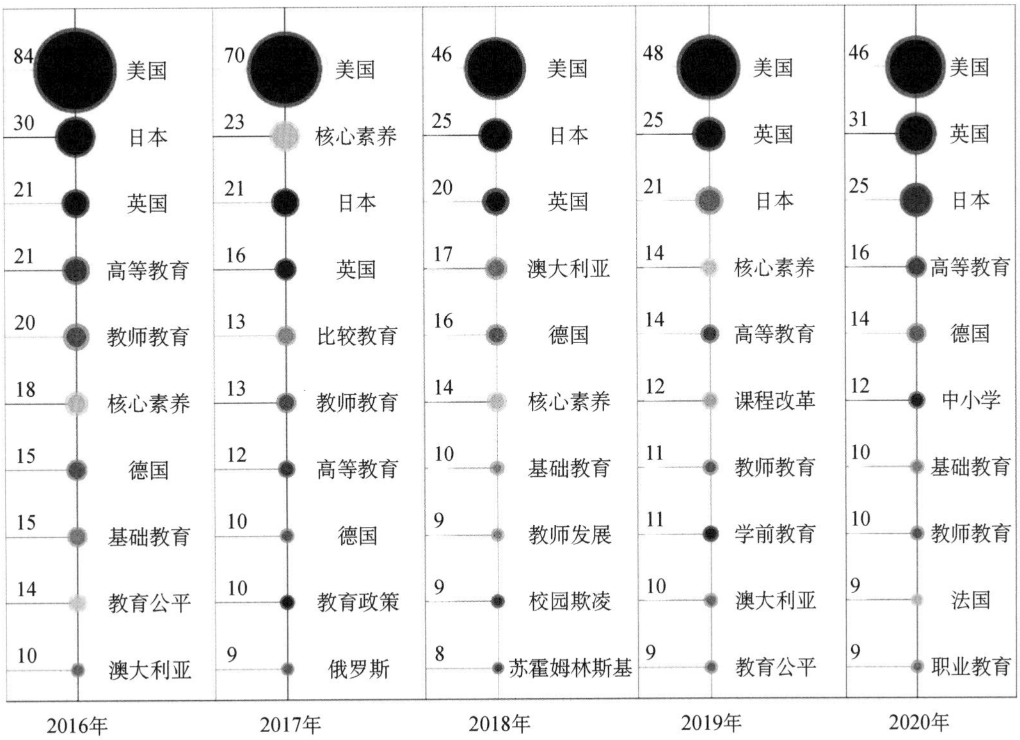

图2 各年度出现频次前10位的关键词

向了多元;“校园欺凌”在 2018 年出现,与当时社会积极呼吁《反校园欺凌法》的立法、推动对校园欺凌的司法治理的背景相对应,国外校园欺凌的治理起步较早,积累了丰富的理论知识与实践经验,学者们通过相关比较研究更好地为政府决策提供支持;“苏霍姆林斯基”在 2018 年出现,当年是苏霍姆林斯基诞辰一百周年,作为伟大的教育理论家与实践家,他的全面和谐发展的教育理念影响了中国几代教育人,在这个特殊的年份学者们也通过文献追思先贤的思想;“学前教育”在 2019 年出现在高频关键词中,从时间上与 2018 年中共中央、国务院颁布《关于学前教育深化改革规范发展的若干意见》相重合,意见提出要进一步完善学前教育公共服务体系,切实办好新时代学前教育,更好实现幼有所育的总体目标,使学前教育受到了空前重视,在政策的指引下,学界也纷纷利用比较研究的特点,对国外学前教育的先进经验、典型案例、实施策略等进行分析和借鉴;“职业教育”在 2020 年出现在高频关键词中,从时间上与 2019 年年初国务院印发了《国家职业教育改革实施方案》相重合,方案明确指出职业教育与普通教育具有同等地位,并通过20 条举措强力推进职业教育,使我国的职业教育发展步入了快车道,在此背景下关于职业教育的研究也趋向活跃。

四、引文共现揭示的知识基础

科技文献的发表展现了研究的进程,这些文献的参考引文就构成了研究的知识基础,通过对共引文献研究内容、学科结构及相互关系的梳理,可以更清晰地把握研究热点的本质[37]。通过对纳入文献进行引文共现,形成了钟启泉(2016)、崔允漷(2016)、褚宏启(2016)、朱旭东(2014)、刘宝存(2016)、阚阅(2016)、王洁(2016)、余胜泉(2015)、吴愈晓(2013)9 个明显节点,节点所对应的 9 篇文献均为期刊论文(详见表 2)。其中:钟启泉 2016 年发表的《基于核心素养的课程发展:挑战与课题》梳理了国际上对“核心素养”的界定以及我国“新课程改革”中存在的盲点,基于“内涵发展”的深层逻辑,提出了教师要把握学校课程的整体结构、探索单元设计与学习评价的新经验,实现基于核心素养发展课程[38];刘保存等 2016 年发表的《国际比较视野下的创建世界一流大学政策研究》分析了德国、俄罗斯、法国、韩国、日本、印度六个国家“世界一流大学”创建计划,总结出“政府主导”“择优建设”“依托学科”“严格评估”“动态调整”等建设措施,并由此探讨对我国“世界一流大学”建设的启示[39];朱旭东 2016 年发表的《中国比较教育研究发展:质性研究路径选择》对我国比较教育研究存在的比较不充分问题进行了分析,探讨了我国比较教育研究质性研究路径选择的必要性,并由此提出了质性研究路径选择的制度保障建议[40]。这些共被引文献从课程建设、全球教育治理、一流大学建设、教师发展、教育公平以及质性研究方法论等方面为近五年我国比较教育研究提供了知识基础。

表2 纳入本研究文献的知识基础

序号	文献名称	第一作者	发表年份
1	基于核心素养的课程发展:挑战与课题	钟启泉	2016
2	追问“核心素养”	崔允漷	2016
3	核心素养的概念与本质	褚宏启	2016
4	中国比较教育研究发展:质性研究路径选择	朱旭东	2014
5	国际比较视野下的创建世界一流大学政策研究	刘宝存	2016
6	“一带一路”背景下的结构改革与创新创业人才培养	阚阅	2016
7	TALIS教师专业发展评价框架的实践与思考——基于TALIS2013上海调查结果分析	王洁	2016
8	STEM教育理念与跨学科整合模式	余胜泉	2015
9	中国城乡居民的教育机会不平等及其演变(1978—2008)	吴愈晓	2013

五、结论与启示

本研究通过对《全球教育展望》《比较教育研究》《外国教育研究》《比较教育学报》4本我国比较教育领域专业期刊近五年发表的学术论文进行文献计量和可视化分析,发现当前我国比较教育领域已经形成了核心研究力量,从学者来看,这些期刊的核心作者群体具有一定的规模,作者间注重合作促进了学术团队的形成,而高产作者的教育经历显示了海外学习背景对本领域学者的学术发展具有重要意义;从机构来看,以华东师范大学、北京师范大学、上海师范大学和东北师范大学等为核心的高水平机构群引领研究的发展,同时还有一定数量的境外机构发表论文,不仅反映了相关期刊具有较高的国际影响力,也体现了该领域研究的国际合作态势良好,这有利于更好地推进学科向纵深发展。研究的热点主题集中在“全球教育治理”“学生保护与发展”“课程建设与改革”“教育公平与质量”“世界一流大学建设”五个方面,既符合比较教育学的学科特征,也聚焦了我国教育领域的重大战略,对推进教育学的发展提供了重要支撑;而从五年高频次关键词的变化来看,每年均有一定变化但总体上较为稳定,反映了热点主题具有一定的持续性,体现了学科发展稳定、成熟度较高;而近年出现的一些高频关键词很好地反映了学者对于政策关注的敏锐性,积极发挥比较教育的优势,为相关政策的落地实施提供经验借鉴。高频次共被引文献除了为研究热点主题提供了知识基础外,还包含了质性研究方法的文献,体现了比较教育学科方法论的发展和研究范式的转型。

研究中也发现存在的一些问题。第一,基础理论研究有待加强,通过引文共现可以看到,构成本领域知识基础的文献相对分散,共被引次数靠前的均为期刊论文,没有本学科经典理论著作，反映了基础理论研究没有受到重视，而这是推进学科发展的重要保障，不应该被忽视。第二，本土化融合有待提升，“中国”没有成为高频关键词反映了学者对“本土性”研究的忽视，贝雷迪(Bereday)指出比较教育研究不能停留在增进认识上还应该转向实际运用[41]，比较教育作为教育交流的纽带，全球化是选择对象，本土化才是最终目标，要充分认识好“源”与“流”的关系，加强本土语境的解读。第三，研究对象极不均衡，无论是“国别”还是“类型”的研究对象都很不均衡，从国别来看，绝大多数研究都围绕美日英德等少数发达国家开展，缺少对新兴经济体和发展中国家的关注，从类型来看，针对高等教育的研究一枝独秀，而针对职业教育、基础教育、学前教育、特殊教育等类型的研究近年来虽然关注度有待提升，但总体上仍显薄弱。在后期的研究中应该进一步重视理论建设、加强本土化融合、关注新兴经济体和发展中国家、均衡不同教育类型，全面推进我国比较教育学科的发展。

六、不足与展望

由于“比较教育研究”的内涵极为丰富，包含多种主题、形式、内容、方法等，无法通过少数主题词实现对文献的全面检索，因此本研究依据布拉德福定律的文献分布规律，以专业期刊为检索源，未对其他重要期刊特别是一些综合性教育期刊发表的相关文献进行追踪，在一定程度上存在选择性偏移，数据的有限性可能会对研究结果和结论的全面性产生影响，后期研究中可以进一步拓展纳入文献的范围，如通过手工检索进一步补充其他期刊发表的文献，以期能更好地展现我国比较教育研究的发展全貌。

参考文献

[1] 张德伟.中国教育对外开放政策的演进与新时代比较教育的指导思想、价值取向和功能定位[J].外国教育研究，2018，45(12)：3-19.

[2] 林萍.教育研究成果评价与文献计量学在其中的应用[D].苏州：苏州大学，2004.

[3] Brookes B C. Bradford's Law and the bibliography of science[J]. Nature, 1969, 224(5223): 953-956.

[4] 熊华军，李倩.近十年我国比较教育研究热点可视化分析——以《比较教育研究》载文为例[J].比较教育研究，2015，37(10)：26-32.

[5] 蔡娟.21世纪以来世界比较教育研究进展与趋势——基于《比较教育》和《比较教育评论》的可视化分析[J].比较教育研究，2017，39(1)：37-44，72.

[6] 梅伟惠，郑璐.国际与比较教育研究热点主题与未来展望——基于三种SSCI期刊的文献计量与可视化分析(2000—2019年)[J].比较教育研究，2020，42(11)：26-33，77.

[7] Hutchinson S R, Lovell C D. A review of methodological characteristics of research published in key journals in higher education: implications for graduate research training[J]. Research in Higher Education, 2004(45): 383-403.

[8] Chen C. CiteSpace II: Detecting and visualizing emerging trends[J]. Journal of the American Society for Information Science & Technology, 2006, 57(3): 359-377.
[9] Amsaveni N, Batcha M S. Applicability of Lotka's Law in the Journal of Advances in Geosciences Publications: a scientometrics study[J]. International Journal of Information Dissemination and Technology, 2019, 9(2): 70-73.
[10] 徐蕴.2010—2019年国际医学教育研究文献的可视化分析[J].医学与社会,2021,34(6):130-135.
[11] Guo X C, Donev P. Bibliometrics and network analysis of cryptocurrency research[J]. Journal of Systems Science & Complexity, 2020, 33(6): 1933-1958.
[12] 陈玥,娜迪拉·阿不拉江,段世飞.人类命运共同体构建与比较教育新使命——中国教育学会比较教育分会第十九届年会综述[J].比较教育研究,2019,41(3):109-112.
[13] 孙进、燕环.全球教育治理:概念·主体·机制[J].比较教育研究,2020,42(2):39-47.
[14] 鲍东明,曾晓洁,张瑞芳."一带一路"建设核心区对外开展教育交流合作情况调研报告[J].比较教育研究,2016,38(12):8-15+30.
[15] 滕珺,丁瑞常,陈柳,等."一带一路"沿线国家教育受援格局研究——基于"发展援助委员会"近十年官方数据的分析[J].比较教育研究,2018,40(4):10-18.
[16] 孔令帅,马文婷.国际组织教育政策价值取向的个性、共性与局限性[J].外国教育研究,2018,45(1):67-78.
[17] 周谷平,阚阅."一带一路"战略的人才支撑与教育路径[J].教育研究,2015,36(10):4-9,22.
[18] 马焕灵,杨婕.美国校园欺凌立法:理念、路径与内容[J].比较教育研究,2016,38(11):21-27.
[19] 韩婷芷,沈贵鹏.芬兰校园反欺凌项目KiVa:内涵、路径及其启示[J].外国中小学教育,2019(2):15-20.
[20] 张沿沿,顾建军.美国"阻止欺凌"教学视频制作研究[J].比较教育研究,2019,41(6):83-89.
[21] 陈卓.新加坡"品格与公民教育"中家庭教育环节的特点研究——基于小学《好品德好公民》教科书的文本分析[J].比较教育研究,2016,38(9):14-20.
[22] 丁笑炯.欧洲中小学创业教育的政策与实践[J].比较教育研究,2018,40(10):27-35.
[23] 蔡铁权.科学教育中科学精神的地位及养成[J].全球教育展望,2016,45(4):79-93.
[24] 徐扬.芬兰基础教育阶段科学课程改革中的"边界消弭"——伯恩斯坦视角下的芬兰科学课程与教育形态[J].全球教育展望,2019,48(3):28-38.
[25] 张侨平.西方国家数学教育中的数学素养:比较与展望[J].全球教育展望,2017,46(3):29-44.
[26] 杜文彬,刘登珲.美国整合式STEM教育的发展历程与实施策略——与Carla Johnson教授的对话[J].全球教育展望,2019,48(10):3-12.
[27] 高东辉,于洪波.美国"深度学习"研究40年:回顾与镜鉴[J].外国教育研究,2019,46(1):14-26.
[28] 周靖毅.加拿大安大略省中小学课程结构改革的动向与启示[J].全球教育展望,2017,46(4):40-51+75.
[29] 肖甦,朱佳悦.俄罗斯持续性国家统一考试改革:追求教育公平[J].比较教育研究,2019,41(11):43-50.
[30] 陈殿兵,杨新晓.杰出校长学校治理的公平策略研究——以美国"2018年度杰出校长"为例[J].比较教

育学报,2020(2):62-72.

[31] 张姝玥,顾高燕.德国学前教育质量评价体系框架、特点及经验[J].比较教育研究,2020,42(7):106-112.

[32] 曹艳红,杨启光.移动学习支持下的教育质量与公平:国际研究与实践的新进展[J].比较教育研究,2017,39(3):60-66+88.

[33] 高黎.俄罗斯世界一流大学建设路径探析[J].比较教育研究,2018,40(3):62-69.

[34] 张照旭,李玲玲,蔡三发.日本建设世界一流大学的多维行动路径——基于“全球顶尖大学计划”A类大学的研究[J].比较教育研究,2019,41(10):3-10.

[35] 王永林.世界一流大学建设运动中的巴西:参与者抑或局外人——基于近20年高等教育发展战略的分析[J].比较教育研究,2020,42(9):23-29.

[36] 王英杰.广义国际化与世界一流大学建设[J].比较教育研究,2018,40(7):3-10+86.

[37] 张帅.我国师生交往研究的热点主题及前沿演进——基于CiteSpace的可视化分析[J].黑龙江高教研究,2021,39(3):18-23.

[38] 钟启泉.基于核心素养的课程发展:挑战与课题[J].全球教育展望,2016,45(1):3-25.

[39] 刘宝存,张伟.国际比较视野下的创建世界一流大学政策研究[J].比较教育研究,2016,38(6):1-8.

[40] 朱旭东.中国比较教育研究发展:质性研究路径选择[J].比较教育研究,2015,37(11):3-9.

[41] Bereday G Z F. Comparative method in education[M]. New York: Holt, Rinehart and Winston, Inc.,1964.

教育质量

国内职业教育质量评价研究综述

◎ 刘　锦

摘　要　当今世界教育领域中，教育评价是与教育基础理论、教育发展并驾齐驱的三大研究课题。文章通过对中国知网的职业教育质量评价相关期刊文献进行精确检索，以职业教育质量评价为主题，共检索出期刊文献452篇，对当前有关职业教育质量评价理念、评价体系构建、评价范式与模型以及评价指标与实践等研究进行总结和述评。已有研究存在理论研究深度不够、缺乏统领性和主导性的理论认识，对中等职业教育质量关注不够，实证研究和实证分析偏少，多元学科研究视角还不够等方面的不足。建议加强职业教育质量评价的基础理论研究，推进实践研究，丰富研究范式。

关键词　职业教育　质量评价　综述

职业教育是现代教育的重要组成部分，是工业化和生产社会化、现代化的重要支柱。近些年来，国际组织、区域性机构和各国认识到发展职业技术教育对推动社会经济发展及促进就业增长的重要作用，把发展和改革职业技术教育作为规划面向21世纪教育和培训体系的重要组成部分。2019年国务院印发的《国家职业教育改革实施方案》中提出，要“加强职业教育办学质量督导评价”。打造具有中国特色的职业教育，实现从职教大国迈向职教强国，与职业教育质量密不可分。职业教育质量评价通过调节职业教育前端课程标准与中端教育教学规律以及后端劳动力输出等要素的相互作用，促进职业教育培养出高质量和高水平的现代化职业教育人才。本文通过统计中国知网上当前相关期刊研究成果，进行全面总结，旨在为我国职业教育质量评价提供一些借鉴。

一、国内职业教育质量评价研究动态

（一）从研究年度看职业教育质量评价研究动态

近十年来，研究者们对职业教育质量评价的关注度有所加强。2009—2018年有关职业

作者简介　刘锦，同济大学职业技术教育学院硕士研究生，专业方向为职业技术教育。

教育质量评价发文量总体上呈先上升后下降的趋势,2009—2016 年发文量逐年上升,2015 年增长幅度最大,并在 2016 年达到最大值 75 篇;2017 年发文量出现断崖式下降,减少到45 篇,2017—2018 年发文量趋于平稳,保持在 45 篇左右(图 1)。

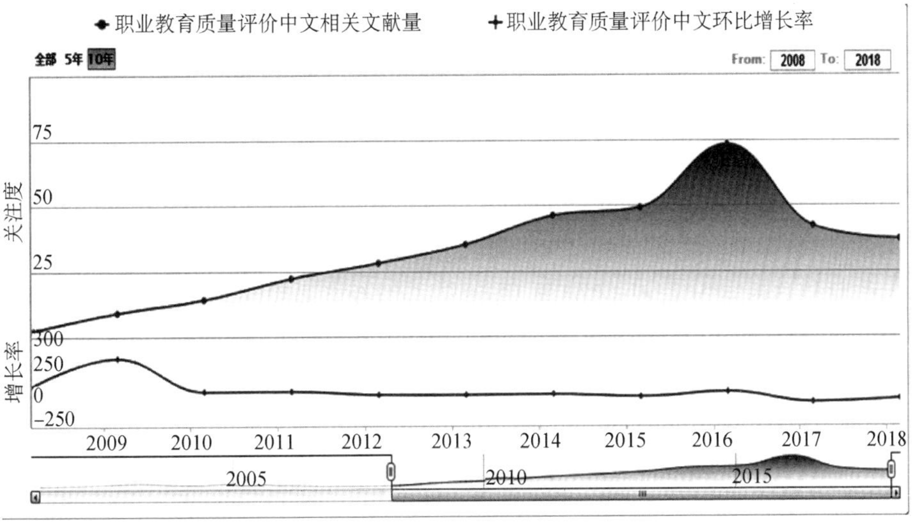

图 1 “职业教育质量评价”相关研究发表趋势图

(二)从核心期刊与 CSSCI 发文量看职业教育质量评价研究动态

2001—2019 年有关职业教育质量评价的核心期刊论文为 159 篇,CSSCI 为 30 篇,二者在所有期刊中的比重较小,说明相关文章整体质量不高。

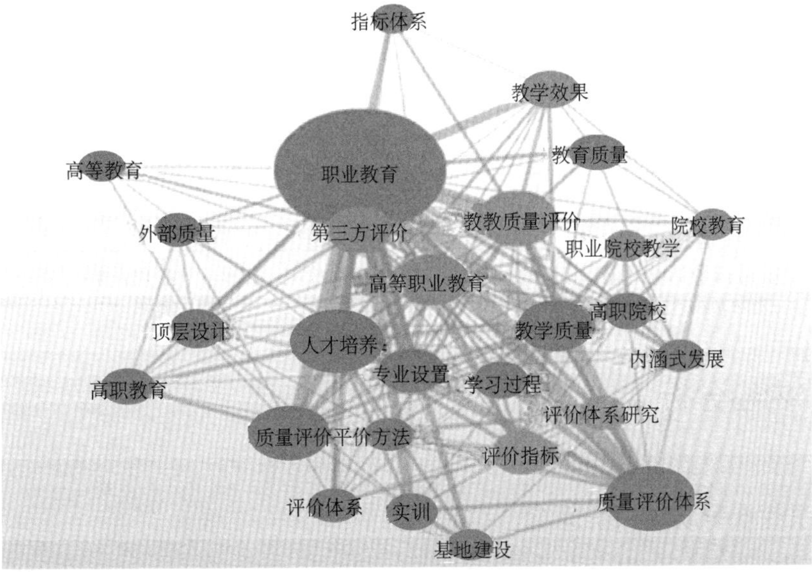

图 2 文献内容可视化分析

（三）从文献内容看职业教育质量评价研究动态

通过中国知网文献可视化分析得到，有关于职业教育质量评价的研究主要集中在质量评价体系、高等职业教育质量评价、评价指标、第三方评价、内涵式发展等，从现代职业教育体系建设的视角对质量评价进行研究的成果数量很少，特别是对中等职业教育质量评价的研究很少(图 2)。

（四）从被引量和下载量看职业教育质量评价研究动态

从表 1 可以看到，被引量最高的 3 篇，第一篇被引量 208，下载量 8 328；第二篇被引量 46，下载量 754；第三篇被引量 41，下载量 783。研究内容重点趋向于教育制度改革、职业与教育的关联以及第三方参与职业教育质量评价的研究，同时职业教育质量保障体系、内涵式发展、高职院校、国际经验与启示等职业教育质量评价的相关研究也有较高的关注度。

表 1　职业教育质量评价的热门被引文章表

题名	作者	年/期	下载	被引
教育制度改革与城乡教育一体化——打破城乡教育二元结构的制度瓶颈	褚宏启	2010/11	8 328	208
职业及其对教育的规定性	肖凤翔，所静	2011/05	754	46
让第三方参与职业教育人才培养质量评价	陆春阳	2011/30	783	41
论职业教育的质量标准与质量评价	刘晓欢，刘骋	2005/19	550	36
现代职业教育质量保障体系建设	赵志群	2014/21	1 321	35
高职教育教学质量监控与评价体系的研究	长沙航空职业技术学院课题组	2002/01	1 115	35
职业教育第三方人才培养质量评价体系研究	陈智球，马芜茗	2014/14	996	34
高职院校内涵式发展质量评价体系的构建	董刚，杨理连	2013/05	1 461	33
构建职业教育质量保障体系的国际经验及其启示	吴雪萍	2014/07	1 337	29
高职人才培养质量评价体系构建	牛志宏	2014/03	420	29

二、研究内容分析

(一) 职业教育质量评价理念

从本质上看，职业教育的质量评价是在科学理论的指导下，运用特定的管理手段对教育质量实施评价的理论和实践的综合体。从研究的角度考虑,职业教育质量保障研究需要建立在一定的理论基础之上,以此为根基进一步探索质量评价的体系、运行机制和完善策略。作为一种事实判断和价值判断的实践活动,树立科学理性的职业教育质量评价理念至关重要。教育质量是教育履行其职责绩效的度量。职业教育质量评价的实践需要教育质量评价理念的指导。[1]职业教育质量的本质是职业学校在遵循教育教学基本规律和在特定社会条件的前提下,实施有目的、有计划、有组织的教育活动,使得提供的服务满足国家、社会、行业企业、家长、学生等利益相关者诉求的规定性。[2]同时职业对职业教育也具有规定性,职业集中表征着社会生产力、政治经济制度和文化等因素与职业教育的互动关系。因此职业教育质量评价应更多在经济社会背景下进行考虑。[3]也有学者认为职业教育质量评价应从社会本位转向以人为本,将职业教育满足个体持续发展需要的能力和水平视作评价的基本内容。随着社会经济的发展以及职业教育发展方式的变化,相关研究更加注重职业教育与产业发展、社会需求、政治制度的动态复合关系,职业教育质量评价理念也愈发多元和全面。

(二) 职业教育质量评价方法

教育质量因其动态性难以被准确评估和测量,学术界一直没有形成统一的评价方法。[4]职业教育作为类型教育具有跨界、整合和重构的三大特征,因而职业教育质量评价的方法也愈发体现跨界融合的趋势。[5]黄利文以六何分析法建模,引入利益相关者要素,建立管理信息系统,采集分析监测数据,进行多维度综合评价,构建高职院校教学质量评价模式。[6]也有学者把 SERVQUAL 模型引入高职院校教学质量评价体系,强调学生在评价中的主体地位。[7]第三方评价以其专业权威性、交互协调性与外部制衡力为职业教育质量评价体系的运行提供有效支撑,为政府部门的教育决策提供咨询,为职业院校的内生发展提供指导,为社会公众及行业企业的理性需求提供服务。因此大多数学者都赞同在职业教育质量评价中引入第三方机构。在职业教育质量评价跨学科研究中,大多数学者从管理学的视角切入,运用质量管理[8]、利益相关者[9]、ISO 9000 标准等理论,构建职业教育质量评价方法的应有视界。

(三) 职业教育质量评价体系

建设与现代职业教育体系相适应的质量评价体系是一项系统工程,也是当前研究的重中之重。[10]从现代治理视域看,教育质量第三方评价体系建设主要包括评价机构、评价标准、评价实施、评价管理与评价结果利用等方面,具有专业权威性、独立性和非营利性特征。[11]有学者认为虽然职业教育理论界在研究过程中较多提及质量体系的建构,但实践层面却往往只重视质量要素的评价,忽略质量体系的评价。[12]董刚把目标性、适应性、兼容性和系统性作为构建原则,将能够充分体现高职院校内涵式发展的特色要素作为评价指标纳入评价体系。姜大源从职业教育对经济、社会、国家的积极影响出发，提出关于建立“国家职业教育局”的建议[13]。刘文华等也认为应设立一个全国性的机构来组织职业教育质量评价工作的启动、协调、验收[14]。在一定时间内，质量评价与职业教育互相促进、协同发展，使职业教育与社会经济共生、互动、匹配、协同，共同推动经济产业优化、社会利益均衡、学生全面发展，从而实现现代职业教育体系良性发展的过程。

借鉴西方职业教育质量评价的先进经验也是我国职业教育质量评价体系不断改进的主要途径。一些学者从国际视野分析，欧盟、英国、美国和澳大利亚等职业教育质量高的国际组织和国家都已建立了比较完善的职业教育质量保障体系，[15]其体系具有完善的法律法规保障、可操作的职业教育质量指标体系、多元的职业教育质量评价主体的共性。针对不同国家职业教育质量评价的特点，[16]吴雪萍认为英国职业教育质量评价具有六大特点：评价理念的先进性、评价标准的统一性、评价的独立性和权威性、评价过程的透明性和公开性、评价证据的原始性和真实性、外部评价和自我评价的互补性。[17]孙颖认为日本的第三方评价机构具有严格的运行体系、渐进的评价基准及前瞻的方向引导等策略。[18]也有学者通过比较研究得出教育质量标准制定要以职业教育内容、评价方式和职业教育利益相关主体为切入点。吕红通过对澳大利亚职业教育质量保障体系的探究，得出其在办学政策、课程内容、质量管理、教学实施方面的优势[19]。

(四) 我国职业教育质量评价的实践

质量是一个多维的概念，其内涵随着时代变化不断发展。教育质量评价实践是教育改革、发展与提高的核心问题，是评价理念、评价方法和评价体系改革的落脚点。从本质上看，职业教育的质量评价是在科学理论的指导下，运用特定的管理手段对教育质量实施评价的理论和实践的综合体。从研究的角度考虑，职业教育质量保障研究需要建立在一定的理论基础之上，以此为根基进一步探索质量评价的体系、运行机制和完善策略。[20]孙诚通过实证研究得到我国中等职业教育学生在教育期望、教育质量和教育公平等方面总体满意度处于基本满意状态。[21]张令伟运用实证研究以及定量研究方法，结合产学合作构建教育质量指标，具有创新性。[22]江苏省以学业水平测试为切口，以专业技能抽测为抓手，强化职业学校学生的“三基”水平，并通过创新招生考试制度，从选择单一就业到追求多元生涯发展，建立起多元化的职业教育体系，打通职业学校学生入学、求学、求职、发展的全过程。不难发现，我国正在职业教育质量评价的实践道路上不懈前行。

三、现有研究评述

(一) 职业教育质量评价研究的特点

对于职业教育质量评价理念、评价方法等的认识，研究者还没有形成一致观点，但现有研究都为深化职业教育质量评价研究奠定了基础。已有文献采用哲学、历史、比较、经验等定性与思辨方法以及定量实证的方法，从政治学、经济学、管理学、教育学、文化学等多学科视角，兼顾质量主体的多维、相关利益主体的多元、固有特性的多样、主观判断与客观规定的动态发展，对职业教育质量进行评价的立体“模型”逐渐清晰。研究者们对职业教育质量评价的研究集中于评价体系构建、评价指标设置等，表明职业教育质量评价越来越受到学者的关注，反映了职业教育科研工作积极主动服务职业教育质量发展。

(二) 职业教育质量研究存在的问题

从研究的发展阶段看，研究者们对职业教育质量评价的内涵、方法、特征、标准等的认识尚未统一，理论研究深度不够，缺乏质量全貌的研究与综述，缺乏具有统领性和主导性的理论认识。从研究文献的教育层次分布看，高等职业教育质量的研究文献数量多、内容覆盖面宽，中等职业教育质量研究文献相对较少、质量的理论及机制研究还不够。从研究范式看，已有的职业教育质量研究借鉴普通高等教育的成果和理论研究较多，质性研究居多，实践研究和实证分析偏少。从研究视角来看，技术论和人才结构理论等职业教育特性的理论研究视角很少。学科视角中经济学和教育学居多，政治学、社会学、人类学、心理学、数学、系统科学的研究视角还很少。

(三) 职业教育质量评价研究的建议

一是加强基础理论研究。深化研究层面，聚焦职业教育质量评价标准体系的顶层设计和评价标准体系的“元研究”，强化职业教育质量生成、质量保障、质量治理与质量评估等环节的研究。在教育层次方面，加强对中等职业教育质量的理论研究。二是推进实践研究，深化实证调查和个案研究，开展微观对策研究，提高研究成果说服力。增强对质量评价体系建设的实践研究，利用信息化手段促进评价方法与技术手段的创新。三是丰富研究范式，加强管理学、政治学、社会学、心理学等学科的交叉研究与分析。

参考文献

[1] 李文静.德国职业学校教育质量保障体系研究[D].天津:天津大学,2014.

[2] 肖凤翔,所静.职业及其对教育的规定性[J].天津大学学报(社会科学版),2011,13(5):435-440.

[3] 徐承萍,赵蒙成.职业教育质量评价的人文意蕴[J].河北师范大学学报(教育科学版),2018,20(6):75-82.

[4] 姜大源.跨界、整合和重构:职业教育作为类型教育的三大特征——学习《国家职业教育改革实施方案》的体会[J].中国职业技术教育,2019(7):9-12.

[5] 黄利文.基于六何分析法的高职院校教学质量评价模式探析[J].江苏高教,2016(5):152-155.

[6] 张妍妍.SERVQUAL 模型在高职院校教学质量评价中的应用[J].现代教育管理,2016(1):107-111.

[7] 李梦卿,刘晶晶,刘占山.职业教育第三方评价的价值原旨、需求功能与趋势常态——基于2017年福建省职业教育教学成果奖评审的思考[J].教育发展研究,2018,38(11):34-40.

[8] 杨理连.高职教育内部质量管理要素的相关性研究[J].高等工程教育研究,2017(5):192-196.

[9] 刘春花.高等职业教育质量评价再思考——基于利益相关者的视角[J].海南大学学报(人文社会科学版),2010,28(2):117-120.

[10] 唐智彬.论现代治理视域下的高职教育质量第三方评价体系建设[J].中国高教研究,2016(5):192-196.

[11] 王国光,庞学光.从质量要素到质量体系——试论高职院校校本质量评价对象的转向[J].江苏高教,2017(7):85-89.

[12] 董刚,杨理连,张强.高职院校内涵式发展质量评价体系的构建[J].高等工程教育研究,2013(5):113-117.

[13] 姜大源.关于建立"国家职业教育局"的建议[J].中国职业技术教育,2013(31):92-93.

[14] 刘文华,徐国庆.职业教育国家专业教学标准开发工作的组织问题研究[J].职教论坛,2014(34):32-37.

[15] 郑立.国际比较视野下职业教育质量保障体系的特点与启示[J].黑龙江高教研究,2018,36(5):82-85.

[16] 吴雪萍,金晶.英国职业教育质量评价探究[J].比较教育研究,2013,35(2):87-91.

[17] 孙颖,刘红,杨英英.日本职业教育质量外部评价的经验与启示——以高等专门学校为例[J].外国教育研究,2014,41(5):33-39.

[18] 陈岩.国际教育质量标准及实践对我国的启示[J].中国劳动关系学院学报,2015,29(3):107-109.

[19] 吕红,石伟平.澳大利亚职业教育质量保障体系探究[J].外国教育研究,2009,36(1):85-91.

[20] 孙诚,吴红斌,尹玉辉.中等职业教育学生满意度分析——基于中等职业学校学生调查的实证研究[J].教育研究,2018,39(1):83-91.

[21] 张令伟,沙马拉毅.高职院校产学合作教育质量评价研究[J].西南民族大学学报(人文社会科学版),2014,35(5):196-200.

[22] 刘晓玲,庄西真.注重基础、选择多元——职业教育人才培养质量评价的探索与实践[J].中国职业技术教育,2017(35):38-42.

高职中外合作办学课程对接与质量保障研究

◎ 林思雯

摘　要　中外合作办学是我国教育对外开放进程中一项举足轻重的措施。本文通过对中外合作办学课程设置政策要求、中外课程对接与课程标准的阐述，指出当前中外合作办学课堂教学产生的诸多水土不服的问题，并尝试提出相应对策，同时强调，提升中外合作办学课堂教学质量，势必要建设全方位的教学质量保障体系。
关键词　中外合作办学　课程与教学　质量保障体系

经济全球化发展和改革开放政策推动了高等教育国际化发展，《国家中长期教育改革和发展规划纲要(2010—2020)》提出，要鼓励各类学校开展多种形式的国际交流与合作，办好若干所示范性中外合作学校和一批中外合作办学项目。对高职院校来说，中外合作办学旨在引进国外优质教育资源，更新高职院校教育理念与教学方法，尤其是在推进高职专业内涵建设、课程改革、双语课程建设、教材建设、师资队伍建设、规范管理以及增加教育供给的多样化、加快教学改革和人才培养等方面发挥积极作用。[6]

一、中外合作办学课程设置政策要求

（一）政策支持

2003 年 3 月颁布的《中华人民共和国中外合作办学条例》为中外合作办学提供了更为宽松的政策环境。条例明确指出“中外合作办学是中国教育事业的组成部分”，对中外合作办学提出了“扩大开放、规范办学、依法管理、促进发展”的十六字方针。

2010 年 7 月 29 日教育部颁布了《国家中长期教育改革和发展规划纲要(2010—2020)》，

作者简介　林思雯，同济大学职业技术教育学院教育硕士在读，研究方向为教育管理；上海商业会计学校教师。

《纲要》第十六章明确指出:"加强国际交流与合作。坚持以开放促改革、促发展。开展多层次、宽领域的教育交流与合作,提高我国教育国际化水平。借鉴国际上先进的教育理念和教育经验,促进我国教育改革发展,提升我国教育的国际地位、影响力和竞争力。适应国家经济社会对外开放的要求,培养大批具有国际视野、通晓国际规则、能够参与国际事务和国际竞争的国际化人才。"

(二) 课程对接

中外合作办学一般以引进外方优质教育资源为抓手,进行课程对接,发挥中外双方各自办学优势,促进优质教育资源的相互交流,重点引进优质课程、师资、教学管理和教学评价等资源,通过融合创新,提升育人水平,借鉴先进的教学模式和办学经验,探索专业化国际办学途径,形成专业品牌特色。以某高职院校的中国与加拿大合作开展的酒店管理专业项目为例,在人才培养方案里,课程设置严格按照《教育部关于当前中外合作办学若干问题的意见》中"四个三分之一"规定,即引进外方课程和专业核心课程应当占中外合作办学项目全部课程和核心课程的三分之一,外国教育机构教师教授的专业课程的门数和教学时数应当占中外合作办学项目全部课程门数和全部教学时数的三分之一以上。[1]具体为,人才培养方案总课时数 3 163 课时,加方教师授课 1 147 课时,占全部课时的 36.26%。方案中课程共 34 门,其中文化基础课(公共课)7 门,专业课 27 门。引进加方课程 12 门,约占总课程门数的 35.29%。专业核心课程有 7 门,其中由加方负责讲授的课程数为 3 门,约占专业核心课程数的 42.86%。专业主干课程总学时为 586 学时,其中加方负责讲授的学时数为 202 学时,约占专业的核心课总学时的 34.47%。方案中专业课程为 27 门,中方授课所占比例为 55.6%,加方授课所占比例为 44.4%。专业课根据酒店管理岗位群工作任务与职业能力分析结果,依据高职教育教学规律和学生认知发展规律,构建三年制课程体系,有力支撑酒店管理专业基层、中层和高层管理能力的培育。特别是引进了 12 门加方领先的专业课程,极大地提升了中方中高层战略管理教学能力不足的短板。课程设置要充分体现"分类指导、因材施教"的原则。综合考虑社会发展的需求、学生的学习愿望和学校条件,以"适合学生的教育"为核心理念构建多层次的课程体系,为学生搭建学习发展的平台,促进学生的核心素养的形成,满足学生的学习需求。[4]

(三) 课程标准

中加酒店管理项目在引进加方专业课程的同时,引进了课程标准(Course Outline)。加方课程标准由加拿大皇家路大学旅游专业主任完成,通过了加方学术委员会审批,主要包括课程基本信息、课程目标、课程授课计划、课程学习成果(主要有五方面:国际思维、自主学习能力、解决问题能力和批判性思维、有效沟通、团队合作和领导能力)、评价标准、作业要求和分值占比等。此外,加方对课程的先后授课时间提出了明确的建议,如要求将课程“旅游学概论(Introduction to Hospitality and Tourism)”作为第一门专课，并且要求学生进行行业考察，以熟悉旅游与酒店业的情况。而将课程“战略管理：酒店/度假村案例研究(Strategic Management: Resort and Hotel Case Studies)”安排在最后一个学期，作为整个项目学习的总结，让学生使用三年所学知识进行酒店与景区实地考察并进行战略分析。中方课程标准由中方专业教师主笔，经过专业主任、教学副院长、教务处逐层审核并公示，包括课程性质、课程目标、课程内容和要求、课程实施建议、教学评价以及学习情境设计等。教学根据课程标准执行，确保了教学质量。

二、中外合作办学课堂教学存在的主要问题

(一) 中外合作课程分层教学不足

原有的中外合作项目分班与其他普通专业的分班机制相同，均为随机分班，这就意味着每个班级学生的英语水平参差不齐，这给外教实施教学带来了很大的挑战。外教很难兼顾英语水平差距较大的不同学生，导致英语基础弱的学生对外教课的学习积极性较低，成绩不理想。[2]

(二) 外教选派工作充满挑战

外教素质直接影响教学效果。中外合作双方在生源、办学层次、文化、工作模式等方面存在诸多差异，使得外教选派工作充满挑战。目前，来校任教的外教工作期限以半年至一年期为主，这就要求外教在短时期内，适应中方学生的学习模式，并根据中方学生的学情、学习习惯等来为学生量身定制教学方案。这对于长期任教于培养本科、硕士为主的高等院校的外方教师来说，很难胜任。而 2015 年颁布的相关出入境管理法规，要求来华任教的外籍教师必须办理工作签证，且工作签证申请流程复杂，需要 3～6 个月的准备时间，更给外方院校选派教师增加了难度。

(三) 优质中方助教缺口较大

中外合作双语课程需要配备中方助教，帮助学生随堂翻译课堂内容，协助外教开展教学。长期以来，该高职院校的生师比较高，而其中外语水平较高、能够胜任助教工作的教师较为缺乏。并且助教往往缺乏相关专业的知识背景，在随堂翻译过程中，难以将外教的授课内容原汁原味地传递给学生，从而影响了教学效果。此外，由于助教不仅要协助外教进行课堂教学，还需要做好一些服务工作，内容繁杂，压力较大，缺乏相应的激励机制，这也是部分助教工作热情不足、影响教学效果的原因之一。

(四) 中外合作项目资源配置尚待完善

中外合作项目为高职学生留学深造提供了一条捷径,但遗憾的是,由于学生对留学及国外生活的不确定性存在诸多疑虑,再加上很多学生缺乏学习动力,在专科毕业后,鲜有学生继续出国深造。很多院校在中外合作办学期间,为学生提供参与境外游学和境外实习的机会,这些活动能很好地帮助学生了解国外生活,消除疑虑,坚定留学决心。但是,由于境外游学费用高,在没有校方资助的情况下,学生很难成行。

(五) 课堂成果辐射作用不足

由于外文教材价格昂贵、订购困难等,目前,中外合作项目使用的教材以外教自编教材为主,在一定程度上缺乏系统性和客观性。这使中方相关专业在学习、借鉴中外合作项目课程的过程中遇到多重局限。此外,目前助教与外方课程的匹配度还比较低,难以大面积地将外方优质教学成果较好地转化到中方课程的教学中,导致中外合作项目成果的辐射面窄。

三、开展好教学的对策与研究

(一) 实施英语分层教学

新生入校时,在考虑英语基础、出国意向、专升本意向等因素的基础上进行分班。现在省厅要求实施 35 人以下的小班化教学,我们对中外合作项目班级也按 35 人以内的标准进行编班,鼓励教师进行更为细致的分层教学,使得教学更有目的性,保证了学生的学习效果。[3]

(二) 打造中外双方教师的有效运行机制

首先,制定相关激励政策,鼓励优质中方教师加入助教队伍。学校酌情考虑助教在课内外为中外合作项目所作的贡献,折算成相应工作量,对教师进行经济补偿,并在各种推优评奖、进修培训、业绩考核等方面予以优先考虑,鼓励更多的中方教师提升综合素质。其次,建立起对助教的评价体系。通过试讲、学生满意度评价、推门听课等多种评价方式,建立起助教的分级定档制度,优教优酬,保证助教的教学水平。第三,增进外教与助教的合作交流。开展正式的教学研讨会,以及非正式的课后活动,帮助外教和助教增进交流,以便建立起共识,更好地开展教学活动。[7]

(三) 参与外方教师的选聘

在明确外教遴选要求的基础上参与外方教师选聘的最终面试,以保证选派外教的质量,积极主动地与外方合作院校加强沟通,增进外方教师对中方学生的学情、在华工作及生活环境等的了解,便于外教更好更快地适应中国环境。

(四) 出台相关政策

进一步合理配置了中外合作办学经费,划拨游学、留学专项扶持经费。要求图书馆订购储备一批优质外文教材,为师生学习国外先进教育理念、专业知识等提供便利。同时制定相关激励政策,鼓励中外教师合作撰写校本教材,更好地促进中方相关课程的建设。

四、全方位构建质量保证体系

(一) 三个层次对接,确保项目无缝对接

中外合作项目的顺利运作得益于三个层次的横向沟通渠道的搭建和合作工作的开展。中外机构在两国国际办学政策框架下制定合作方案;办学对接学院在合作方案的框架下落实课程对接与开发,并为项目配备优秀师资;中外教师互助互补,在课程大纲的要求下完成教学任务。[5]

(二) 以生为本,四方联动

学生是课堂教学的服务对象,任何信息沟通平台中学生反馈渠道的缺失都会影响合作项目的运行质量。在中外合作办学项目中,学生有四个方向的渠道来反映问题,无论中外对接学院还是中外教师在接收学生反映的问题后都会向上报告、横向协调来解决问题,并反馈学生。围绕学生、层级结合、上下贯通的运行体系确保了项目运行的有效性(图 1)。

(三) 两条主线各司其职,确保项目运作顺畅

中方机构、对接学院和中方师资负责本土课程教学、项目教学管理、学籍管理等工作[9];外方机构、对接学院和外方教师负责引进课程开发、教学实施和第二学籍管理。两条主线责任明确,各司其职,项目运作顺畅。

(四) 引进第三方评估,形成向上负责的质量监控体系

教师是教学的实施者,完成教学后教师与学生沟通、总结归纳教学工作中的问题向二级学院汇报;二级学院是合作项目的落实者,负责学生评教工作和总结归纳项目运行中存在的问题,向学校负责;学校聘请外部机构,总体评估合作办学各方工作情况,二级学院和职能部门配合评估,形成评估报告。[8]

综上所述,中外合作办学最重要载体是课程对接,引进优质教育资源也会产生诸多水

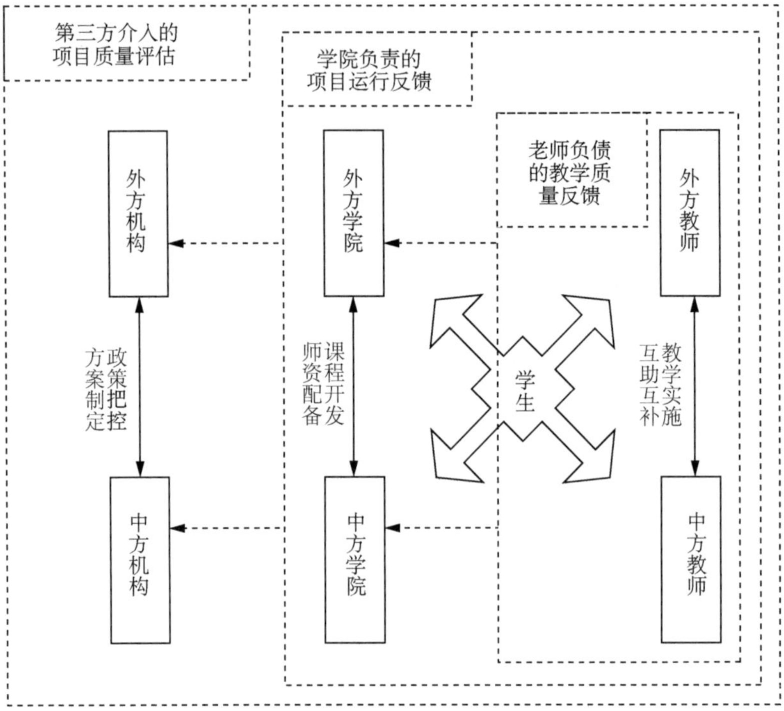

图1 “以生为本,四方联动”有效运行图

土不服的问题。只有在实践中摸索前行,尤其是针对课堂教学中出现的问题要做出正确的对策研究并加以解决,并且建立全方位的课堂教学质量保障体系,以保证中外合作办学项目可持续发展。

参考文献

[1] 王思捷.浙江省高职院校中外合作办学课程管理问题探讨[J].职教通讯,2016(15):28-30+38.

[2] 谢媛媛,赵越.提升高职院校中外合作办学教学质量的实践研究[J].中国职业技术教育,2013(11):52-54.

[3] 熊静漪.中外合作办学课程体系设置研究[J].教学研究,2011,34(5):18-21.

[4] 王春.中外合作办学项目中的英语课程建设探析[J].青年与社会:中外教育研究,2012(5):1-3.

[5] 刘昌辉,徐春梅,余武明.中外合作办学课程对接的研究[J].湖北经济学院学报(人文社会科学版),2015,12(4):171-172.

[6] 杨艳,张扬. 高职中外合作办学项目质量保障机制建构研究[J]. 教育界,2014(27):154-156.

[7] 冯晨昱.对我国高校中外合作办学的思考[J].教育探索,2011(1):99-100.

[8] 朱晓江,陈瀛,陈瑶.高等院校中外合作办学项目质量保障体系的构建[J]. 咸宁学院学报,2009,29(2):88-90.

[9] 卢文娟,李桂山.中外合作办学项目组织管理体系构建研究[J].煤炭经济研究,2009(7):92-94.

基于4C理论的重大疫情背景下教育质量保障研究

◎ 刘 锦

摘 要 如何积极应对重大疫情对教育质量的影响已成为众多专家学者关注的焦点。文章分析在当前新冠肺炎疫情背景下，"停课不停学"引起的主要教育质量问题，基于市场营销学的4C理论(The Marketing Theory of 4Cs)，就今后应对重大疫情教育质量保障的策略提出新设想。

关键词 4C理论 重大疫情 质量保障

2020年新冠肺炎疫情给中国教育质量的保障带来了前所未有的考验，线下教育被迫按下"暂停"键，线上教育机会和挑战并存。教育部于2020年1月27日发布《教育部关于2020年春季学期延期开学的通知》，要求适当推迟春季学期开学时间，鼓励各地利用互联网和信息化教育资源为学生提供学习支持，保证"停课不停教、停课不停学"[1]。质量保障是质量管理的重要组成部分。为保障特殊时期的教育质量，本文基于教育服务观点，运用4C理论，设计一个以学生为中心的新冠肺炎疫情期间教育质量保障模型，从而帮助我们重新审视学校的教育理念、课程内容以及教学方式，增强教育信心，提高教育质量，在特殊时期努力办好人民满意的教育。

一、新冠肺炎疫情防控下的教育现状

(一) 政策日趋完善但学校工作开展困难

2020年初，延期开学通知发布之后，从中央到地方"停课不停学"工作实施方案层出不

作者简介 刘锦，同济大学职业技术教育学院硕士研究生，专业方向为职业技术教育。

穷。2020年2月12日,《教育部办公厅工业和信息化部办公厅关于中小学延期开学期间"停课不停学"有关工作安排的通知》[2]发布,为特殊时期的教育教学工作指明了方向。同时全国各地也相应地制定了在线教学工作安排的配套文件,为参与在线教学的教师、学生以及相关工作人员明确了目标和要求,也为家校沟通、协同教学提供了支持和保障。但由于不同地区之间、学校之间的教育资源以及基础存在差距,全国统一的"停课不停学"实施还是存在明显差异。北京奥鹏远程教育中心有限公司牵头成立的"停课不停学"公益联盟联合互联网教育智能技术及应用国家工程实验室,通过调研得出各级教育主管部门和学校对于"停课不停学"的政策理解与执行存在差异,且都缺乏系统、长远的规划的结论[3]。

(二)教学形式多样但教学质量难以保障

"停课不停学"实施以来,普遍存在两大矛盾:不同类型的学生学习需求与不充分的线上学习资源的矛盾;教师日益增长的教学负担与不发展的教学条件的矛盾。目前普遍采用的在线教学和服务模式有"电视教学视频"模式、"直播课堂"模式、"资源班班通"模式、"自选资源+在线答疑"模式四种[3]。张晓艳认为线上教育在实施过程中存在对学生约束力小、师生互动性不强、网络设施缺乏、教师能力薄弱、教学效果不理想、无法满足学生个性化学习的需求等问题[4]。以上问题普遍存在于不同阶段层次的教育过程中,且不同类型的学生问题的表现形式也不一样。线上教育虽然为学生提供了一定的学习资源,但由于教学方式以及学习环境的差异,导致学习效果有一定程度受损。

(三)在线教育平台丰富但市场无序竞争

新冠肺炎疫情期间,私营化的互联网教育公司看到了扩张的机遇,在市场利益驱动下纷纷借机扩展业务范围,以占据未来教育发展的空间。一方面,众多的在线教育平台丰富了教学资源,让学生有更多的选择,学到很多课堂内学不到的知识。另一方面,很多在线教育平台是新冠肺炎疫情暴发后临时成立的,缺乏坚实的教育基础,因此教育质量参差不齐,更有某些公司鱼目混珠,打着教育公司的旗号,实则借机行骗,不仅给学生家长造成财产损失,而且打击了学生的学习兴趣。张务农认为,在线教育平台由互联网公司市场化提供,且互联网教育是盈利性组织,将公共性教育系统的基础设施建立在逐利的企业组织之上,一定程度上也会动摇教育的公共性基础[5]。

二、基于4C理论的教育质量保障分析

20世纪80年代,以美国的罗伯特·劳特朋、唐·E.舒尔兹教授为首的一批营销学者提出关于组织整合性营销的4C理论(The Marketing Theory of 4Cs)[6]。面对新的营销环境,劳特朋在《4P退休,4C登场》中提出4C营销组合,随后在和舒尔茨合著的《整合营销传播》

中重申4C理论应该取代4P理论的观点。这一理论强调把组织所面对的顾客需求作为组织采取行动的重要导向。为实现追求顾客满意的组织目标，总结归纳了四个基本要素：顾客(customer)、成本(cost)、便利(convenient)和沟通(communication)[7]。

4C理论以消费者需求为导向，与产品导向的4P理论相比，4C理论强调产品卷入度，使得消费者主动参与企业的营销活动，而不是被动地被“灌输”，在服务业作用尤其显著[8]。基于教育服务理论，何玉海提出教育服务观，学校教育的本质就是向学生提供“教育服务”，学校是“提供教育服务的组织”，学校的“产品”是“教育服务”；教师是“教育服务”的提供者，是“服务者”；学生是“教育服务的接收者”，是“顾客”。学校教育就是学校和教师为学生提供健康良好的、动态适宜的、持续改进的条件和环境，即“教育服务”的活动和过程[9]。程仙平基于4C理论对老年教育面对困境与突围的发展策略进行探析[10]。在提倡以学生为中心的现代教育中，面对疫情导致教育环境的变化，4C理论应用于教育质量的保障亦有其理论研究和实践操作的价值。

三、4C理论对于教育质量保障的应用

(一) 坚持学生主体地位

4C理论的顾客要素强调组织直接面向顾客，必须考虑顾客的需要和欲望，将“以顾客为中心”贯穿于组织活动的全过程，向顾客提供优质服务。因此在疫情期间教育同样也应该始终坚持“以学生为中心”，时刻了解学生的生理和心理变化，使其在良好的健康状态下学习，这样才能更好地实现学生满意的教育。同时要从学生的需求出发，为学生提供优质的教学内容和教学服务，如设计更好的学习平台、提供更舒适的学习体验、共享各地的优质学习资源等。发展形式多样化，学生喜闻乐见的学习。张琦[11]认为全民抗击新冠肺炎疫情这一经历对学生来说是最直观生动的课程，由此开展多种主题探究性学习极具意义。另外也可以用线下学习中心的形式作为补充，加强互动交流，增强线上学习的黏性，使学生体验到学习的快乐，得到想要的知识，逐渐提高自我学习能力。

(二) 提高教育投入效益

成本要素强调组织必须考虑顾客为满足需求而愿意支付的“顾客总成本”，具体包括货币成本、时间成本、精神成本和体力成本等，应努力降低顾客购买的总成本。一方面为了更好地开展线上教育，各地纷纷进行教学设备和网络条件的提质改造，以满足学生网上学习的基本条件；另一方面，家长和学生也支付更多的费用用于学生的在线学习，比如购买电脑等电子设备、支付网费、购买线上课程等。在教育投入不断增加的同时，也要提高教师、学生以及相关教育工作者的行动能力。首先提高教师和学校工作人员的信息化素养，促进数

字教学资源的充分利用。同时加强对教学设施设备的日常管理和养护，增长使用年限，降低成本，发挥最大效益；其次建设教育资源监管与引导机制，加强各区域、各部门协同监管，拓宽社会监督渠道，真正达到应有的教育质量。

（三）增强教育的便利性

便利要素强调组织在提供产品和服务时应考虑地区抉择、区域角色、地点角色等因素，尽可能提升顾客的易接近性。首先各级主管部门应充分重视，加强对教育资源的宏观调控。付卫东、周洪宇提出投入要向城市低阶层子女和农村偏远地区学校信息化倾斜，实行上网折扣或免费计划，并对网络运营商给予税收减免等优惠政策[12]。一定程度上减轻家长负担，避免部分学生因无法获得相应设备而影响教育质量，实现在线教育公平。同时还需要将线上教育和线下教育相结合，显著提升教育的可获得性。面对新冠肺炎疫情，线上教育成为教学正常开展的“救命稻草”，但其也暴露出发展不完全、不充分的缺点。国家加大对在线教育的支持力度，出台相关法律法规规范市场在线教育平台，普及在线教育使其成为线下教育的有效补充形式。

（四）加强家校沟通联系

沟通要素强调组织为在竞争中保持优势，必须不断地与顾客进行沟通，传递关于服务、价格等方面的信息，并努力影响顾客的态度与偏好，在顾客心中树立良好的组织形象。面对新冠肺炎疫情，教师与学校教育工作者的角色都要进行转型和升级。教师在完成线上教学任务的同时，也要成为家长和学校的沟通者和协调者。与学生沟通，及时了解学习进度和问题，提高学生的网络自主学习能力；与家长沟通，对相关家长进行信息技术培训，深化信息化教学实践应用，深化家长对在线教学的认识与理解，并提高师生和家长的信息技术应用水平。完善在线教学公共支持服务体系，为不同学生提供有针对性的过程支持服务，保障过程实施效果。

质量保障体现了面向未来的预防为主的理念。新冠肺炎疫情对于全国上下都是一场大考，各行各业在抗击疫情的同时也要尽量减少损失保持发展，教育行业作为国计民生，一边是高考延期，一边是很多学校开始有序复学，面对突发重大疫情如何提质保量更加引起广泛重视。

参考文献

[1] 教育部.教育部关于2020年春季学期延期开学的通知[EB/OL].(2020-01-27)http://www.moe.gov.cn/jyb_xwfb/gzdt_gzdt/s5987/202001/t20200127_416672.html.

[2] 教育部.教育部办公厅 工业和信息化部办公厅关于中小学延期开学期间“停课不停学”有关工作安排

的通知[EB/OL].(2020-02-12)http://www.moe.gov.cn/srcsite/A06/s3321/202002/t20200212_420435.html.
[3] 王冬冬,王怀波,张伟,等."停课不停学"时期的在线教学研究——基于全国范围内的 33240 份网络问卷调研[J].现代教育技术,2020,30(3):12-18.
[4] 张晓艳.新冠肺炎疫情下线上教育的机遇与挑战[J].中国报业,2020(8):96-97.
[5] 钟秉林,朱德全,李立国,等.重大疫情下的教育治理(笔谈)[J].重庆高教研究,2020,8(2):5-24.
[6] 菲利普·科特勒.营销管理[M].11 版.梅清豪,译.上海:上海人民出版社,2003:13.
[7] 陈秋梅.4C 理论与企业营销实践[J].商业研究,2003(2):99-101.
[8] 尹坤,李欣.4P 与 4C 营销理论的比较研究[J].淮海工学院学报(人文社会科学版),2015,13(2):88-90.
[9] 何玉海.试论教学质量评价转型:教育服务观的视角[J].上海教育评估研究,2012,1(1):24-29.
[10] 程仙平.困境与突围:老年教育发展策略探析——基于 4C 理论视角[J].成人教育,2012,32(9):120-122.
[11] 张琦.一场疫情引发的教育思考和行动——新冠肺炎疫情下的主题探究性学习实践[J].辽宁教育,2020(8):30-32.
[12] 付卫东,周洪宇.新冠肺炎疫情给我国在线教育带来的挑战及应对策略[J].河北师范大学学报(教育科学版),2020,22(2):14-18.

思政教育

发挥红色文化的立德树人作用研究

◎张 明 陈 冲

摘 要 育人先育德，育德先育魂。红色文化教育是铸魂工程，把立德树人作为教育的根本任务，就必须加强红色文化教育，提高红色文化教育质量，构建红色文化教育长效机制。构建红色文化教育体系有利于红色文化教育目标的完成、内容的选择、评价的进行，必须遵循育人性与先进性，科学性与创新性，整体性与针对性，稳定性与发展性相结合原则。红色文化育人特殊性与教育规律性决定红色文化教育体系由红色文化教育课程体系和评价体系两大部分构成，它们上下衔接、相互作用，共同构成以立德树人为根本任务的红色文化教育体系。

关键词 构建 体系 立德树人 红色文化 红色文化教育

培养什么人，是教育的首要问题。习近平总书记在 2018 年全国教育工作会议上指出："我们教育的根本任务是培养社会主义建设者和接班人，培养一代又一代拥护中国共产党领导和我国社会主义制度、立志为中国特色社会主义奋斗终身的有用人才。"[1]要完成好这一根本任务，关键就在于紧紧抓住并做好立德树人这一核心。"才者，德之资也；德者，才之帅也。"[2]育人先育德，育德先育魂，红色文化教育是铸魂工程，把立德树人作为教育的根本任务，就必须加强红色文化教育，用红色文化铸魂育人。中国共产党在近百年革命、建设、改革的伟大实践中带领人民创造的，代表着希望、创新、勤劳、勇敢、胜利、自力更生、艰苦奋斗和不怕流血牺牲等独特的红色文化，在内涵特质、历史地位及精神价值等方面，与当代青少年道德教育的基本内涵在本源上是有机统一的，是青少年人生"拔节孕穗期"的宝贵滋养，红色文化教育也是各级各类学校进行德育与思想政治教育的重要内容。我们要深入研究红色文化教育的特质和规律，提高红色文化教育质量，构建红色文化教育长效机制，将红

作者简介 张明，北京师范大学教育文化传播中心政治教师，哲学硕士，研究方向为马克思主义中国化。
陈冲，四川天一学院思政基础部概论负责人，哲学硕士，研究方向为技术哲学。

色文化有效地融入教育教学和人才培养中。

一、文化教育体系构建研究现状分析

红色文化中蕴含着丰富的教育资源和道德养分。近年来,红色文化教育愈来愈受到学术界重视,对红色文化教育的研究纷呈迭起,但对红色文化教育体系整体构建的研究尚不多见,主要散见于以下几方面。

一是红色文化教育课程体系。如有学者认为构建“红色文化”体系,就要开辟红色文化课程化路径,创建红色文化的主题课程、活动课程、特色课程形态,注重校园文化课程化的传承性、主题性、引领性、系统性、渐进性[3];有学者认为红色教育校本课程的实施研究是推进县域内特色学校发展的有效途径,是推进区域教育的内涵发展和特色发展的有力举措[4]。二是红色文化教育实践体系。如有的学者从唱响校园文化建设的主旋律的角度,提出以“知党、爱党、跟党走”为主线,通过“走、讲、进、展、行”[5]的实践,探索构建红色文化实践教育体系。三是红色文化教育传承体系。有学者指出应着眼红色文化教育传承体系的构建,以社会主义核心价值体系为引领,丰富内容体系,拓展传承方式,提升产业水平,创新体制机制,推动红色文化创新发展。四是红色文化教育评价体系。有学者从红色文化教育的内在特质指出,红色文化教育评价的基本原则在本体论意义上应实行发展性评价与科学性评价相结合的原则;在评价机制上实行顾客导向与专业导向相结合的原则;在评价方式上实行主观评价与客观评价相结合的原则;在评价标准上实行多元评价与核心评价相结合的原则[6]。此外,还有学者从校园红色文化体系构建及红色文化在社会主义核心价值、三观教育、德育实践等体系中的作用与意义等多方面进行了梳理,指出中国共产党在革命和建设年代创造的红色文化对现时代青少年人生观的培育具有独特的价值。

总之,国内许多学者从立德树人的角度对构建红色文化教育体系进行了多视角、多层面探索,为红色文化教育体系的构建提供了许多有益研究成果。

二、红色文化教育体系构建的意义及原则

目前,江西、湖南、陕西、浙江、山东等红色文化资源富聚区,高度重视红色文化教育建设,充分发挥本区域内红色资源优势,大力开展多种形式的红色文化教育活动。红色文化教育事业蓬勃发展,但发展水平参差不齐,教育质量亟待提高。红色文化教育作为一种特殊的教育活动,有其内在的规律性,只有深入认识其意义,把握好体系构建原则,才能有效提高红色文化教育质量。

(一) 红色文化教育体系构建的意义

1. **有利于红色文化教育目标的完成**

培养中国特色社会主义事业的建设者和接班人是红色文化教育的最终目标。十年树木,百年树人,要实现这一长远目标,就必须从娃娃抓起,用红色文化滋养青少年整个人生的"拔节孕穗期"。构建红色文化教育体系,可从学科体系出发,围绕最终目标,整体把握、明确不同学段、不同成长时期分目标,并上下贯穿起来理解和把握、操作和实施、观察和评估红色文化教育最终目标的实现与完成。

2. **有利于红色文化教育内容的选择**

红色文化内容丰富,集物态、事件、人物和精神为一体,具有历史印证、文明传承、政治教育、经济开发等价值功能。红色文化教育体系构建,可使我们从红色文化教育功能入手审视和评判丰富的红色文化资源,围绕体系指标准确设计相关课程、选择学习内容,克服红色文化教育形式化、空泛化问题,以便更好贯彻立德树人的理念。

3. **有利于红色文化教育评价的进行**

教育评价是对教育活动满足社会与个体需要的程度做出判断的活动,任何一种教育,都要接受评价,红色文化教育也不例外。建立红色文化教育体系,就能根据体系构建要素采取科学、合理的评价方式和方法,对教师教授红色文化的水平与能力进行有效考核,对学生学习红色文化的效果进行适时检测,以帮助学生和教师更好学习和提高教学水平,不断提高红色文化教育质量。

(二) 红色文化教育体系的构建原则

红色文化教育是运用红色文化资源进行党史国史教育、公民道德教育的一种极具中国特色的知性体验式教育,这种教育特质决定了红色文化教育体系构建的如下四项原则。

1. **育人性与先进性相结合原则**

红色文化教育的主要内容,是革命传统教育,它的本质属性是意识形态性。新时代,构建红色文化教育体系坚持育人性原则,对于凝魂聚气,培育青少年社会主义核心价值观、打牢做合格的社会主义事业建设者和接班人的思想政治基础,具有重大的现实意义和推动作用。先进性是指红色文化体系的构建应以习近平新时代中国特色社会主义教育思想为指导,充分利用现代化、网络化的教育技术和方法,在内容与形式上构建出具有中国特色的现代红色文化教育体系。

2. **科学性与创新性相结合原则**

科学就是规律,教育规律就是教育过程中,教育诸要素之间本身所固有的、本质的、必然的联系。现代教育的核心是科学教育,没有科学教育就没有现代教育。红色文化教育体系的构建必须根据青少年的成长特点及身心发展规律,科学制定教育的内容、方法和形式。

红色文化是具有创新性并具有中国特色的先进文化，它的特殊育人作用，需要我们在构建红色文化教育体系时，不断根据时代发展创新教育的内容、方法和模式，倡导启发式、讨论式、情景式教学，把重点放在学生内在品质的开发和启蒙上，促进他们人格的完善、素质的提高。

3. 整体性与针对性相结合原则

整体性是指红色文化教育体系的构建应全面、立体、充分地再现和反映红色文化在学生成长各阶段、各层次和各方面的教学内容与价值要求。一个完备的红色文化教育体系既包括课内的，也包括课外的；既包括学生的知识、信念和行动，也包括教师的道德素养。针对性是指在构建红色文化体系的过程中，应针对学生不同的身心发展阶段及年龄特征，以及学校存在的差异性，对特定的红色文化教育指标进行调整与重构。红色文化作为客观存在的独特文化形态，不同年龄、不同层次、不同群体对红色文化有不同的认同或接纳方式，要提高教育传承实效，就必须增强红色文化教育的针对性。

4. 稳定性与发展性相结合原则

稳定性是指红色文化教育体系应该在一定的时间内保持一种相对稳定的状态，以便衡量、评价一定时期内红色文化教育对学校发展、教师教学与学生学习产生的影响。同时，红色文化教育体系构建也是一个不断发展和完善的过程。我们要深入挖掘其他课程中隐含的红色文化资源，广泛吸取学科间、学校间、地区间的红色文化教育经验，通过不断地交流、改进和完善，与时俱进推进红色文化教育体系建设。

三、红色文化教育体系的构建

基于立德树人的红色文化教育体系的构建，应全面地、立体地、充分地再现和反映红色文化的教育教学价值。“立德树人作为一种复杂的、系统的教育实践活动，由教育者、受教育者、教育信息、教育环境、教育方式方法等要素构成，彼此相互作用、相互联系，而且每一种要素本身有其形成、变化的规律与特征。只有把握好各个要素的具体规律及其之间的规律，才能建构合理、有效的立德树人教育系统。”[7]我们应从培养目标的制定、教育内容的选择以及教育评价等方面探索建立独具特色的红色文化教育新体系。红色文化教育体系主要由课程体系与评价体系两大部分构成。

（一）红色文化教育课程体系构建

课程体系是指在一定的教育价值理念指导下，将课程的各个构成要素加以排列组合，使各个课程要素在动态过程中统一指向课程体系目标实现的系统。课程和课堂是实施红色文化教育的主要载体和渠道，我们要把红色文化特点与教育自身的规律结合起来，构建结构新颖合理、模式科学创新、特色鲜明丰富的红色文化课程体系。当前，学界对课程的概念从课程形态、课程任务、课程性质、课程功能等方面形成了多类划分。红色文化教育的核心是立德树人、培养合格的社会主义建设者和接班人,红色文化教育这一特殊性,决定了我们必须从课程任务划分的基础性课程、拓展性课程、研究性课程三大部分出发,构建红色文化教育课程体系(图1)。

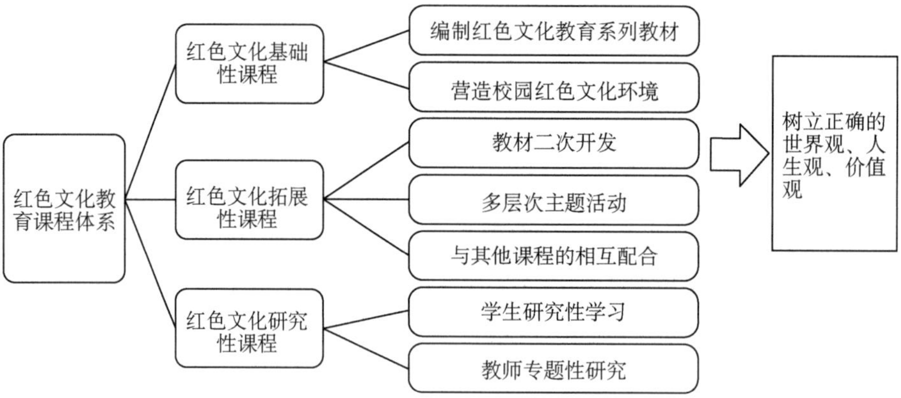

图1　红色文化教育课程体系的构建

1. **建设红色文化基础性课程**

红色文化基础性课程主要培养学生终生发展和适应未来社会所需的共同基础。它既是一门显性课程,又是一门隐性课程。编制红色文化教育系列教材,教材是课程的核心,教材决定了教学的内容与形式。学生学习红色文化的主要阵地是课堂,课堂的主要内容是教材,一套好的红色文化教材是学好红色文化的前提。教育主管部门要积极组织红色文化专家、学者和教师收集、整理和挖掘红色文化资源,针对不同年龄段学生的成长特点和需求,大中小学一体化设计红色文化教育系列教材,循序渐进、螺旋上升;既要突出各学段教学重点,又要做到承上启下。小学以红色故事为主,初中以红色事件为主,高中以红色人物为主,大学以红色精神为主。力求把红色文化中蕴藏的鲜活育人资源转化为适合各个学段特点的课程体系,使红色基因厚植于学生脑海与内心,使学生扣好人生一颗颗重要的扣子。

打造校园红色文化环境。“环境是一种物化文化,是校园文化的物质基础和有机载体,能够启迪师生的历史记忆,促进价值认同,历练精神气质。”[8] 打造校园红色文化环境就是要在校园里利用教室、操场、走廊、橱窗、板报、显示屏和标语等有形物体,设置添加各种具有革命传统色彩的格言警句、人物雕像,营造优美的校园红色文化氛围。让广大师生在日常生活中处在一个充满红色文化氛围的校园环境中,在不知不觉中受到红色文化的熏陶,在无形中接受红色教育,唤起心中强烈的价值共鸣,增强对历史、国家及民族的使命感、责任感,激发顽强拼搏、自信自强、奋发有为的精气神。

2. **建设红色文化拓展类课程**

红色文化拓展性课程主要培养学生的自我认知和自我选择能力,开发和培育学生的潜能和特长，满足学生的个性化学习需求，是对红色文化基础性课程的延伸、补充、拓展和整合。

对红色文化教材进行二次开发。教材是课堂教学的蓝本，红色文化教育的特殊性要求教师用教材教而不是教教材，“必须在教材使用过程中，通过对教材内容的二次开发和优化整合的途径，依照学生实际情况进行有目的、有针对性的教学设计。使教材内容服务于课堂教学内容，让不同层次的学生都在学习过程中有所收获，使学生的学习方式发生改变，真正成为学习的主体”[9]。教师在对红色文化教材进行二次开发时，要结合具体的教学情景，运用拓展、删减、整合、创编等方法深刻挖掘教材背后的红色基因，开发的素材必须具有鲜明的时代特征，要和现实生活相结合，以激发学生的学习兴趣、思维联想、情感碰撞。

开展多层次的红色文化主题活动。多层次的主题活动，是红色文化的鲜明育人特色。要广泛开展唱红色歌曲、听红色故事、读红色经典等活动；适度开展红色历史知识竞答、红色历史事件讨论，使学生加深对党史国史的了解；举办专题讲座和展览，社团活动以及主题班会等；构建校园红色文化宣传平台，开辟校园红色文化专栏、专题、网页。应充分利用红色景点、纪念馆等建立研学基地，进行“情浸式”主题实践教学。内容丰富、材料详实的物质红色文化是生动的现场课堂，要根据不同教育对象和任务来确定、计划开展主题实践活动的内容和形式，以满足各个年龄段学生的需求和体验。教师要做好引导工作，让活动充满活力与创新，切实做到以文化人、以文育人。

统筹红色文化课与其他课程。红色文化课与中小学“品德学科”、高校“思政课程”同属于德育课程，目的都是培养拥护中国共产党领导和我国社会主义制度、立志为中国特色社会主义事业奋斗终身的有用人才；因此它们的课程设置、教学手段、学习方法是可以同向同行、相通相融的。同时，红色文化融合了各学科赋予人的素质发展的综合要求，它的丰富育人资源蕴含分布在各个学科中，具有高度的概括性和整合性。其他学科的老师要充分认识到红色文化教育不仅仅只是班主任和主科老师的责任和任务，应围绕“立德树人”这一根本任务，改变原有的课程观、教材观和教学观，利用已有的或可以创造的一切教学资源(包括学生与教师本身)对所教的本专业课程与红色文化课进行整合，使红色文化教育渗透到整个教学与学习过程中，让学生在接受知识同时，逐步形成正确的世界观、人生观、价值观。

3. 建设红色文化探究类课程

红色文化探究类课程是指学生与教师，把在学习与教授红色文化时碰到的问题，通过个人、小组、集体等多种形式进行解难释疑的尝试活动，是一种提出、分析、解决实际问题的教学形式。

学生研究性学习。中学、大学可在高中生、大学生中开设红色文化研究性学习活动，组建红色文化研究性学习小组，拟定研究性学习课题方案，并在指导教师带领下按序时进度开展研究性学习活动。红色文化探究式课堂教学的主体是学生，教师应根据学生的特点和条件敞开探究的思路、明确探究的目标，与学生一起思考探究的问题、掌握探究的方法、交流探究的内容、总结探究的结果，做到能发现问题、提出问题、分析问题、解决问题，在研究性学习中增强自身对红色文化的理解，坚定道路自信、理论自信、制度自信、文化自信。

教师专题性研究。教师专题性研究是指教师对学生在学习红色文化知识时发现的问题、提出的问题或课题，以及在教学中遇到的实际问题进行深入的专题性研究与探索，以加强自己的理论素养和解决学生的困惑。在红色文化专题性研究活动中，教师应围绕研究的课题进行课堂教学并开展研究活动、基于自主学习理论进行教育反思。学校应组织红色文化研究专家与教师围绕专题进行座谈讨论、反思总结。通过专题性研究活动，教师与学生可同时增强创新精神与探究能力，解决教学中的实际问题，提高教学效率。

在红色文化教育课程中，基础型课程、拓展型课程为探究型课程的学习奠定良好的基础和较宽的知识面，探究型课程可以帮助学生更好地学习和理解基础型课程和拓展型课程，增加学习红色文化的兴趣和内驱力。它们相辅相成，共同构成红色文化教育课程体系。

（二）红色文化教育评价体系构建

教育评价是对教育活动满足社会与个体需要的程度做出判断的活动，以期达到教育价值增值的过程。科学的评价为课程实施保驾护航，人类所制定的一切教育法律、法规都是为了教育活动的良性循环需要，同样构建红色文化教育评价体系也是为了红色文化教育的良性循环，以更好贯彻立德树人这一根本任务。红色文化教育评价的主体是受教育者(学生)与教育者(教师)，本文红色文化教育评价体系的构建也主要围绕这二者进行(图 2)。

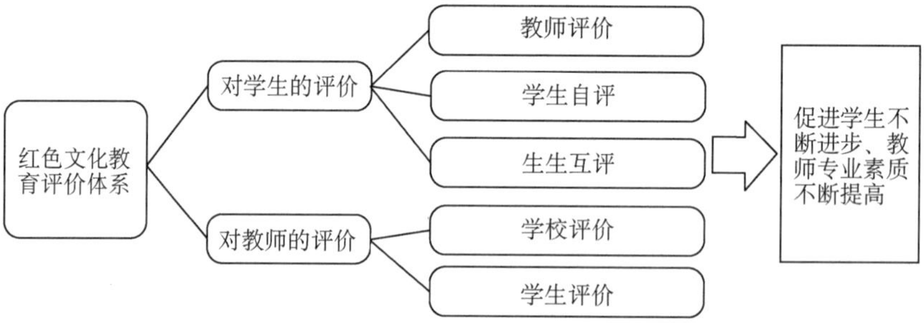

图 2　红色文化教育评价体系的构建

1. 对学生的评价

目前，对学生的评价主要有两种形式，终结性评价(关于学习的评价)与形成性评价(促进学习的评价)。终结性评价主要是国家及各省、市、县、校组织的统一考试，主要是评判学生是否达到了国家的课程标准，检验学生学习进展情况。形成性评价主要是教师评价和学生的自评和互评，教师评价主要是围绕学习计划中的标准，考查学生每个学习阶段的学习情况，从而确保其不偏离学习计划。学生的自评和互评则不受时间、地点的限制，可以发生在教学实践的任何环节和教育情景的任何时候，具有很大的灵活性。教师评价和学生的自评与互评旨在激发学生的学习动机和促进学生的学习效果，相对而言，人性化色彩较浓。

红色文化教育知性体验式的教育特质决定了它的评价为形成性评价，因此，我们把对学生的评价分为教师评价、学生自评、生生互评三种形式。

教师评价。教师作为教学的组织者，对学生的评价要针对性强，语言要简要、具体，突出人文性和鼓励性，增强学生的自信心，促进学生的可持续发展。评价的具体内容为红色文化知识方面与情感态度、价值观方面。红色文化知识方面包括对红色事件、红色人物、红色地址、红色精神的了解与掌握等；情感态度、价值观方面包括学习态度和兴趣，高尚情感的培养、良好素质的形成及正确的价值观念的孕育等。评价可采取提问、交谈、评比、列表格、学习过程中的情况记录、个人成长档案袋以及各种形式的问卷、作业、书面考核等。通过教师评价可以调动学生学习红色文化的积极性，巩固红色文化课程实施的成果。

学生自评。学生自评是学生通过自我反思的方式，给自己学习红色文化取得的成绩作一个客观的结论。在学生自评过程中，教师要进行科学的指导，“明确告知学生评价学习效果的标准，最好有具体的范例做支撑；让学生清晰地认识学习目标以及完成既定学习目标的途径和意义；鼓励学生善于记住学习目标，并根据学习目标和评价标准在学习过程中进行自我评价”[10]。学生可根据学习笔记、成长手册、红色文化知识掌握程度、良好素质的形成等内容来给予自己一个客观评价。学生通过自我评价可培养善于自我检查、自我调节的良好的习惯，增强学习的自信心和自主发展的动力。

生生互评。生生互评是同学之间对学习红色文化的相互评价。由于红色文化育人的特殊性，在红色文化教育中存在大量体验式、情景式的实践教学，这种教学模式主要是培养学生互助有爱、团结拼搏的品格与精神，需要团体协作才能进行，这就使同学之间出现了许多合作交流、互相了解的机会，为生生互评提供了很好条件。由于同学之间的年龄与学识相仿，生生互评的评价双方都会比较客观，评价建议也容易被接受。“教师同时通过同学之间的互评来促进自评，让学生能够通过别人的眼睛更客观地了解自己；要对学生在学习团体中的表现给予指导，让学生学会在互评过程中合作学习，如相互展示、相互倾听、小组讨论、对他人学习肯定的同时又能够给予中肯的批评等。”[11]这样既活跃了课堂气氛，又体现了红色文化教学的人文性，锻炼了同学们的能力。

2. **对教师的评价**

上好红色文化课，关键在教师。“有效地构建符合教育本位、深入师心的教师绩效评价体系至关重要。要对教师的工作状态及未来可预估的价值作出接地气的绩效评价体系。”[12]只有对教师进行精准式的评价与考核，才能提高教师的红色文化的知识素养和课程素养，提高红色文化教育的质量。对教师的评价主要分为学校评价与学生评价两种形式。

学校评价。学校对教师的评价要重视教师角色的定位，将定性评价和定量评价相结合，评价标准的制定要具有层次性和科学性。第一，应评价教师是否热爱教育事业，尽职尽责，用心奉献，出色地完成了学校安排的红色文化课的工作量和工作任务；第二，要通过查看教案、备课笔记、教学资料评价教师是否精心备课；第三，要通过开展红色文化课程专项听、评课以及教学技能评比活动评价教师红色课程的实施情况；第四，要根据学生学习红色文化课的兴趣和主动性的提高，来评价教师是否因材施教、理论联系实际给予学生灵活性及多样性的教育引导；第五，学校要做好教师的教学工作经验总结，制作、收集课程实施中的各种优秀案例，作为今后提高红色文化课程质量的重要素材。

学生评价。学生是红色文化教育的主体，红色文化教育课程的优劣，最终体现在学生的感受。因此，学生对教师的评价应成为教师评价中的重要一环。学生应从教师的授课方式、教学态度、语言表述、知识渊博、课堂气氛、为人师表等方面进行评价，主要评价教师治学是否严谨、教学是否认真负责、语言是否生动、是否平易近人、条理是否清晰、举例是否充分恰当、课堂气氛是否活泼热烈、行为是否以身作则、理论是否联系生活实际等，通过评价促进教师在红色文化教育中努力提升自身的业务素质，用心灵塑造心灵、用人格引领人格、用尊严培养尊严。

在红色文化教育中，对学生与教师的学与教作出科学合理、切合实际的评价，能够使学校与教师不断调整完善教学计划和阶段性培养目标，使学生学习不断进步、思想道德水平不断提高，以达到立德树人的终极目标。

红色文化教育体系主要由课程体系与评价体系两大部分构成：课程体系由基础性课程、拓展性课程、研究性课程三部分组成，三部分下面又分别包含了若干子项目；评价体系由对学生的评价和对教师的评价两部分组成。两部分下面又分别包含了若干子项目(图 3)。

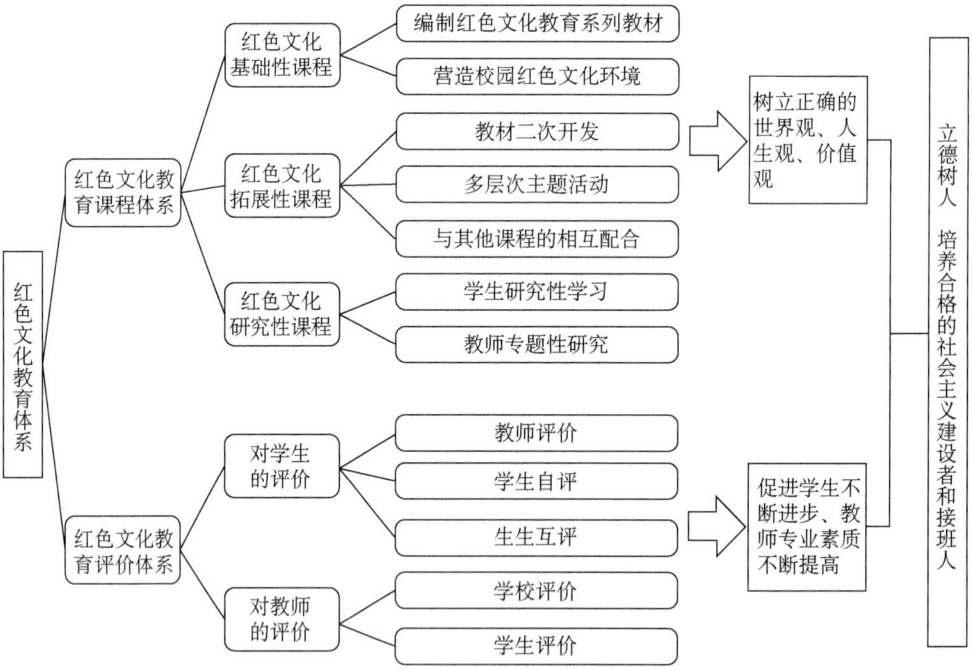

图 3 红色文化教育体系的构建

红色文化教育体系的构建是一个长期的、不断完善的过程，我们要以习近平新时代中国特色社会主义思想为指导，围绕“立德树人”这一教育根本任务，精心选择红色文化教育内容，科学设计红色文化教育课程，总结探索红色文化教育实施中的经验与不足，不断推进结构科学合理、目标衔接明确的红色文化教育体系的建设发展，使红色文化育人更加有力、有为、有效，培养一代又一代拥护中国共产党领导和我国社会主义制度、立志为中国特色社会主义事业奋斗终身的有用人才，使我们的红色江山永不变色。

参考文献

[1] 习近平.在全国教育大会上的讲话[N].人民日报,2018-09-11.

[2] 司马光.资治通鉴[M].1卷.北京：当代中国出版社,2001:2-3.

[3] 石书臣,张朋林. 习近平关于红色文化重要论述的德育思考[J]. 思想政治教育研究,2019,35(5):20-22.

[4] 汪春霞,周中亮,朱祥慧.《中小学“红色教育”校本课程的开发与实施———以沂南县为例[J].现代教育,2018(2):7-9.

[5] 张绍荣.论红色文化教育传承体系的构建[J].思想理论教育导刊,2013(5):16-18

[6] 肖绍聪.论红色文化教育评价的基本原则[J].科教导刊(上旬刊),2017(31):79-81+89.

[7] 吴康宁.立德树人与培育良好社会风尚[J].光明日报[N].2015-7-2.

[8] 赵茂森,赵明.红色文化课程化的实践探索[J].教育科学论坛,2017(4):64-67.

[9] 齐丹. 红色文化的德育审视[J]. 中学政治教学参考, 2019(10):15-16.

[10] 渠长根,王静. 新时代高校红色文化育人研究综述[J]. 浙江理工大学学报(社会科学版), 2019,42(3):289-296.

[11] 陈立勇. 基于红色文化资源融入的“思政课程”与“课程思政”协同建设[J].大庆社会科学, 2019(1):40-43.

[12] 周艳红. 中国红色文化演进与发展的历史评价和现实启示[J]. 赣南师范大学学报, 2019,40(2):35-39.

“红色文化+水文化”
——校园文化建设的南工实践*

◎ 杨宇辰

摘　要　水文化与红色文化在历史、物态、精神、地域、时代等多个维度产生交合。南昌工程学院是一所水利特色鲜明的本科院校，自 1995 年以来，南昌工程学院通过多种形式、利用多种载体精心培育“红色文化＋水文化”的校园文化，将红色文化融入水文化教育作为课程思政和校园文化建设的重要目标，探索了红色文化与校本文化结合的校园文化建设新模式。

关键词　红色文化　水文化　校园文化　南昌工程学院

水文化是人们以水和水事活动为载体创造的一切与水有关的文化现象的总称，客观地存在于社会文化的各个方面，具有与社会其他文化交融并存的特征。近代以来，红色文化与水文化在多个维度上产生交合：在历史维度，红色文化与水文化相互滋养，许多红色故事依水而生、伴水而传，大江大河旁留下了许多珍贵的红色记忆；在物态水文化维度，水文化中蕴含的审美价值与红色文化的审美指向有交汇之处；在精神水文化维度，红色文化蕴含的多种精神品质成为水利精神的重要要素，水文化的核心价值与红色文化具有内在一致性；在地域水文化维度，江西具有丰富的红色文化和水文化资源，两种文化产生多种交织交融；从时代水文化维度，水文化包含了特定历史时期社会文化的主要特征，在新民主主义革命时期，水文化内含红色文化的因子，融合了鲜明的红色文化特征。

南昌工程学院是一所水利特色鲜明的本科院校，其前身是创办于 1958 年的江西水利电力学院。2000 年，经国务院批准，南昌工程学院由水利部直接管理，改为由“中央与地方共建、以地方管理为主”的管理体制，并于 2004 年 5 月升格为本科院校。长期以来，学校以服

---

* 基金项目：本文为江西省高等学校教学改革研究重点项目“基于思想政治理论课专题化教学模式的‘三理衔接’问题链教学设计”(项目编号 JXJG-21-18-5)的研究成果。

作者简介　杨宇辰，南昌工程学院马克思主义学院教授，水文化研究中心研究员，法学博士。

务水利行业为重点，为经济社会发展特别是水利事业发展做出了重要贡献。为增强校园文化凝聚力、体现学校办学特色，自1995年以来，南昌工程学院紧紧围绕培养合格社会主义建设者和接班人的目标，通过多种形式、利用多种载体精心培育“红色文化＋水文化”的校园文化，将红色文化融入水文化教育作为课程思政和校园文化建设的重要目标，探索了红色文化与校本文化结合的校园文化建设新模式。

一、建设了红色文化与水文化融合的一系列数字化教学资源

从2005年开始，围绕学院原党委书记李水弟教授获批的教育部人文社科研究项目“江西红色文化数字化开发与传播研究”，制作了红色文化宣传教育网站“南昌工程学院红桥网”，网站上开辟了“水文化”栏目，从历史、现实以及理论等多维度揭示水文化与红色文化的内在联系。网站设立了“思想互动”栏目，推荐优秀博文，与学生开展网上对话。十几年来，“红桥网”的“水文化”栏目坚持与时俱进，内容不断丰富发展，在促进红色文化与水文化融合上起到了重要推动作用。2016年，南昌工程学院承办了江西省大学生思想政治教育网——映山红网（江西大学生在线）“水文化”栏目。学校还与江西省科学技术协会签定“共建江西省科普资源开发基地协议书”，建设江西省数字科技馆的馆藏资源，成为面向社会大众的水文化数字化科普基地。馆藏资源中设立了“红色文化与水文化”专题，深度挖掘水文化与红色文化的交融点。

二、设立了“水文化研究中心”，中心开设了“水文化与红色文化”研究方向

应国家水生态文明建设的要求和学校特色学科专业平台发展的需要，2007年，南昌工程学院成立了“水文化与社会和谐发展研究基地”，大力开展水文化宣传、教学和科研等工作，取得了良好的效果。2010年，学校再度整合学科资源和集中力量，以“水文化研究中心”平台名称申报江西省高校人文社会科学重点研究基地，并成功获批，成为全国高等院校首个“水文化研究中心”，从此翻开了学校水文化教学和科研的新篇章。水文化研究中心成立后，设立了“水文化与红色文化”研究方向，围绕杨宇辰教授牵头的江西省高校人文社科重点研究基地招标项目“水文化与思想政治教育的价值契合研究”开展了系列研究，取得了论文、著作、调研报告等一系列成果。

三、开设了水文化教育课程，红色文化融入教学内容

学校在全校本科生中开设了“水文化概论”通识选修课，在瑶湖学院开设了“中华水文

化概论”“红色文化”专题讲座，编纂了《赣鄱水文化研究》《赣鄱山水》《风景这边独好》《大学生水文化教育》等教材，并依托超星慕课平台制作了“水文化概论”慕课课程。教学内容以水文化为主线，不但在各章节渗透了红色往事、革命精神等红色文化的内容，还设置了专门阐释红色文化与水文化内在联系的章节。水文化研究中心协助外国语学院开发制作了慕课“畅游赣都——水文化英文之旅”。该慕课将英语教育、水文化教育和红色文化教育相结合，用英文介绍赣鄱流域“五河一湖”——赣江、抚河、信江、饶河、修河、鄱阳湖的水文状况、历史变迁、风土人情、生态治理以及周边流域的政治、经济、文化建设，将赣鄱红色文化内容深度嵌入其中。

四、开展了丰富多彩的“红色文化+水文化”校园文化活动

学校成立了大学生水文化研究社团和大学生红色文化传播研究社团，两个社团都挂靠人文社科系，多次联合组织社团活动。由水文化研究中心牵头组织，定期举办“水文化高层讲坛”“水文化与马克思主义社会发展讲坛”“瑶湖龙舟论坛”“水文化与社会和谐发展讲坛”等学术交流活动，汇聚校内外资源，邀请国内知名专家学者来讲坛讲学。由校团委牵头，每年五月举办水文化节，将水文化节作为学生思想政治教育活动的重要形式，开展了“水利精神代代传”演讲比赛和辩论赛、“水之魂”征文比赛、“水之能、水之魅、水之韵”书画大赛、大学生“知水、爱水、节水”万人签名活动和调查活动等，将爱国主义为核心的艰苦奋斗、勤劳勇敢、自强不息、服务人民、求真务实等红色精神贯穿其中。

五、开展了形式多样的“红色文化+水文化”社会实践活动

学校将水文化教育与教师红色文化教育相结合，组织师生赴瑞金沙洲坝现场学习“红井故事”，体验改革开放以来沙洲坝水利建设的巨大成就，阐释“红井精神”与水利精神的内在联系。组织教师赴嘉兴南湖，现场学习“红船精神”，深刻体验南湖作为中国革命起航地的水文化内涵。组织教师赴延安延河，深刻理解延河如何“哺育”中国革命，如何见证中华民族争取独立和民主的伟大历史进程。2014 年，南昌工程学院与韶山毛泽东同志纪念馆达成合作共建意向，双方在毛泽东水利思想、红色文化爱国主义教育等方面实现了资源共享和长期合作。在校团委牵头下，组建了“科学发展鄱阳湖，和谐共护赣湿地”赴吴城镇大学生社会实践服务团，开展了以“我与环境共友好 携手保护母亲湖”为主题的社会实践活动，青年志愿者还在南昌市一些社区开展“知水、爱水、节水”宣传教育活动。2020 年抗洪救灾期间，南昌工程学院号召发扬“坚定信念、艰苦奋斗、实事求是、敢闯新路、依靠群众、勇于胜利”的井冈山精神，选派 46 名水利专家组建青年突击队参与地方防汛救灾工作，万名学子开展“问渠”活动，获《江西日报》等媒体高度评价，校防汛救灾青年突击队获评 2020“优秀志愿

服务团队”荣誉称号。

六、结语

南昌工程学院“红色文化＋水文化”校园文化建设呈现出以下三大特点。

一是多部门协同推进，建设时间长，力度大。自1995年以来，学校党委始终高度重视红色文化与水文化的融合，至今建设期已达二十余年，形成了由宣传部、学工处、团委等职能部门以及马克思主义学院、人文艺术学院、水文化研究中心等教学科研部门组成的多部门联合的工作机制。学校在水文化研究中心建设、水文化学术活动和社团活动等方面持续给予经费资助，并在硬件条件、干部配备等方面给予充分保障，推动水文化中心建设持续上台阶、上水平。

二是采取嵌入的方式促进“红色文化＋水文化”协同发展。红色文化与水文化在近代历史上融合生长，具有精神层面和价值层面的交融性。学校以体现办学特色的水文化为基调，将红色文化的精神要素和价值要素渗透其中，以水文化推进红色文化传播，在红色文化教育中突出水文化特色，既深化了水文化的内涵、提升了水文化教育的思想高度和现实温度，又促进了红色文化传播的路径和方法创新。

三是社会影响面广。学校建设的“红色文化＋水文化”数字化资源，在全省乃至全国范围内产生示范性影响。2006年，“红桥网”被评为江西省“全省高校思想政治教育示范网站”，“红色文化”“水文化”两个栏目被评为全省高校思想政治教育品牌栏目。2009年，红桥网的“水文化”栏目被评为全省高校思政网站优秀栏目。2020年，龙溪虎与温乐平的调研报告《江西省水利风景区发展现状、问题及对策》提出开发水利风景区的红色文化资源的合理化建议，获得江西省人大常委会党组副书记、副主任朱虹的肯定性批示。慕课“水文化概论”被评为省级精品在线开放课程，课程思政建设质量获得了省教育厅课程建设管理部门和评审专家的好评。慕课“畅游赣都——水文化英文之旅”获评国家级一流本科课程，并在中国高校外语慕课平台上推出，正式上线仅10天，参与学习人数即达4 450人。

化学专业研究生“高等物理化学”课程中思政教育探索*

◎ 赵红颖 邢小鹏

摘 要 “高等物理化学”是化学专业研究生的一门重要专业基础课,内容涵盖量子化学、热力学、动力学、催化等理论的导论性介绍。如何在此类基础理科课程教学中引入潜移默化的思政教育环节,是课程思政建设中遇到的一类难题。我们深入挖掘课本中的思政元素,采用灵活多样的教学方式,将专业知识和思政案例有机结合,在实现知识传授这一中心任务的同时,加强对学生的世界观、价值观和人生观的教育,引导学生做社会主义核心价值观的坚定信仰者、积极传播者、模范践行者,实现培养全方位高素质人才的目标。

关键词 高等物理化学 课程思政 研究生教育 化学专业

习近平总书记在第二十三次全国高等学校党的建设工作会议上提出:“办好中国特色社会主义大学,要坚持立德树人,把培育和践行社会主义核心价值观融入教书育人全过程。[1]”这为高校教师教学实践指出了努力的方向。课程思政是高校以习近平新时代中国特色社会主义思想为指导,以习近平总书记关于教育工作的重要论述为根本遵循,为完成立德树人根本任务而采取重要举措,是构建德智体美劳全面培养的教育体系和高水平人才培养体系的有效切入,也是实现“三全育人”的重要抓手。

物理化学是一切与化学分子科学相关的科学问题的基础学科,同时也是化学化工类、材料类、生物医学类、环境类专业本科生的一门基础性课程[2]。“高等物理化学”是面向上述专业研究生的一门专业基础课,课程的内容设计是在本科物理化学课程基础上,更加系统地讲授关于量子化学、热力学、动力学、催化等基础理论框架以及发展前沿和趋势的基础

* 同济大学研究生教育研究与改革课程思政项目,高等物理化学,KCSZ2018。

作者简介 赵红颖,同济大学化学科学与工程学院教授,博士。
邢小鹏,同济大学化学科学与工程学院教授,博士。

理论课程。课程中的各章节以物理的理论基础、化学的实验现象、数学的演绎推理为基础，从宏观热力学到微观的原子分子结构全方位研究物质变化规律。我们在教学过程中，以相关知识体系教学为主线，将涉及思政元素的知识作为切入点，探索出将思政教育与专业知识有机结合的方式方法，实现价值引领、能力培养和知识传授相融合，并且根据学生的课堂反应不断改进相应内容，充分发挥课程的育人功能，与思想政治理论课相向而行[3]。

一、高等物理化学知识体系中的思政元素

虽然高等物理化学是典型的理科基础理论课程，但通过分析，我们挖掘出其知识体系蕴含的或教学过程中可以融入的多方面思政元素[4]。首先，高等物理化学包含对微观体系的一些观测和解释，很多理论和概念是进行辩证唯物主义世界观教育的良好素材。其次，在物理化学发展的过程中，虽然我们国家处于科学、社会发展落后的历史时期，但很多老一辈科学家在艰苦条件下克服重重困难，在很多方面作出了卓越贡献。在高等物理化学课程教学中，将我国物理化学家的爱国光辉事迹和相应知识点进行融合，有助于增强学生的民族自豪感，激发学生的爱国热情。最后，高等物理化学中的很多理论与解决当前我们国家以及整个人类社会面临的很多挑战紧密相关，我们在理论讲解过程中为学生介绍相关背景，引导其能够从国家甚至人类命运的高度认识思考问题，做有人文情怀的科学工作者。

二、高等物理化学课程思政教学的具体案例

（一）辩证唯物主义教育

辩证唯物主义是我们党基本的世界观，是年轻学生抵御各种伪科学思想甚至邪教思想的有力武器。在“高等物理化学”课程中，不少学生是首次接触到量子力学、统计力学等理论分支，这些理论中的很多重要概念和规律是基于对微观体系实验和分析的总结。微观世界很多现象和人们对宏观世界的感官经验相违背，如对相关概念的一知半解就非常易受各种神秘主义的思想的影响。在教学中我们从科学规律和哲学思想两方面进行详细的解释和分析，这既有利于同学们从更深的层次掌握相关科学概念，又使其在潜移默化中接受、强化辩证唯物主义的科学世界观[5]。

1. 物质第一性观点案例

本课程中包含了对量子力学基本概念的介绍[6]。量子力学中很多概念经常被各种伪科学错误借用，用以说明其荒谬的观点。其中一些荒谬的观点如“意识对物质的控制”“实物物体的瞬时空间穿越”等经常会借用量子力学中“人观测导致量子态塌缩”“微观粒子波

动性导致的节面"等概念进行牵强附会的解释。我们在课堂中讲解量子态叠加原理、测量值与平均值等相关概念时，会用各种科学模型(如知名的"薛定谔的猫")等辨析清楚任何叠加的量子态都是物质的一种存在形式，人的各种观测都是一种实质的物质作用，比如"看一眼"就意味着待测物体要散射光子进入人眼，而这个过程对量子态的改变不是"意识对物质的控制"，而是物质间的作用。又如对"电子云节面"的理解，学生易将其理解为实物物体超越时空的瞬时穿越，我们就将其与经典物理中驻波的概念联系，让同学认识到微观粒子波函数"节面"是其波动性的表现，是微观世界物质的客观的存在形式，与各种神秘主义所宣扬的宏观物体的时空穿越不是一个概念。

2. 普遍联系观点的案例

本课程中包含了对经典热力学的总结和对统计热力学概念的简单介绍[7]。把宏观测量的热力学物理量和微观分子运动特征联系讲解，能够为同学们展现一个物质世界普遍联系的图像。比如我们在热力学章节的引论中会举出理想气体 $PV=nRT$ 的实验公式，然后我们讲解了分子运动论后，会返回让同学以分子运动论的观点推导 P、V 的反比关系以及其乘积与温度的正比关系。在其他概念中也反复将宏观可测热力学量从微观粒子运动状态角度给以解释，从而让学生意识到宏观世界概念与微观粒子间的联系，从而潜移默化接受世界普遍联系的观点。

3. 实践与认识关系案例

"通过实践发现真理，又通过实践证实真理，从感性认识上升到理性认识，又从理性认识指导实践，为实践服务"，这是马克思辩证唯物主义认识论的基本观点。在高等物理化学课程体系中，多个定律和理论的发现、形成、修正和完善等过程都是辩证唯物主义的体现。在讲授这些知识点的时候，我们会系统介绍一代乃至几代科学家们探索科学规律的历史，引导学生用辩证唯物主义思想去思考和明晰现象背后真正的科学本质，进而加强对学生的马克思主义唯物论和辩证法教育[8]。著名的物理化学家 G.N.路易斯具有很强的开辟化学研究新领域的能力，1918 年他建立了碰撞理论，认为只要反应物分子沿着一定的方向运动且能量满足要求，通过简单的碰撞便可完成化学反应。当时该理论在实践检验中只能解释部分实验事实。为此，1935 年艾林、埃文斯和波兰尼等在统计热力学和量子力学的基础上进一步提出了过渡态理论，认为反应物分子并不是通过简单的碰撞继而形成了产物分子，而是碰撞后必须经过一个形成高能量活化络合物的过渡态，并且达到这个过渡态需要的活化能，再转化成产物并完成反应。实践表明，过渡态理论汲取了碰撞理论的合理部分，对不足之处进行了补充和深化，为后续认识化学反应奠定了重要的理论基础[9]。

（二）爱国主义教育

爱国主义是中华民族始终不变的价值追求，贯穿中国古代、近代、现代以及中国特色社会主义新时代，是中华民族的精神支柱，是推动历史前进的重要力量。爱国主义是社会主义核心价值观的重要内容之一，习近平指出：“弘扬爱国主义精神，必须把爱国主义教育作为永恒主题。要把爱国主义教育贯穿国民教育和精神文明建设全过程[10]。”在高等物理化学课程教学中，将我国物理化学家的爱国光辉事迹和相应知识点进行融合，有助于增强学生的民族自豪感，激发学生的爱国热情，让爱国主义精神在学生的心中牢牢扎根。

1. 黄子卿院士案例

黄子卿院士是我国现代物理化学学科的奠基人之一，是令人敬仰的爱国主义者，他1900年1月出生于广东，他的青少年时期，正是中国的艰难时代，这使他产生了科学救国的伟大抱负，他奋斗一生，为我国的教育工作和科研发展贡献了毕生的精力[11,12]。他于1919年以优异的成绩考取了清华大学留美班，而后在美国威斯康星大学、康奈尔大学和麻省理工学院学习。他1927年在美国麻省理工学院取得博士学位后，毅然决定回国效力。黄子卿院士一生从事物理化学研究，学识渊博，作为清华大学和北京大学的教授，他一直认为化学教师的任务有两个：一是培养人才，二是发展化学科学。他编撰的《物理化学》是我国首部中文物理化学教材，对提高物理化学教学质量起了较大的作用。他对待教学工作认真负责，精益求精，特别强调授课内容要紧跟时代发展步伐，他将一生所学知识和积累的经验毫无保留地传授给后人，在教育和科学界也培养了很多杰出人才。此外，黄子卿院士在科学研究方面也取得了卓著的成果，为祖国作出了重要贡献。例如在相平衡中水的三相点测定，这是热力学研究中一个非常重要的数据，但当时还未被国际公认。黄子卿院士秉承严谨的科学态度，通过长达一年的不断实验测试、反复论证后，终于得到了精确的水的三相点温度(0.00980 ℃)，其测量结果被国际温标组织采纳，被公认为国际上通用的标准数据，推动了世界计量科技的发展。

2. 卢嘉锡院士案例

卢嘉锡院士是享誉国内外的科学家和教育家，他1915年出生于福建厦门，1934年毕业于厦门大学化学系，1939年在英国伦敦大学获博士学位，之后到美国加州理工学院学习和工作[13,14]。卢嘉锡院士一直怀着科学救国的理想，即使当时身在美国依然心系祖国，第二次世界大战刚结束，他毅然辞去国外的聘任，舍弃优越的待遇和科研条件，把科学救国的满腔热情倾注到国内的教育科研工作中，表露出炽热的报国情怀。卢嘉锡院士在1988年当选中国农工民主党第十届中央委员会主席时，深知这是人民对他的信任和嘱托，他把林则徐《赴戍登程口占示家人》中的诗句“苟利国家生死以，岂因祸福避趋之”当作座右铭挂在办公室，体现了他为了家国利益，不计个人得失的崇高精神。卢嘉锡院士在国际上最早提出固氮酶活性中心的网兜模型，为我国化学模拟生物固氮等研究作出了重要贡献，同时也为我国科技界在国际上赢得了声誉。同时卢嘉锡院士一直以“教书匠”身份而自豪，他常说：“一个老师，假使培养不出几个比他出色的学生，这个老师就没有尽到责任。”他在讲台上授课时，内容丰富，见解精辟，方法新颖，深受学生喜爱，同时他慧眼识人，在学生培养方面不吝付出，桃李满天下，有不少学生成长为中国化学界卓越的科学家和教育家，包括多位两院院士和众多教授、研究员。卢嘉锡院士的一生是爱国奉献、追求卓越的一生，他的爱国情怀、高尚品德和人格魅力，为我国科技界和教育界留下了一笔宝贵的精神财富。

三、科学教育结合人文情怀案例

通过在课程教学中引入科技前沿和人文情怀元素[15]，提升学生对自然科学、社会科学的的认识和理解，提升学生对科学研究的最新发展方向和进展的了解，有助于学生形象地认识物理化学的重要性，培养学生的独立思考和创新能力，还能在帮助学生学习专业知识的同时，激励学生热爱科学，热爱生活，树立正确的人生观、价值观、世界观。

1. 从能量、物质守恒角度理解碳达峰、碳中和概念

简单来说，碳达峰是指在某一个时点，二氧化碳的排放不再增长，达到峰值，之后逐步回落。碳中和是指企业、团体或个人测算在一定时间内直接或间接产生的温室气体排放总量，通过植树造林、节能减排等形式，以抵消自身产生的二氧化碳排放量，实现二氧化碳“零排放”[16]。如期实现碳达峰、碳中和目标是以习近平同志为核心的党中央作出的重大战略决策。结合“十四五”开局之年的碳达峰、碳中和目标及科技应对政策[17]，在讲热力学三大定律时，可以引导学生结合能量和物质守恒定律从科学角度去深度理解碳达峰和碳中和的决策部署。其中，和碳排放相关的很多行业都涉及化学化工生产，充分发挥物理化学专业优势，探讨光、电、氢能等清洁能源的开发使用，降低化石燃料燃烧所排放的二氧化碳量，这不仅对促进中国新能源革命具有重要的理论指导意义，同时还有助于学生思考如何将自己的研究课题与国家发展所需和人与自然发展变化相结合，充分体现科学与人文教育相结合的教学优势。

2. 物理化学突破改善人类生活的案例

物理化学课程中的催化化学部分内容，除了涉及基本催化机理之外，还涉及催化与人类生活和工业发展密不可分的联系。合成氨反应是一个动力学典型反应，氨是化工产品的重要组成部分，对农业发展至关重要，因此合成氨工业一直是关系我国国民经济的重要行业[18]。合成氨领域共有三位科学家获得诺贝尔化学奖：1918 年，德国化学家弗里茨·哈伯因为发明合成氨方法而获得诺贝尔化学奖；1931 年，德国化学家卡尔·博施因发明和发展化学高压技术，改进了合成氨方法而获奖，该方法后续被定义为哈伯－博施法；2007 年，德国化学家格哈德·埃特尔因为发现了哈伯－博施法合成氨的作用机理而获奖，这一机制的提出推动了表面化学动力学的发展。近年来对电催化氮还原合成氨的等新技术也有很多报道，该方法可以在常压下进行，进而克服高能耗、高二氧化碳排放等问题[19]。另外，氢能和二氧化碳资源化利用等和催化领域相关的新科技对人类发展及能源变革也意义深远。在介绍这些前沿科技的过程中，利用物理化学基本理论知识对新催化反应体系进行阐释，让学生能够提前接触到很多重要的前沿基础研究，为之后从事的研究课题积累理论基础。

在课堂教学中引入前沿实例，不仅使课程与时俱进，还能提升学生的学习兴趣。

四、结语

课程思政教育作为一种全新的育人模式，越来越能体现其特有的优势，“高等物理化学”教学将研究生的思想政治教育贯穿于讲授课程知识过程中，推进“课程思政”建设深入培养目标、教学任务、课程设计、案例优化、课前复习和课后交流等全过程，明确育人目标，同时加强教师队伍主力军建设，提升教师自身人文素养，充分发挥教师育人责任，守好一段渠，种好责任田，打造精品思政课程，使课程与思政同向同行，在教学过程中彰显专业知识教育所蕴含的思想价值和精神内涵，做到全方位育人。

参考文献

[1] 习近平总书记在高校思想政治工作会议上的讲话[N].人民日报，2016-12-09.

[2] 傅献彩，沈文霞，姚天扬，等.物理化学[M].5版.北京：高等教育出版社，2011：5.

[3] 围绕立德树人根本任务探索思政课程与课程思政有机结合[N].光明日报，2019-03-27.

[4] 王旭珍，王新平，王新葵，等.大道至简，润物无声——物理化学课程思政的实践[J].大学化学，2019，34(11)：77-81.

[5] 苗常青，赵二劳.辩证唯物主义观点在物理化学教学中的应用[J]. 山东工业技术，2019(17)：234+224.

[6] 呼和满都拉，马晓宇，杨洪涛，等.量子力学课程思政教育教学探索[J].物理通报，2021(8)：72-75.

[7] 姚加，彭笑刚.从分子图像到热力学框架——物理化学教学的探讨与实践[J].大学化学，2020，35(3)：120-127.

[8] 丁成立，赵欢欢.物理化学教学过程中“课程思政”的探索[J].教育教学论坛，2020(47)：59-61.

[9] 黄德康，杨子欣，罗艳珠，等.在高校物理化学教学中落实“课程思政”理念的探索[J].中国培训，2019(5)：86-87.

[10] 习近平.大力弘扬伟大爱国主义精神为实现中国梦提供精神支柱[N].人民日报，2015-12-31.

[11] 刘瑞麟.黄子卿选集[M].北京：冶金工业出版社，1989.

[12] 刘瑞麟，阮慎康.我国著名的物理化学家黄子卿教授[J]. 化学通报，1980(11)：55-59.

[13] 中共中央统战部宣传办公室，中国农工民主党中央研究室，中国科学院办公厅.卢嘉锡[M].北京：科学出版社，2016.

[14] 边绍伟，沈丽，张健，等.“物理化学”课程思政教学的设计与实践[J].纺织服装教育，2019，34(5)：443-446.

[15] 杨慧敏，郭小惠，袁春华，等.工程教育背景下《物理化学》课程思政教育改革[J].广州化工，2021，49(5)：184-186.

[16] 王永中.碳达峰、碳中和目标与中国的新能源革命[J/OL].人民论坛・学术前沿：1-9[2021-08-26].

https://doi.org/10.16619/j.cnki.rmltxsqy.2021.14.010.

[17] 李克强.2021 年国务院政府工作报告.[EB/OL].(2021-03-05)http://www.gov.cn/guowuyuan/zfgzbg.htm.2021-03-05.

[18] 郑厚超.合成氨工业发展现状及重要性[J].化工设计通讯,2019,45(4):4.

[19] 范文龙,李林哲,薛志伟,等. 电催化合成氨研究进展[J]. 化工进展,2021,40(6): 3005-3019.

服务师生

高校网络复试监督工作研究

◎ 武志晨　郭定夫

摘　要　根据教育部严格落实新冠肺炎疫情防控,加强高校不同类型招生网络远程复试工作的有关要求,国内多数高校开展了网络复试工作,高校纪检部门也开展了网络复试监督。通过调研 9 个城市 14 所高校开展网络复试及网络复试监督的情况,发现由于缺乏统一的工作规范和完善的工作机制,高校纪检部门在监督过程中,在监督什么、怎么监督、谁来监督方面还存在一些困境。解决这些问题,一方面要结合以往线下复试监督的工作经验,通过综合分析网络复试廉洁风险,建立网络复试的监督观测点;另一方面高校纪检部门要构建多层次的纪检队伍,强化监督力量,发挥监督作用。同时,高校还应当充分运用智慧教室、人脸识别等新硬件、新技术保障网络复试和网络复试监督的顺利实施。

关键词　高校纪检　网络复试　复试监督

一、引言

为了做好新冠肺炎疫情防控下的高校招生工作,教育部针对普通高校部分特殊类型招生、全国硕士研究生复试录取等招生工作提出了要统筹考虑当地疫情防控要求和学校实际情况,因地因校制宜,允许各高校自主确定复试时间、复试方式和复试办法,并且鼓励各高校积极采取网络远程复试、线上考试方式。网络复试在特殊时期、以特殊方式成为一种大规模采用的考试方式,与传统线下复试的最大区别在于缺乏操作规范与实践经验,同时由于各高校在网络复试工作上拥有较大的自主权,也增加了网络复试的风险隐患。

对高校纪检部门而言,如何主动防范网络复试风险隐患,进而确保高校各类型招生网络复试工作的安全性、科学性、公平性显得尤为重要。

作者简介　武志晨,同济大学纪委案件管理室副科级纪检监察员,硕士。
郭定夫,同济大学纪委监督检查室主任,同济大学监察处副处长,硕士。

二、高校网络复试监督的背景及重要意义

（一）网络复试的产生背景

网络复试源于网络考试，并不是一个新生事物，在一些特定类考试中已经得到较长时间的运用，但是伴随着新冠肺炎疫情的暴发，"研究生招生选拔的在线复试方式在特殊时期、以特殊方式仿佛突然之间闯入舞台中央"[1]。2020 年 4 月 13 日，教育部发布《关于做好2020 年全国硕士研究生复试工作的通知》，明确要求在"确保复试安排的安全性、公平性和科学性"情况下，"复试方式由各招生单位根据学科特点和专业要求，在确保公平和可操作的前提下自主确定，可采取现场复试、网络远程复试、异地现场复试以及委托其他高校复试等"[2]。按照教育部和国家卫健委的相关要求，国内各省市大部分高校在 2020 年、2021 年采用了网络复试的方式开展了研究生复试、特殊类招生复试。虽然 2020 年下半年国内疫情已经趋于稳定，但是 2021 年以来个别城市疫情的反弹又表明网络复试短期内仍然可能成为高校复试工作的首选方式。

（二）高校网络复试监督工作的重要意义

伴随着高校网络复试工作的开展，网络复试监督显得十分重要，主要有以下三点重要意义。

1. 高校网络复试监督是维护教育公平的重要方式

习近平总书记在中央全面深化改革领导小组第四次会议上指出，考试招生制度是国家基本教育制度，必须通过深化改革，促进教育公平、提高人才选拔水平，适应培养德智体美全面发展的社会主义建设者和接班人的要求。不同于线下考试方式的便捷，网络复试对软件平台、设备硬件都有一定的要求，自然带有一些不均衡性，如果网络复试缺乏监督，那么对于少数困难考生遇到的不公平性就无法有效及时纠正。

2. 高校网络复试监督是提升高校纪检队伍专业化能力的重要手段

习近平总书记在十九届中央纪委五次全会上指出，纪检监察机关要知责于心、担责于身、履责于行，努力建设一支政治素质高、忠诚干净担当、专业化能力强、敢于善于斗争的纪检监察铁军。"专业化能力强"是习近平总书记对纪检队伍提出的新要求，对于高校纪检队伍而言，专业化能力体现在对考试招生这一高校特有领域的监督上。网络复试已经逐步成为一项重要的招生考试方式、招生考试环节，高校纪检队伍要紧跟新形势、掌握新情况、了解新动态，通过开展网络复试监督，持续加强对考试招生领域的关注，提升专业化能力。

3. 高校网络复试监督是探索未来网络复试模式的重要途径

清华大学研究生院招生部门通过案例分析，得出研究生招生选拔中的在线方式有助于

提高选拔水平和效率，有望成为一种长期选项[1]的结论。根据这个分析，我们认为高校网络复试也会从新冠肺炎疫情防控的应急方式逐步演变为未来的复试备选方式，甚至成为复试主流方式。高校网络复试监督作为网络复试的重要组成部分，对于推动完善网络复试模式起着重要作用。根据网络复试的实际情况和现实需求设计合理的网络复试监督机制，良好的网络复试监督机制又进一步促进网络复试模式不断改进、不断完善，成为探索网络复试模式的重要途径。

三、当前高校网络复试工作的基本情况及现状分析

（一）高校开展网络复试的基本情况分析

此次调研了 9 座城市的 14 所高校开展网络复试的情况，除了西安交通大学因为西安市新冠肺炎疫情较为稳定，仍然采用传统线下复试方式，未开展网络复试，其余 13 所高校均开展了网络复试(表 1)。

表 1　部分高校网络复试开展情况

学校	所在城市	网络复试招生类型	网络复试主责部门	是否制定复试办法
吉林大学	长春市	研究生招生复试	招生部门	是
东北师范大学	长春市	研究生招生复试	研究生院、学院	是
河海大学	南京市	研究生招生复试、特殊类招生复试	研究生院、学生处	是
华南理工大学	广州市	研究生招生复试、特殊类招生复试	招生部门、学院	否
中山大学	广州市	研究生招生复试、特殊类招生复试	招生部门、学院	工作方案
中南大学	长沙市	研究生招生复试、特殊类招生复试	招生部门、学院	复试方案、规则
中国矿业大学	北京市	研究生招生复试、特殊类招生复试	招生部门、学院	是
华北电力大学	北京市	研究生招生复试	学院	是
北京航空航天大学	北京市	研究生招生复试	招生部门	否
浙江大学	杭州市	研究生招生复试、特殊类招生复试	招生部门、学院	否
同济大学	上海市	研究生招生复试、特殊类招生复试	招生部门、学院	复试方案、规则
上海交通大学	上海市	国际本科生招生	国际交流处	是
大连理工大学	大连市	研究生复试	招生部门、学院	是
西安交通大学	西安市	未开展网络复试		

1. *涉及网络复试的招生类型*

一是特殊类本科招生网络复试，包括高水平艺术团、高水平运动队、台湾学测招生等特

殊类招生网络复试。

二是研究生招生网络复试，包括硕士研究生招生网络复试和博士研究生招生网络复试。

同时还有少量的留学生招生网络复试和继续教育招生网络复试。

2. 高校网络复试工作的基本流程

虽然高校网络复试涉及多种类型的招生，但开展工作的基本流程大致相同，主要分为准备、实施、收尾三个阶段。

准备阶段包括制定网络远程复试方案、录取办法、调剂方案、应急预案等，摸排考生情况并组织考生签署诚信复试承诺书，组织命题，组织复试小组，组织工作人员和复试考生参加复试平台测试和培训，组织参加复试的评委教师进行培训，信息公开，复试资格审查。在准备阶段，招生部门还要进行网络测试以及提前演练等。

实施阶段包括组织考生签订“复试告知书”，抽签分组，复试现场宣读政策、发放评委须知，复试现场核验考生身份，笔试、面试，复试阅卷打分核分，成绩复核，信息公开，受理申诉。在实施阶段，招生部门还要进行备考场地候场、应急技术处置、录音录像的采集存档等工作。

收尾阶段包括确定拟录取名单并向招生主责部门报送数据，资料归档。

3. 网络复试模式

当前主要的网络复试模式有远程实时问答模式、远程网络笔试模式、远程技能测试模式、线上线下结合模式四种[3]。

针对不同考试会采用不同的网络复试模式，例如研究生招生网络复试一般采用远程实时问答模式或远程网络笔试模式；高水平艺术团招生网络复试一般采用远程技能测试模式，即通过在线形式对考试的视奏等环节进行测试；高水平运动队招生网络复试一般采用线上线下结合模式，羽毛球等对抗类测试仍然采用线下方式进行。

4. 网络复试及网络复试监督的主责部门

网络复试的主责部门各高校基本上较为一致，一般是由招生部门(本科生院招生办公室、研究生院招生办公室、学生处等)牵头，各招生学院配合实施。

网络复试监督的主责部门，一些高校是由学校纪委牵头，招生部门及学院配合实施；一些高校是由招生部门牵头，学院配合实施，学校纪委进行“监督的再监督”；还有一些高校是发动学院纪委作为监督的主责部门。

5. 网络复试及网络复试监督的管理办法

多数高校制定了本校的网络复试办法或者工作方案，明确工作内容和工作要求，用以指导开展网络复试工作，同时还制定了网络复试的监督办法或方案，制定监督观测点和监督清单。少数高校未专门制定网络复试及网络复试监督的管理办法，仍然沿用原有的复试管理办法开展工作。

（二）网络复试的风险点分析

1. 各高校招生单位自主权的扩大

由于教育部对网络复试并没有下发统一的管理办法、标准细则、操作要求，各高校招生单位(招生部门、学院等)仅根据教育部发布的复试工作通知自行制定本单位的网络复试办法或工作方案，或者不制定办法直接开展工作。这些在一定程度上扩大了高校招生单位的自主权，如果在实际复试过程中未能对这些自主权进行有效监督，必然会存在工作要求不高、工作标准不够的工作风险和潜在的招生腐败廉政风险，这也是当前网络复试面临的最大风险点。

例如在网络复试视频面试中单机位、双机位、多机位选择的问题，有的高校采用考生正面单机位的方式，有的高校采用考生正面、背面双机位的方式，有的高校采用考生正面、背面、侧面多机位的方式。单机位的方式便于考生实施，考生通过手机摄像头或者电脑摄像头即可完成，但是不便于现场复试评委掌握学生的实际动态，存在考生作弊的潜在隐患；多机位的方式虽然可以最大程度上杜绝考生作弊隐患，但是不便于考生实施，考生需要准备三个设备以及相应支架才能完成，对于家庭条件较为困难的考生而言无疑是增加了复试难度(图 1)。

图 1　不同数量摄像头方案机位示意图

2. 线上环节不可控风险的增多

在以往的线下复试中，很多关键环节可以通过增加人力、反复验证、寻求第三方支持的方式进行风险控制，但是网络复试因为考生完全通过线上方式参与，很多环节存在诸多不可控风险。

一是线上作弊风险。在线下复试的笔试、技能测试环节中，高校可以通过增加监考人员和巡考频率的方式加强对考生的监督，但是在线上笔试、技能测试环节中，由于摄像头机位死角等因素，存在考生通过各种途径获得他人协助的可能性。

二是替考代考风险。在线下验证考生身份环节时，可以通过反复验证、寻求公安部门协作的方式有效排除考生替考代考的情况，但在线上进行身份验证时，如果缺乏有效的人脸识别技术支持，只能由工作人员通过视频连线人工判断，既增加了工作量又增加了不确定性。

三是考题泄密风险。在线下面试环节中，可以通过要求考生面试后统一在候场区等待，并禁止使用手机等移动设备的方式确保面试试题不会被泄露，但在线上面试结束后，由于无法对考生进行有效约束，考生之间存在交流面试题目的可能性，增加了考题泄露的风险。

3. 不稳定网络平台及环境的影响

由于网络复试并未统一平台，因此不同高校采用的网络复试平台也不尽相同，Zoom、腾讯会议、WeLink、学信网招生远程面试系统等平台都成为高校的选择对象，但无论选择哪一平台，网络平台偶尔出现的不稳定情况也会对网络复试造成较大影响。例如在高水平艺术团招生等需要远程技能测试的复试中，如果在视奏环节出现网络不稳定的情况，会导致复试评委无法有效掌握考生的视奏效果，也会对考生情绪带来一定影响。

同时，不同于以往线下复试较为严格和保密的考场环境，部分考生网络复试的场地是其家中，往往也会因为家中其他成员不小心误入考生“网络复试现场”，影响考试进程和考生情绪。

4. 非主观性失误的存在

由于各高校从 2020 年才正式大规模开展网络复试，因此工作经验十分有限，问题处置能力也较为滞后，目前主要采取的是通过提前做好各种预案准备工作避免在网络复试过程中出错的方式。但是网络复试受到网络、网络平台等一系列客观因素的影响，存在较多不稳定性，给工作人员带来的压力较大、对工作人员的要求较高，容易导致在复试过程中产生非主观性失误，进行误操作或者处置不当等。

（三）当前网络复试监督的困境

网络复试在特殊时期、以特殊方式突然出现，不仅让高校招生部门措手不及，也给高校纪检部门的复试监督带来了一些难题。

1. 缺乏统一的工作规范

由于教育部没有对网络复试进行统一规范，各高校均是自行制定网络复试的办法和方案，导致高校纪检部门在实际监督中因为缺乏统一的工作规范而“无法可依”，对于一些存在较大争议的关键风险点，如前面提到的网络复试摄像头采用几个机位的情况，高校纪检部门和招生部门无法准确找到平衡点，纪检部门如果提出的要求高、标准严，会给招生部门的准备工作带来较大压力，但是如果放低要求和标准，片面地减轻招生部门的压力，又容易产生“不会监督、不想监督”的问题。

2. 缺乏丰富的工作经验

不仅仅是招生部门缺乏网络复试的工作经验，高校纪检部门更是缺乏网络复试监督的工作经验，尤其是在监督什么、怎么监督上缺乏经验。

一是不知道监督什么，不清楚、不掌握网络复试的监督重点，无法有效形成网络复试的监督观测点和监督清单,导致漏监督、少监督或者把主要精力和监督重点放在了低风险的环节上,忽视了对高风险环节的监督。

二是不知道怎么监督,因为缺乏工作经验导致在网络复试监督中缺乏有效的手段,进而产生走马观花式的形式监督,未能运用各种技术手段主动监督、重点监督、靠前监督。

3. 缺乏完善的工作机制

就目前而言,网络复试监督的工作机制还不够完善,尤其是"谁来监督"的问题还未完全弄清楚。各高校有的由学校纪委监督;有的是招生部门监督,学校纪委做监督的再监督;有的是发动学院纪委开展监督。这几种方式各有利弊,各高校也还在不断探索最佳的工作机制。

四、加强高校网络复试监督的路径探析

(一) 制定动态的网络复试风险观测点

针对网络复试中存在的廉政风险,部分高校制定了网络复试风险观测点。以同济大学为例,针对网络复试的准备、实施、收尾三个阶段中 20 项环节项目,设立对应的观测点,通过规范网络复试过程来防范可能存在的廉政风险(表 2)。

表 2　网络复试监督观测点

阶段		项目	观测点
准备	1	制定网络远程复试方案、录取办法、调剂方案、应急预案等	招生工作小组研究讨论,集体决策
	2	考生情况摸排	全覆盖
	3	考生签署诚信复试承诺书	考生在招生系统确认
	4	组织命题	授权负责招生工作的副院长组织实施,命题审题人员签订保密协议
	5	组织复试小组	组成人员需经招生工作领导小组审议,注意回避制度,签订《同济大学研究生复试工作人员守则》
	6	组织工作人员和复试考生参加复试平台测试和培训	1.考场设备准备就绪,工作人员配备到位,考生参考环境符合要求;2.复试流程合理,各工作人员职责明确,无缝对接
	7	组织参加复试的评委教师进行培训	1.培训会议至少在复试前一天召开;2.全体复试评委参加;3.所有评委教师签署承诺书
	8	信息公开	1.公布复试工作咨询人及联系方式;2.在学院网站公示复试名单、复试安排等
	9	复试资格审查	专人负责接收和审核复试考生的电子文档材料,做好归档工作

（续表）

阶段		项目	观测点
实施	10	考生签订复试告知书	告知覆盖全体考生，包含相关政策、拟录取原则等
	11	抽签分组	抽签方法公正，抽签结果及时公布
	12	复试现场学院宣读政策、发放评委须知	让评委知晓网络面试工作要点和注意事项，告知环节不遗漏，全覆盖
	13	复试现场核验考生身份	核验方法科学合理
	14	笔试、面试	1. 各环节全程现场录像，线上平台录屏录像 2. 笔试环节监考到位，覆盖前后机位，收卷方式合理 3. 面试现场，手机集中上交，面试独立打分
	15	复试阅卷打分核分	阅卷现场全程录像或阅卷现场有监督，两人及两人以上核分
	16	成绩复核	监督教务是否进行成绩复核
	17	信息公开	复试后两天内在学院网站公布予以录取的考生名单
	18	受理申诉	安排固定人员受理考生申诉，拟定标准回复内容，并进行适当培训
收尾	19	确定拟录取名单并向研招办报送数据	召开招生工作领导小组会议
	20	资料归档	资料封存及归档（包含所有录音、录像、考卷、面试记录表、会议记录纪要等所有与复试有关材料）

（二）校、院、支部三级纪检队伍联合联动

此次调研的14所高校中，有7所高校采取了发动二级单位纪委开展网络复试监督，同济大学在网络复试监督的实践中也探索了学校纪委、学院纪委、系（所）支部（纪检委员）三级专兼职纪检队伍联合联动的方式开展监督。虽然目前高校尚未普遍设立二级单位纪委，但建立校、院、支部三级纪检队伍联合联动开展网络复试监督有着多方面的优势。

一是有利于缓解高校纪检队伍人手不足，打通高校内部监督“最后一公里”。二级单位纪委及支部（纪检委员）可以协助学校纪委充分监督二级单位的网络复试开展情况，合理规范网络复试的各项环节，确保网络复试监督观测点得到有效落实。二级单位纪委及支部（纪检委员）对于本单位的网络复试情况更加熟悉更加了解，有利于应对网络复试中可能遇到的突发性问题。

二是有利于增强校内纪检工作的上下联系，打造校纪委、院纪委以及支部纪检委员的“三级联动”监督机制。通过学校纪委的带头示范，二级单位纪委及支部（纪检委员）协助本单位抓好网络复试并加大监督检查力度，通过建立健全纪检工作的事前事后备案工作机

制、工作报告机制、分析报告机制,实现全方位、多角度监督,及早发现苗头性、倾向性问题,查纠网络复试中可能出现的不正之风和违纪问题。

(三) 智慧教室、人脸识别等技术的运用

面对网络复试监督这项新工作,高校纪检部门要主动运用新科技、探索新方式、谋求新手段,做到“手里有实招”。

1. 利用智慧教室作为网络复试的“云考场”和“云监督”

以同济大学智慧教室为例,智慧教室配置了先进的智慧教学设备(高清激光投影机、触控一体机、高清摄像头等)、全面覆盖的高速互联网和灵活的课桌椅,并配套建设线上的智慧学习空间与“同济智慧教学大脑”,实现了线上线下相融合、课程录播全覆盖、督导巡课跨平台等智慧功能,实现了教和学的“全过程支撑”与“全过程管理”。2021 年,同济大学积极利用智慧教室的线上线下融合、网络督导等功能开展研究生网络复试和网络复试监督,将智慧教室打造成网络复试的“云考场”,利用其中的硬件软件进行“云面试”和“云监督”。例如,通过智慧教室,网络复试监督不再需要线下走到每间考场去巡考,而是通过远程设备随机选择进入某间“云考场”开展监督,实现了远程“云监督”。

2. 利用人脸识别技术作为考生身份验证的“防火墙”

同济大学已连续多年将人脸识别技术运用于新生入学身份验证,主要是通过人脸采集、人脸检测、人脸对齐、特征提取、特征结合、相似度评价、人脸验证的人脸配对流程比对新生入学采集照片、身份证照片、高考采集照片,通过合理设置阈值确定学生身份。在网络复试中,同济大学也尝试将人脸识别技术用于考生身份验证,通过考生身份证、准考证、实时影像三者匹配检测的方式进行身份验证。

(四) 督促困难考生保障机制的建立

在实际调研和工作中,我们发现因为网络复试对硬件、软件的门槛要求,对一些困难地区的困难考生仍然造成了一定影响,尤其是在考试场地、考试设备等方面。高校纪检部门对于网络复试监督不仅要关注廉政风险,也要注重对困难考生网络复试公平性的关怀。这就需要高校纪检部门督促招生主责部门及时建立起对困难考生的保障机制。目前部分高校通过发动各地校友会为困难考生统一提供考试场地的方式解决了困难考生的难题,这种方式可以供各高校借鉴。同时,按照教育部文件中关于可以委托其他高校复试的通知,异地高校之间可以通过考试场地互换的方式,依托智慧教室,为困难考生提供考试场地保障。

五、结语

高校网络复试不会是昙花一现的应急复试方式,而是将逐步成为一种常规性的复试备

选方式甚至是主流方式，因此网络复试监督也需要紧跟形势，逐步走上正轨。面向未来，高校纪检部门需要群策群力，及时建立起规范化的网络复试监督流程，并以此来倒推网络复试规范化流程的建立。通过规范化流程统一全国高校的网络复试和网络复试监督工作，确保网络复试的公平性、公正性、公开性。这不仅是对教育公平的要求，也是对高校纪检队伍专业化能力建设的要求。

参考文献

[1] 董渊. 研究生招生选拔中的在线方式探索：疫情应急还是长期选项？[J].学位与研究生教育，2020(9)：10-16.

[2] 教育部办公厅. 关于做好 2020 年全国硕士研究生复试工作的通知：教学厅[2020]4 号[A/OL]. (2020-04-13)[2020-05-18]. http://www.moe.gov.cn/srcsite/A15/moe_778/s3261/202004/t20200414_443281.html.

[3] 汪基德.疫情期间硕士研究生招生网络远程复试：模式、问题与改进[J].电化教育研究，2020(11)：122-127.

高校基层工会服务新进教师的着力点研究

◎ 许　青　邹晓磊　杨志丹　朱　炜　李林波　黄世泽

摘　要　高校新进青年教师是我国高校教育事业发展中的重要师资力量，是完成教学、人才培养和科研工作的中坚力量。调研结果显示：在适应性方面，新进教师需要入职培训和专门指导；在教学科研方面，新进教师期望增加授课机会和研修时间；在生活方面，住房和子女入学是新进教师的关注点；在公共服务方面，学生工作最受新进教师欢迎。高校基层工会在服务新进教师过程中需要关注生存权，提供稳定的政策环境，平衡教学与科研，建立利于新进教师成长的全方位服务体系。

关键词　新进教师　基层工会　着力点　高校

中国工会第十七次全国代表大会提出，加强基层工会建设是工会工作彰显活力的基础和关键，要以职工为中心，让职工当主角，眼睛向下，面向基层。高校基层工会是工会工作有效开展的基本单位，直接面向教职工群众，是工会工作的前沿阵地和基石，也是工会各项工作得以开展的载体。

当前全社会针对高等教育的关注度不断提升，教育体系建设是培养新时代优秀人才，创新科研体系，强化整体学术水平，提升国民综合素养，强化国家综合实力的关键要素。实现教育体系的可持续建设与发展，需要以“人”的要素为基础，尤其需要关注高校青年教师队伍的建设与发展。

高校新进青年教师是我国高校教育事业发展中的重要师资力量，是完成教学、人才培养和科研工作的中坚力量。通过深入了解高校新进教师需求和压力状况，有针对性地开展

作者简介　许青，同济大学交通运输工程学院研究生工作办公室主任，讲师，博士。
邹晓磊，同济大学党委宣传部副部长，副研究员，博士。
杨志丹，同济大学交通运输工程学院办公室主任，助理研究员，硕士。
朱炜，同济大学交通运输工程学院管理工程系副系主任，副教授，博士。
李林波，同济大学交通运输工程学院副教授，博士。
黄世泽，同济大学交通运输工程学院教学中心副主任，副教授，博士。

个性化服务活动,对于提高工会的亲和力和教职工对基层工会作用的认可度以及提高我国现阶段高校教学和科研工作的效率及质量均有重要作用。

一、高校新进教师现状

近年来,在建设“一流学科”和“一流大学”的新形势下,新进教师不仅要面对完成学校下达的各项学科建设指标的压力,而且要承受希望早日进入一流师资队伍的自身压力。

在科研方面,随着高校人事、职称和绩效工资制度的改革,职称晋升、绩效考核与论文发表档次、课题中标级别相挂钩,科研工作已成为新进教师职业生涯的头等大事。在“双一流”高校的建设过程中,他们的科研危机感和紧迫感也随之加大。

在教学方面,新进教师比较缺乏教学经验,与教学有关的知识和技巧亟待提升。与此同时,新进教师还要按照高校教学改革要求创新教学模式、提升教学技巧、更新教学内容、活跃课堂气氛,教学任务繁重。

在生活方面,新进教师大多处于成家、育儿、立业的年龄阶段,面临着结婚、买房、买车、子女升学、赡养老人等诸多现实问题,有着较大的经济压力。

二、高校新进教师需求调研

作为助力高校“双一流”目标实现的中坚力量,新进教师在身份转换和适应过程中所产生的职业压力与日俱增,具体表现在:心理预期与职业生态有较大差距,职业神圣感与现实之间存在较大反差,工作经验不足与较高的期望值之间存在冲突等。

为更好地了解新进教师工作现状,通过T大各院系工会向全校新进教师(即处于入职期或职业生涯初期的教师)发放网络调查问卷。共回收有效问卷83份,其中男、女教师比例分别为50.60%和49.40%,35岁以下的青年教师占79.50%,有博士学位的教师占83.13%,67.47%为已婚,47%的教师有1个及以上的孩子,职称分布为正高级13.25%、副高级15.66%、中级51.81%,学科分布为工学57.83%、理学13.25%、文学12.05%、教育学7.23%、管理学6.02%、艺术学2.41%、法学1.20%,55.42%的新进教师来自其他高校、科研机构,42.17%的新进教师为应届毕业生。

整体而言,新进教师对进校后的教学、科研和生活整体满意度有待提升,57.83%的新进教师较为满意,36.14%则认为一般。具体结果表现为以下四个方面。

1. 在适应性方面,新进教师需要入职培训和专门指导

79.52%的调研对象参加过新进教师入职培训,其中74.24%认为现有新进教师入职培训有较大或很大的帮助。绝大多数新进教师有职业发展规划,但仍需要学校在职业生涯规

划、制度规范及机构设置与岗位职责、教学技能及教育教学理论、科研指导和学术规范等方面提供专门指导(55.42%),开设与其他同事交流的平台(36.14%),开设职业发展规划讲座(21.69%),自身需要与学院和职能部门负责人进行交流探讨(46.99%)等。

2. 在教学科研方面,新进教师期望增加授课机会和研修时间

近7成新进教师进校后总共参与讲授过1门及以上课程(在同一学期或不同学期参与讲授的同一门课程均作一门课程计算),但仍有32.53%的新进教师参与讲授课程数为0门。89.16%的新进教师所授课程与其自身的学术专长一致。67.47%的新进教师对自己的课堂教学水平较为满意。为进一步提升教学质量,新进教师希望学校提供更多教学奖励和回馈、营造重视教学的氛围、支持教学研究、加强教学方法培训、形成有效的教学评价、教学研讨常态化。超过6成的新进教师希望学校增加对科研的支持力度,包括提供更多研修时间、定期开展科研指导、加入科研团队等。

3. 在生活方面,住房和子女入学是新进教师的关注点

67.47%的新进教师希望学校提供更多教师公寓房源选择,56.63%则希望学校解决子女入学问题。新进教师对同事关系最为满意,而工资薪酬是新进教师认为有待改善的方面。对于工作条件,21.69%的调研对象最为满意,14.46%则认为有待改善。新进教师对学校的福利保障的满意度则见仁见智,12.05%的新进教师对此最为满意,同样也有12.05%的新进教师认为有待改善。

4. 在公共服务方面,学生工作最受新进教师欢迎

超过半数的新进教师较愿意参加公共服务(公共服务是指除了所承担的人才培养、科学研究工作之外的工作)。班主任等学生工作最受新进教师欢迎(56.63%),其次是学院管理服务(34.94%)和企事业单位挂职(31.33%)。新进教师在科研方面实际投入时间与理想投入时间较为一致,也愿意在实际工作中,将原本打算用于教学和科研上的时间投入到社会服务上。

三、高校基层工会服务新进教师的策略改进与措施完善

得人才者得天下。在高校竞争日趋激烈的当下,既要通过学校宣传,彰显学校特色与魅力,在招生环节力压群芳,招揽优秀学子前来报考与就读;更要在培养环节因材施教,以培养社会栋梁之才为己任,领一代风骚,走可持续发展道路。要将学生培养好,教师是关键中的关键,诚如梅贻琦先生所说,“所谓大学者,非谓有大楼之谓也,有大师之谓也”。教师中能产生多少大师,是高校建设过程中应该始终关注的重点。引进大师不是可持续发展路径,将自己的教师不断培养成大师,才是大学的出路所在。因此,对新进青年教师给予足够关心与培养,让其产生归属感、责任感和安心感,对于大学来说,是首要的责任。基于T大新进教师调研结果,高校基层工会在服务新进教师过程中需要关注以下三个重点。

（一）生存权是一切发展权的基础

生存权和发展权是首要基本人权。习近平总书记指出，“人民幸福生活是最大的人权”，是对生存权和发展权作为首要基本人权的生动表达。新进教师的问卷调查表明，56.63％的教师非常关注子女入学问题，47％的新进教师有 1 个及以上的子女，这意味着所有拥有子女的教师最为关心的问题是子女入学问题，甚至 9.63％还没有子女的教师亦在考虑这个问题。同样，调查表明 67.47％的新进教师已婚，而要求提供更多教师公寓的新进教师比例同样为67.47％，即所有已婚教师在住房条件改善方面亟需得到学校帮助。对于刚就业的青年教师而言，最大的生存压力来自住房和子女入学。F 大近年来吸引诸多优秀青年才俊入职，其最为关键的一点就是为青年教师子女提供高质量的教育环境。因此，高校需要高度重视青年教师子女入学和住房这两个问题，为青年才俊安心于教学与科研提供充分的环境保障和条件支持。

（二）稳定的政策环境，是人才培养的肥田沃土

“致天下之治者在人才。”习近平总书记特别强调：“要营造良好创新环境，加快形成有利于人才成长的培养机制、有利于人尽其才的使用机制、有利于竞相成长各展其能的激励机制、有利于各类人才脱颖而出的竞争机制，培植好人才成长的沃土。”稳定的政策环境，是人才培养的保障。高校特别是有百年历史的高校，在面对社会快速变化时，更应充分发挥其稳健刚毅的特色，积极谋划，其每推行一项政策，均需要广泛调研，征求意见，落到实处，做到师生有章可循，有据可依。从问卷调查结果看，尽管 48.19％的老师对职业生涯有了初步规划，43.5％的老师有了明晰规划，但仍有 55.42％的老师依然希望得到专业人员的专门指导，究其重要原因在于 T 大近几年职称评审政策一年一变，让很多人感到无所适从，身处不稳定的政策环境中，新进教师特别希望通过前辈的指点来洞悉自己发展的前景，以及为此而需要做出的应对。因此，高校在人才培养方面，应着力优化工作环境，尽可能提供稳定的政策环境，形成可持续发展的动力，制定有利于人才成长的培养机制，让教师能够从中找到自己的位置，尽情地发挥聪明才智。

（三）教学与科研的平衡，是学校与老师共同努力的结果

教学与科研相辅相成。对于教师而言，一方面要产生科研成果，另一方面要通过科研积累的先进知识培养学生。科研与教学更是高校的两大重要职能。高等教育的根本任务是培养人才，但教学成果难以量化评价，院士数量、博士点数量、科研成果的国际影响力等又是高校评估、排名时的重要标准。因此，如何平衡教学与科研的关系，既是教师个人的问题，也是学校管理的问题。调查结果表明，有 51.8％的老师反映独立申请课题较难，而 45.78％的老师希望教学得到鼓励，39.76％的老师希望能够营造好的教学氛围。教师应充

分认识教学与科研的内在联系，合理安排教学和科研工作的比重。高校则需要为新进教师提供科研扶持基金，在考核评价体系中提升教学的权重，充分考虑教师劳动连续性、复杂性、创造性等特点。

四、高校基层工会服务新进教师的着力点

高校基层工会可依托院系两级改革试点，深入调研，探索服务新进教师的着力点和实施路径，帮助新进教师更快、更好地完成角色转变、观念转变，缩短其成长周期，增强新进教师工作的信心，提升入职教育和服务的针对性和实效性。

根据调研中显示的新进教师主要需求点，如入职培训、子女入学、住房、学校相关政策宣传解读、育人技能及授课机会、科研启动支持、公共服务机会等，以基层工会为主，充分依托青年教师所在学院、系科、科研团队、教学团队等，构建全方位的服务体系。

基层工会要做好学校工会相关政策的宣贯、解读、对接和服务，着重解读新进教师子女入学以及住房相关政策。如针对子女入学，邀请学校基础教育办公室和附属中小学教师解读政策，邀请优秀“T二代”的父母通过座谈会分享经验。所在学院、系科可以结合学科发展方向，结合学院优势，结合青年教师个性特点，制定个性化且精准的岗位职责和考核，合理进行人才培养、科学研究和社会服务的比例分配。为新进教师安排科研团队，或为高层次新进教师构建新的团队，明确所在团队责任教授，压实责任教授的青年人才培养职责，将青年人才成长效果纳入团队考核。将青年教师纳入基层教学团队，落实教学团队负责人对青年教师教学能力提升的职责，具备条件的学院可建立助课制度，明确青年教师所讲授的本科生课程，具备条件的系科还可以聘请专业及课程负责人担任青年教师教学育人指导老师。

在全方位服务体系基础上，建立青年教师成长保障机制。在人才培养方面，落实助课制度、建立教学研讨制度，助力青年教师教学能力提升；在科学研究方面，认真落实学校相关科研激励政策，如青年教师科研启动资金制度，鼓励所在科研团队提供项目机会、科研指导以及科研酬金等全方位支持制度。

以T大J学院为例，近两年结合自身情况进行探索与尝试，引培并举、以培为主，取得了一定成效。如借助学院工会和青年教师联谊会平台，每年面向新入职教师组织举办培训会，由学院主要领导介绍院史、院情及各项规章制度，由优秀青年教师代表分享教学、科研成长经验，帮助新进教职工尽快融入学院环境，做好个人发展规划；同时，每年为新进研究生导师举办新导师培训会，邀请资深教授传经送宝，等等。这些探索与尝试深受历年新进教师的欢迎与好评。

高校基层院系工会精准服务教职工身心健康平台和机制建设

◎ 许 青　邹晓磊　杨志丹　毋妙丽　李淑明　李林波

摘　要　调研发现，高校教职工群体对于身心健康有着强烈的需求，作为服务广大教职工、维护会员权利、沟通党群关系的最基层单位，高校的基层院系工会应加强对教职工身心健康的精准服务。探索建立基层的身心健康服务平台和工作机制，持续开展学习、体验活动甚至日常帮助活动，提升教职工的健康意识、身心健康认识水平以及保持身心健康的常规方法和技能，最大限度地保持良好的身心健康状态。围绕身心健康、文化修身与工作环境改善三方面开展的基层院系教职工身心健康服务平台建设，能增强教职工文化自信，有效提升教职工的获得感和幸福感。

关键词　精准服务　基层工会　身心健康　平台机制

习近平总书记在同中华全国总工会新一届领导班子成员集体谈话时指出，"工会要坚持以职工为中心的工作导向，抓住职工群众最关心最直接最现实的利益问题""为广大职工提供具有工会特点的普惠性、常态性、精准性服务"。作为服务广大教职工、维护会员权利、沟通党群关系的最基层单位，高校的基层院系工会应加强对教职工身心健康的精准服务，创新工会工作方式和活动形式，把广大人民群众对美好生活的追求汇聚成强大动力，不断增强教职工的幸福感和获得感，努力开创工会工作的新局面。因此，如何构建一个完整的精准服务平台，有效发挥高校基层院系工会组织的吸引力、辐射力，提升工会工作的实效性，成为亟待研究的重点。

作者简介　许青，同济大学交通运输工程学院研究生工作办公室主任，讲师，博士。
邹晓磊，同济大学党委宣传部副部长，副研究员，博士。
杨志丹，同济大学交通运输工程学院办公室主任，助理研究员，硕士。
毋妙丽，同济大学交通运输工程学院高级工程师，硕士。
李淑明，同济大学交通运输工程学院实验教学示范分中心主任，副教授，博士。
李林波，同济大学交通运输工程学院副教授，博士。

一、高校基层院系工会教职工身心健康需求调研

T 大 T 学院工会通过问卷星平台向全院教职工开展了一次关于工会工作和教职工需求的问卷调查，收到有效问卷 78 份，较为全面地了解了教职工在文化、健康和生活方面的需求以及对工会工作开展的期望。

在工会工作方面，教职工希望工会能够在生活福利、文体活动和子女就学三方面多开展工作，给教职工带来切实的帮助。

在身心健康方面，近 80%反馈认为近半年来身体处于亚健康状态。但只有近 17%的人员每周运动 2 次以上，近 50%人员每月最多运动 1 次。近 25%的教职工认为在工作日没有时间运动，教职工健康和运动状况堪忧。

在培训提升方面，大部分教职工希望工会多组织健康、饮食讲座，同时也很关注儿童教育、才艺提升和家庭婚姻等方面的培训。

在设施资源方面，教职工希望工会能在教工之家摆放乒乓球台、台球桌之类简便易行的室内运动设施。在运动方面更多关注强度相对容易接受的游泳、室内健身、乒乓球、羽毛球、快步走、跑步和瑜伽等项目，同时希望工会提供相应的运动资源和指导。

在文化生活方面，希望工会能够多组织文体活动、跨学院学科的文化交流、人文百科拓展活动，同时希望学院更好地建设文化空间，体现学院文化特色。

二、高校基层院系工会教职工身心健康服务平台建设

根据调研结果，T 学院工会设计和构建基于教工之家（工会小家）、妇女之家的教职工身心健康服务平台，持续开展学习、体验活动以及日常帮助活动，提升教职工的健康意识、身心健康认识水平，帮助其掌握保持身心健康的常规方法和技能，以最大限度地保持良好的身心健康状态。平台组织的全部活动向全校基层院系工会会员开放、共享。

1. 进行服务于身心健康的空间和软硬件条件优化

学院启动大楼空调、院史馆、图书馆、双向教室以及一楼和二楼文化空间的改造，使整个大楼的公共空间成为老师和同学们更加愿意驻留、交流、展示的文化场所。

完善了职工小家、妇女之家的建设，职工小家分为本馆（排练室）和别馆（同路人之家），总面积共 120 平方米。排练室配置跑步机、镜面、屏风及储物柜，为教工开展瑜伽和舞蹈训练提供方便。同路人之家配备触摸屏、桌椅、咖啡机等设备和家具，可供举办“亲子关系”“家庭婚姻关系”等教职工培训交流活动、青年教师沙龙活动以及教职工休闲使用。两个场地的教职工使用率均较高，其中排练室每周都有教职工使用，同路人之家每天都有教职工使用。

同时,在学校妇委和工会的指导和支持下,重新选址建设妇女之家(妈咪小屋),添置了相关设备、家具,尤其是方便哺乳期的女教工。同时积极申报上海市总工会的小屋建设,并在 2019 年获评四星级小屋标准。

2. 开展教职工身心健康服务的日常工作和特色活动

重点围绕压力管理与情绪调节、体育锻炼与强健体魄、文化交流与艺术体验三方面展开,依托教工之家(工会小家)、妇女之家举办了一系列服务青年教工和妇女儿童的特色活动。

(1) 在压力管理与情绪调节方面,学院每年面向新入职教师举办培训会,帮助新进教职工尽快融入学院环境,做好个人发展规划。举办学院青年教师户外素质拓展活动,帮助青年教师增进了解,放松身心。策划开启青年教师教学能力提升系列沙龙活动,通过邀请名师分享、主题讨论、头脑风暴等多种形式,围绕着课程思政、慕课建设、金课建设、讲课竞赛等多个主题,定期开展高质量活动。

(2) 在体育锻炼与强健体魄方面,在学校工会及体育部的大力支持下,学院工会借用固定时段规定场地方便教职工打羽毛球和篮球,受到学院体育爱好者的欢迎;联系体育部专业教练每周给学院教师开展游泳培训,帮助多名教师提升了游泳技能,养成了定期游泳的好习惯。牵头举办嘉定校区瑜伽班,每周一在嘉定体育馆体操房进行,增强了教师的体质,也丰富了其业余生活。同时,鼓励和发动教职工积极参加学校工会举办的乒乓球比赛和兄弟院系举办的健步走、羽毛球比赛,增进与兄弟院系和其他部门的友谊。

(3) 在文化交流与亲子体验方面,学院工会承办了"浓墨重彩绘华章"教工书画展,为广大教师充分展示自己的艺术才华提供了舞台;举办"翰墨飘香,春联纳福"迎新春送祝福活动,将传统文化和美育教育融入学院文化和学科文化建设,表达师生迎新纳吉的美好愿望;举办"茶艺修身"主题减压体验活动,旨在通过一杯茶,帮助学院教职工开启更健康的生活;通过中国传统绳编工艺及丝巾围巾花式系法展示活动,传承中华优秀传统文化;围绕教职工比较感兴趣的家庭与亲子关系,组织"易车——中国房车锦标赛"亲子观战活动,与爱回家俱乐部合作,围绕"沟通的艺术""和谐家庭"婚姻关系和"亲子关系"分别举办了系列培训。以高校青年教师子女的学业发展作为切入点,针对青年教师关心的子女创新能力提升问题,承办了"同二代"创新能力提升专项活动,并建立有序的组织机制和培育平台。

三、高校基层院系工会教职工身心健康服务平台建设成效

通过身心健康改善日常工作和特色活动开展,T 学院工会着重从工作压力管理、家庭关系和亲子关系改善、健康情绪调节、健身技能、专项体育训练、综合素质拓展以及办公场所改善等方面开展专题培训、日常服务和体验活动。活动结束后,依托问卷星平台面向全院教职工开展问卷调查,收到有效问卷 40 份。

结果表明,52.5%的调研对象参与过文化艺术等活动,45%的调研对象参与过讲座沙龙等活动,42.5%的调研对象参与过运动健身等活动,35%的调研对象参与过部门春秋游等活动,17.5%的调研对象参加过学院工会组织的其他活动。

除62.5%的人认为通过工会可以获得福利外,55%的人认为通过工会可以参加丰富的文化体育活动,50%的人认为加入工会使自己更有归属感。92.5%的调研对象对目前发放的工会会员福利持满意态度。

这表明,围绕身心健康、文化修身与工作环境改善三方面开展的基层院系教职工身心健康服务平台建设,能增强教职工文化自信,有效提升教职工的获得感和幸福感。

四、高校基层院系工会教职工身心健康服务工作机制

基于服务对象的服务效果反馈,对高校基层院系工会教职工身心健康平台建设进行总结凝炼,积极探索可持续运作且可推广的高校基层院系工会精准服务教职工身心健康平台建设经验。

通过需求调研、机制建设、活动体验和动态评估等环节层层推进和深入开展,在工作中强调机制的有效性,活动的系统性与评估的真实性,使高校基层院系工会教职工身心健康服务平台切实发挥提升教职工的健康意识、身心健康认识水平,以及保持身心健康的常规方法和技能的效用。

(1) 需求调研助力精准发力。通过学院教职工需求调研,形成“自下而上”的互动式平台建设内容,精准定位服务对象和服务内容。

(2) 设施配套拓宽服务方式。通过软硬件的提升,为精准服务教职工提供有力的政策支撑和福利保障,使广大教职工工作有条件、干事有平台、发展有空间,激励广大教职工潜心育人。

(3) “以需定供”,丰富服务内容。通过对学院教职工需求的精准定位,探索“以需定供”的互动式、菜单式、精准化、定制化服务,为教职工提供讲座、团体训练、体验式活动、户外拓展等形式多样的服务内容。

五、结语

构建高校基层院系工会精准服务教职工身心健康平台,必须在服务对象、服务措施、服务渠道等各方面贯彻“精准”理念,创新体制机制、方法方式,积极创造条件,克服场地、器材、经费困难,聚焦教职工在业务提高、生活琐事中的具体困难和现实需求,因地制宜地开展各种增进身心健康和团队合作意识的文娱体育活动,充分发挥教职员工积极性,从而实现高校基层院系工会工作价值和工作效率的大幅提升,助力工会工作改革创新。

学校心理健康教育要切实面向学生心理发展需求

◎ 许　青　陆昱蓉

摘　要　当前高校大学生心理健康教育正逐步趋向规范和专业，部分高校进行的心理健康教育往往简单等同于课程教育、德育教育、问题学生矫治，没有从学生心理发展需求出发，造成心理健康教育开展的整体效果还远远没有达到学生的期望值。通过对T校T学院大一到大四各年级本科生在学习就业、恋爱情感、人际交往、自我认知四个方面的需求的分析，表明当前大学生因所处年级的不同而呈现不同的心理需求等特征。心理健康教育应从内容和形式上与大学生的心理发展需求相结合，有侧重且有针对性地开展。

关键词　心理健康教育　大学生　心理发展需求

经过多年发展，高校大学生心理健康教育正逐步趋向规范和专业，其生成和发展经历了由外至内、由下至上、由学习借鉴到具有中国特色的过程，并逐渐成为高校思想政治教育的有机组成部分[1]。一些学校设立专门的心理健康教育机构，许多高校组建学生心理健康教育朋辈团队，有针对性地开展心理健康教育课程和主题活动。然而，从实际效果来看，心理健康教育实践仍然存在着不少问题，心理健康教育开展的整体效果还远远没有达到学生的期望值，不少高校将心理健康教育与课程教育、德育教育画等号。了解大学生心理需求特征，正确认识大学生的心理发展需求，是做好大学生心理健康教育的基础，也是社会发展的必然要求。

一、当前心理健康教育现状与存在问题

心理健康教育需要综合心理学、教育学等多学科内容，各国学者都对此进行了深入的

作者简介　许青，同济大学交通运输工程学院研究生工作办公室主任，讲师，博士。
陆昱蓉，同济大学交通运输工程学院助教，硕士。

研究和探索。在我国,大学生心理健康教育也经过了二十多年的发展,取得了显著成效。但由于在开展过程中忽视学生内在心理需求,导致心理健康教育的效果不如人意,反而增加了学生新的心理压力。主要表现在以下三个方面。

1. 将心理健康教育简单等同于课程教育

一些高校为了促使心理健康教育规范化、正规化、常态化,往往设立心理健康系列课程,将其纳入教学计划并设置课时和学分,教师以课堂教学的形式来系统普及心理学知识。这在一定程度上丰富了学生心理健康方面的知识,因而成为心理健康教育的有力载体。但由于心理健康教育课程多为全校公选课,其授课方式往往采用大班化教学且有课时限制,又因为学生选课动机不纯、课时不能得到保证、无固定教室、难以满足学生需求等因素,最终导致课程与学生的互动不理想,教学效果不如预期[2],不但没有促进学生的心理健康,还容易造成学生学习心理健康知识的负担,违背教育的初衷。

2. 将心理健康教育简单等同于德育教育

心理健康教育不是德育教育,两者本质上是有区别的,心理健康教育更强调学生个体的需求动力、自我实现等,以促进学生的心理成熟和全面发展;德育教育则侧重于使学生认同并接受社会道德规范,形成正确的政治态度。部分高校在实际工作中将心理健康教育和心理咨询当作思想教育和谈话活动,把学生的心理问题当成思想道德问题来看待,把咨询关系当成教育者与被教育者的关系来处理,导致学生对心理咨询的抗拒心理,使其误以为心理咨询是德育老师进行思想政治教育的另一种手段[3]。

3. 将心理健康教育简单等同于问题学生矫治

大学生心理健康教育应着眼于全体学生心理全面和谐发展,但现有部分高校将心理健康教育和咨询的工作对象确定为心理健康水平低,缺乏自信,有人际交往问题、环境适应问题或有情绪困扰的学生[3],重视个别学生的咨询,致力于解决学生心理危机,有的甚至以学习成绩来确定重点心理关注对象,将心理健康教育简单等同于问题学生的矫治,忽视了对大多数学生进行心理健康知识的普及和成长性指导的重要性。

二、当前大学生主要心理健康需求分析

大学生在心理健康方面存在的问题呈现多样性和复杂性的特点,有学业问题、适应问题、情感问题、情绪问题、自我认知问题,等等。将这些问题聚焦,寻找大学生中存在的较为共性的心理问题、心理困扰,主要包括学习就业、恋爱情感、人际交往、自我认知四个方面。

为更好地了解大学生的心理需求,采用自编单选题形式的“大学生心理健康需求情况调查问卷”,从学习就业、恋爱情感、人际交往、自我认知四个方面重点了解不同年级大学生存在的主要心理困惑。问卷发放对象为 T 校 T 学院大一到大四的本科生,共发放问卷 750

份，回收有效问卷698份，有效率93.07%(表1)。

表1　调查对象基本构成

调查对象*		人数	比例
年级	大一	115	16.47%
	大二	183	26.22%
	大三	189	27.08%
	大四	211	30.23%
性别	男	512	73.35%
	女	186	26.65%

* 调查样本总数为698人。

从调查结果来看，学习就业问题是各年级学生面临的主要问题(图1)，大四毕业班学生由于面临人生的重要选择点，自我认知的需求较其他年级明显(27.5%)。

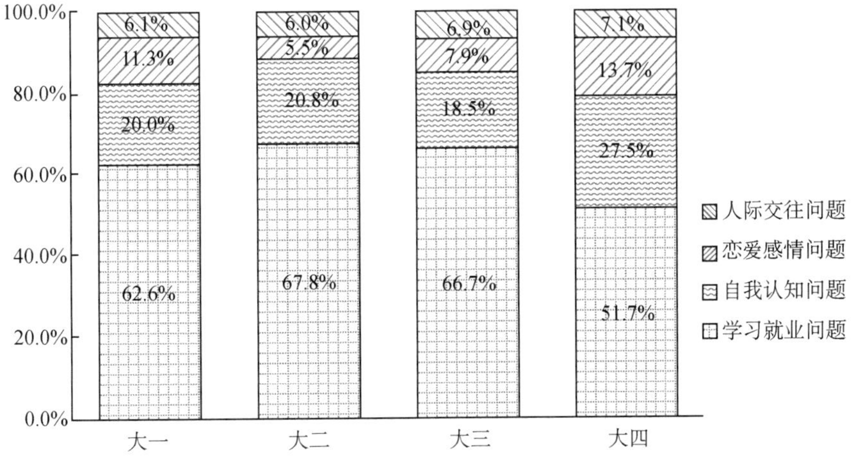

图1　学生面临的主要问题

1. *学习就业方面*

各年级学生的学习就业压力主要来自于自我期许(图2)，这一点大一新生(54.78%)和大四毕业班学生(55.45%)较其他年级明显，原因在于这两个年级都面临新环境的适应问题；大三学生由于面临保研升学问题，受父母期望的影响较其他年级明显(20.11%)；大一(26.09%)、大二(31.69%)学生的课业较其他年级繁重，考试压力较高年级显著。因此，在大一和大四学生中应加强适应性培训，对大一、大二学生还应注重提供一些缓解考试压力的培训。

在对未来职业生涯的清晰度方面(图3)，超过六成的学生有较为清晰的生涯规划。大一新生由于刚进入大学，对专业的认知尚未完全建立，有47.83%的学生还不太清楚自己的未来职业生涯，因此，除了提供生涯规划指导外，还需要重点加强新生的专业认知教育。

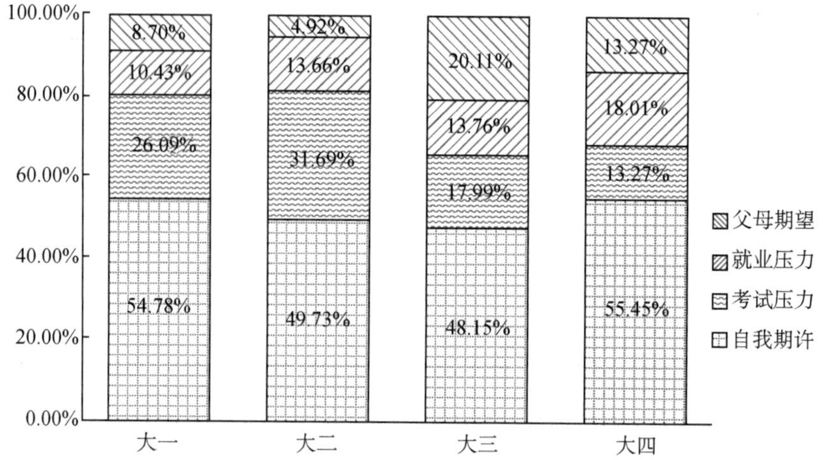

图 2 学生主要压力来源

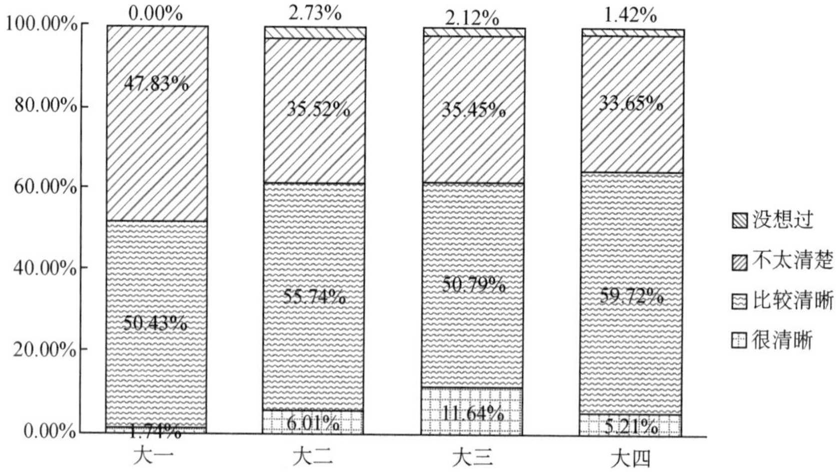

图 3 对未来职业生涯的清晰度

2. 恋爱感情方面

在两性关系中，大一(26.09%)、大二(26.78%)学生单相思的比例较其他年级高(图 4)，而到大三(14.29%)、大四(15.17%)受失恋之苦的比例较低年级高；大一(50.43%)和大四(54.50%)学生受知己难求困扰的比例较大二(39.89%%)、大三(43.39%)高，而大二(27.32%)、大三(24.87%)受恋爱之苦的比例较大一(20.87%)、大四(16.59%)高。原因在于学生在大一时尚不清楚自己对两性关系的需求，在经过大二、大三的恋爱体验后，从单相思到失恋，终于发现知己确实难求。就大学生而言，经济原因在两性关系中影响最小(图 5)，在心理健康教育中需要更多增加两性情感与沟通理解方面的内容。

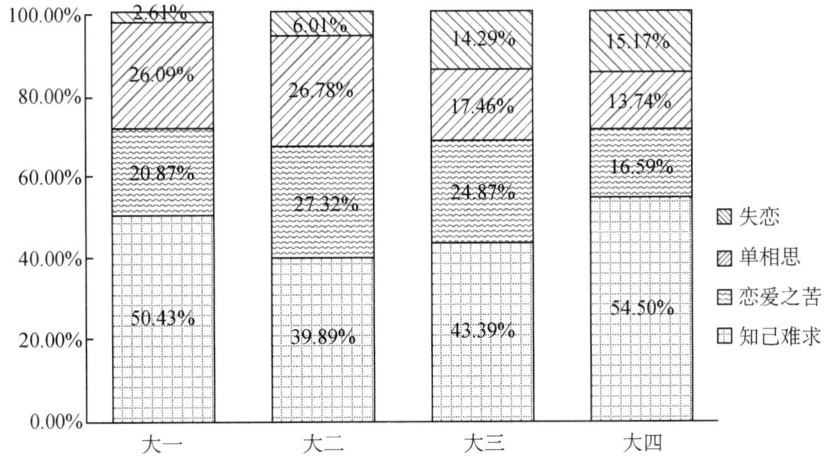

图 4　在两性关系中面对的主要困扰

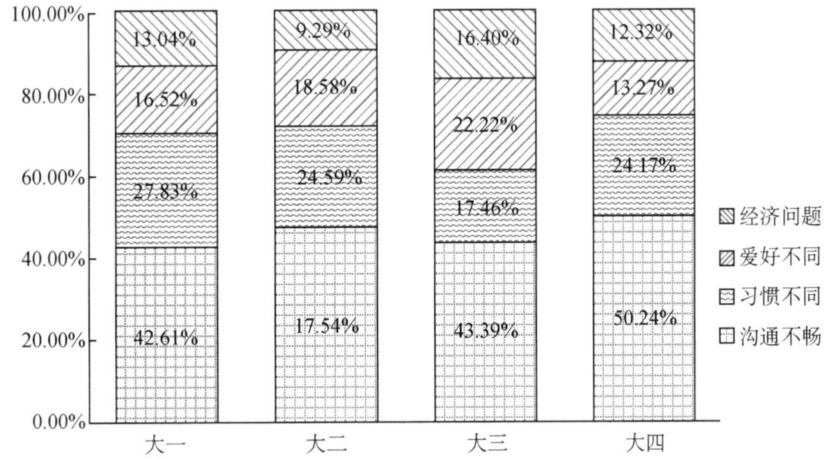

图 5　恋爱过程中可能或已经遇到的最大问题

3. **人际交往方面**

如图 6 所示,大二学生在人际沟通中出现困难的情况较其他年级多(96.17%),大三学生在人际沟通中经常性存在困难的比例较其他年级高(16.40%),大四学生经过四年的人际交往,沟通中的困难较其他年级少(11.85%)。如图 7 所示,学生在人际交往中遇到的最大障碍是害羞,这在大一学生中最为明显(54.78%),大三学生中自卑(25.93%)和自大(16.40%)的情况较其他年级明显。沟通中,学生普遍注重真诚待人,随着年级的提升,学生更加倾向于在沟通中表现出对对方的关注和认同(图 8)。因此,在人际交往方面,一方面要积极调整沟通心态,另一方面要提高沟通技巧。

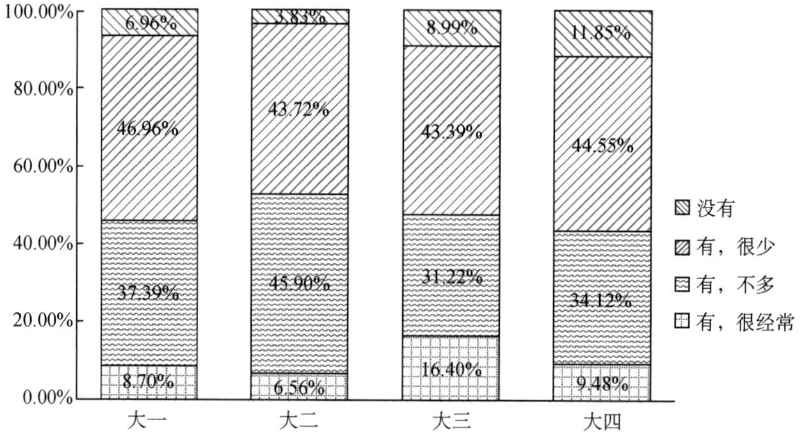

图 6　存在人际沟通困难的情况

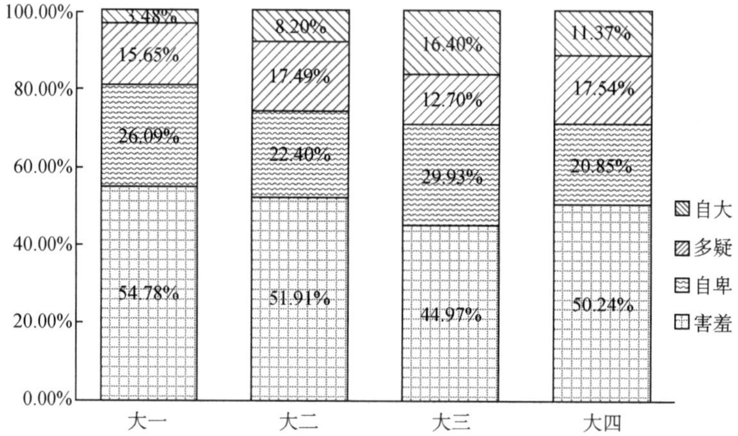

图 7　在人际交往中遇到的最大障碍

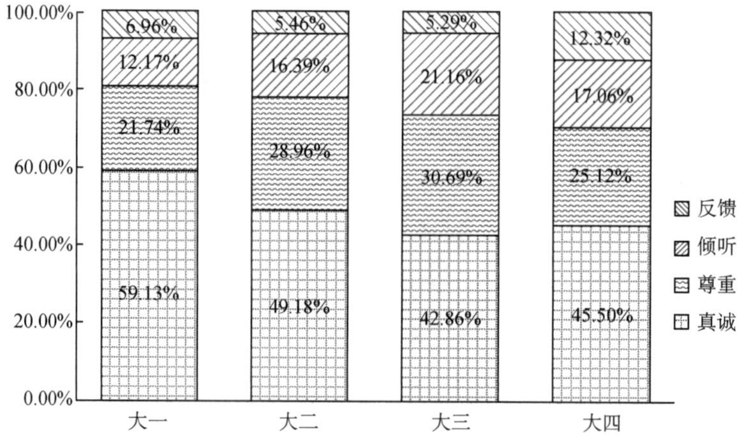

图 8　在沟通中更看重的要素

4. **自我认知方面**

95%以上的学生对自我有认知,大一新生的自我认知和悦纳程度较其他年级高(97.39%),大三学生自我悦纳程度低于其他年级(34.39%)(图9)。如图10所示,大多数的学生常处于快乐和平静的情绪中,而大三学生中无聊的情绪状态较其他年级显著(25.93%)。因此,需要重点在大三学生中增加自我悦纳和情绪调节方面的内容。

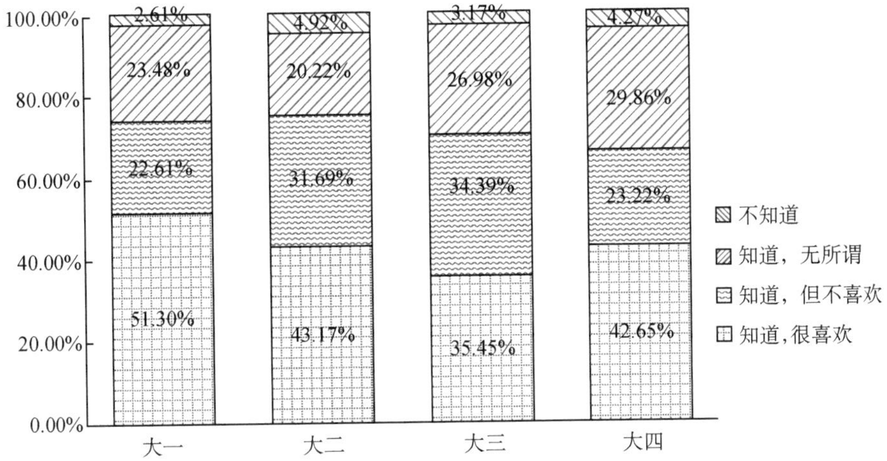

图9　自我认知及悦纳情况

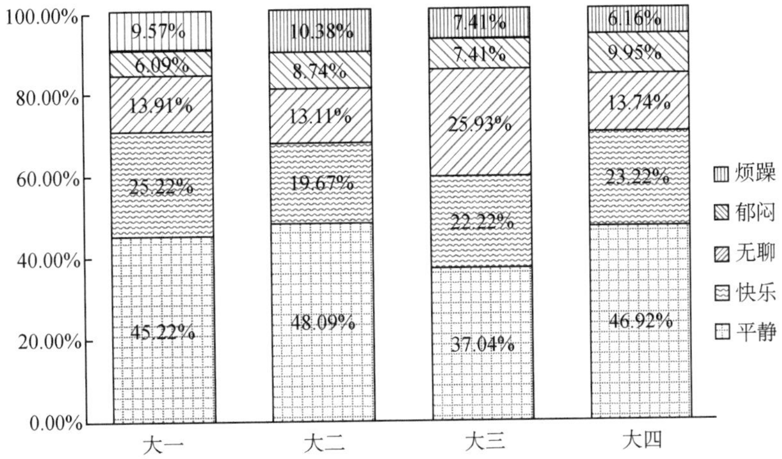

图10　最常处于的情绪状态

根据上述四个方面的分析,大学生主要心理健康需求特征呈现为:

第一,所处年级不同,呈现不同的心理需求;

第二,学习就业方面的发展性需求是大学生最主要的心理需求;

第三,环境的变化会提升大学生的适应性需求和自我认知需求;

第四,随着年级的提升,大学生在人际沟通方面存在的困难会逐渐减少;

第五，如何开始和维持恋爱关系，是大学生在两性情感中最大的需求。

三、心理健康教育如何更好面对大学生心理发展需求

1. 心理健康教育的内容要面向学生心理发展需求

受遗传、环境、教育以及其他因素的影响，学生的心理健康水平存在明显的差异。针对当前大学生主要心理健康需求分析结果，心理健康教育内容应根据学生的心理发展特点和规律有侧重、有针对性地开展。在开展过程中，以各年级学生的生理、心理、社会性发展的水平、特点及具体的教育培养目标要求为出发点，针对学生学习、生活、交往和成长中普遍存在或可能出现的心理问题，进行各有侧重的培养和训练(表 2)。如大一应侧重于适应大学生活、建立和谐的人际关系、树立正确的恋爱观，对职业生涯有初步认知，迅速转变角色、增强自信、提升能力等内容；大二应侧重于正确认识自我与他人、正确塑造自我、养成正确恋爱观，提升人际交往和沟通能力，培养自我调控能力、职业生涯规划与指导等内容；大三应侧重于情感教育、情绪与情感的协调、择业心理指导以及提升人际交往和沟通能力等内容；大四则需要侧重于正确认识自我与他人，适应社会，承担职业角色，提升人际交往和沟通能力等内容。

表 2　各年级学生心理发展需求侧重点

需求侧重点	大一	大二	大三	大四
学习就业方面	适应性培训、压力管理、学业指导、新生专业认知教育、生涯初探	压力管理、学业指导、生涯规划	生涯指导、择业心理指导	适应性培训、职场指导
恋爱感情方面	树立正确恋爱观	情绪与情感协调	情绪与情感协调	正确认识自我与他人
人际交往方面	增强自信、提升能力、处理害羞	调整沟通心态	处理自卑与自大	提升人际交往和沟通能力
自我认知方面	持续的快乐	培养自我调控能力	接受自我，处理无聊	接受自我，承担职业角色

2. 心理健康教育的形式要面向学生心理发展需求

当前常用的活动形式主要有体验式培训、讲座、团体讨论、心理剧、网络互动等，在对 T 校 T 院的调查中也显示，体验式培训及讲座是学生较为喜欢的心理培训方式(图 11)，低年级学生对体验式培训的需求较高年级显著，大三学生较其他年级更倾向于团体讨论(30.16%)，大四学生较其他年级更倾向于讲座(36.02%)。开展心理健康教育过程中，基于各年级需求特征，应以体验式培训为主，讲座、团体讨论、心理剧、网络互动等方法为辅，积极创设生动形

象的心理教育情境，以体验式学习，引导学生对具体生活情境的思考，倡导学生“在问题解决过程中”成长。

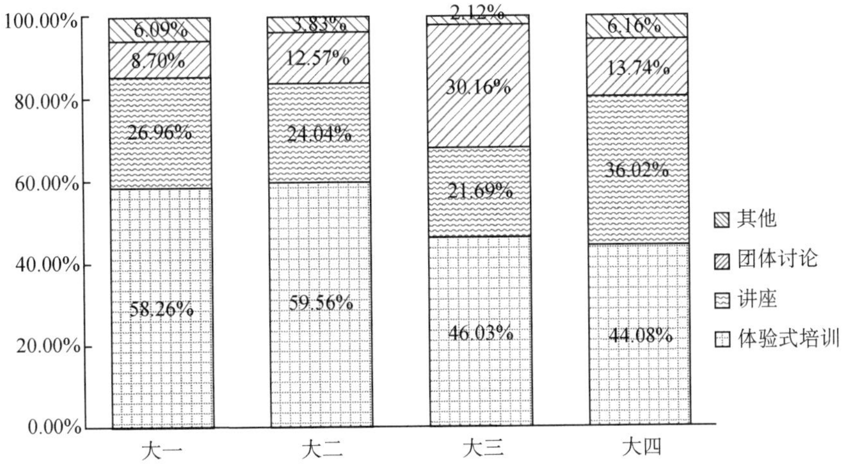

图 11　比较倾向的培训方式

参考文献

[1] 佘双好.中国高校心理健康教育模式的生成与发展[J].学校党建与思想教育,2016(7):27-31.

[2] 马前广.高校心理健康教育课程建设现状及对策思考[J].思想理论教育,2013(19):72-75.

[3] 余秋梅.当代高校心理健康教育的现状、问题及对策[J].教育与职业,2012(3):180-181.

教育管理硕士论坛

中国传统节日文化在中班数学集体教学活动中的传承

◎ 盛雅敏

摘　要　中国文化历史悠久，博大精深，传统节日也是其中重要组成部分，体现了中华民族的文化底蕴和集体智慧。中国传统节日文化经过长期发展才得以形成，不仅是古人智慧的结晶，更代表了古人对生活的追求与热爱。但随着时代的快速发展，不同文化之间的交流，西方文化的冲击使得我们对传统节日的关注越来越少，特别是幼儿群体认知和意识都尚未完善，对传统文化的认识和了解不足。作为素质教育的主要对象以及中国优秀传统文化的传承人，加强幼儿传统节日文化的渗透教育，强化他们的文化意识十分必要。本文从中国传统节日文化在幼儿园中班数学教育中的实践展开分析，阐述具体的想法与经验。

关键词　中国传统文化　中班幼儿数学教育　幼儿园集体教学活动

中国文化历史悠久，博大精深，传统节日也是其中重要组成部分，体现了中华民族文化底蕴和集体智慧。中国传统节日文化经过长期发展才得以形成，不仅是古人智慧的结晶，更代表了古人对生活的追求与热爱。但随着时代的快速发展，不同文化之间的交流，西方文化的冲击使得我们对传统节日的关注越来越少，特别是幼儿群体认知和意识都尚未完善，对传统文化的认识和了解不足。作为素质教育的主要对象以及中国优秀传统文化的传承人，加强幼儿传统节日文化的渗透教育，强化他们的文化意识十分必要。

一、结合幼儿数学学习发展目标，有效渗透传统节日文化

要将中国传统节日文化有机融入幼儿数学活动中，可以从教学内容、教学方式等几方面入手。首先要结合中班幼儿数学学习特点和学习与发展目标，融合与之相契合的传统节

作者简介　盛雅敏，上海浦东新区绿洲幼儿园中级教师，同济大学硕士研究生在读，研究方向为教育管理。

日文化要素，设计符合中班幼儿数学学习和成长规律的教学方案。因此我们可以从传统节日相关习俗及中班幼儿数学学习与发展目标两方面进行综合考虑，分析两者的核心要素并加以融合。

（一）传统节日文化习俗要素梳理

中国传统节日，是中华民族悠久历史文化的重要组成部分，涵盖了原始信仰、祭祀文化、天文历法、易理术数等人文与自然文化内容，蕴含着深邃丰厚的文化内涵。但是随着时光的流逝，有些古老的中华传统节日渐渐“走失”，据相关资料显示，现存的中国主要传统节日有 18 个，其中春节、元宵节、清明节、端午节、七夕节、中秋节、重阳节为中国七大传统节日，并已被正式纳入申遗名单。为了抓住传统节日与幼儿数学活动内容之间的融合要素，我们以传统节日为主线，筛选了一些与幼儿生活经验相关的习俗(表 1)。

表 1　与幼儿生活经验相关的中国传统节日文化习俗表

节日名称	习俗	节日名称	习俗
春节	走亲戚、拜年、给压岁钱	中元节	放天灯、祭祀
上元节	吃元宵、赏花灯、猜灯谜	中秋节	赏月、吃月饼
龙抬头	理发、吃龙食	重阳节	登高、吃重阳糕
社日节	土地庙祭祀	寒衣节	祭祀先祖
上巳节	沐浴、曲水流觞	下元节	吃豆沙包、祭祀祈愿
寒食节	吃冷食、禁火	冬至节	吃饺子
清明节	扫墓、踏青	腊八节	喝腊八粥
端午节	吃粽子、赛龙舟、系五彩丝线	祭灶节	除尘、吃灶糖
七夕节	切磋女红、看牵牛织女星	岁除(除夕)	吃团圆饭、除旧布新、守岁

（二）中班数学教学活动与节日文化要点的有机融合

在厘清符合幼儿认知经验的中国传统节日习俗的基础上，教师需根据中班幼儿数学核心经验及学习与发展目标将数学教学目标与传统节日中习俗要素相融合，生成数学集体教学活动。

例如在中班数概念学习与发展目标中，幼儿需能“通过点数说出 20 以内物体的数量”，结合春节里全家围坐在一起吃团圆饭这一节日习俗，教师设计了幼儿在饭桌边点数围成圈的菜品数量和椅子数量的集体教学活动——“年夜饭”。根据活动设计思路，教学目标定为“尝试、探索不同方法进行围合数，能正确说出物体总数”。“感受、体验传统春节文化习俗”，幼儿在生活情境中根据不同的任务驱动尝试用自己的方法数清围合式排列的物体总数，继而在发展发散性思维的同时深刻感受到春节的氛围及习俗文化。传统节日习俗和实践教学相融合，可以使幼儿多方位感受到传统节日文化和习俗，丰富幼儿的认知和体验。

另外，同一节日文化习俗也可设计成不同数学核心经验的集体教学活动，如契合上元节赏花灯这一元素，结合中班幼儿数学领域中“集合与模式”的核心经验，教师可以创设一个庙会场景，鼓励幼儿在观察、摆弄中按照花灯外形特征有规律地布置庙会现场，获得模式排序的数学经验。而在与“数与运算”核心经验相融合时，教师则可以利用花灯的外形特征设计5以内的运算教学活动。教师只需抓住节日习俗中的某一典型特征并灵活融合于幼儿数学教学目标中，就能设计出一个个充满传统节日文化的数学集体教学活动。

二、基于幼儿发展组织教学活动，有效渗透传统节日文化

为了能使幼儿更加深刻地感受到中国传统节日文化氛围，加深对习俗的感知和理解，教师可以主要从以下方面着手组织教学活动：首先，创设与节日氛围相匹配的教学环境。所谓教学环境即幼儿园开展节日集体教学活动时依托的物质和精神环境，教师在开展传统节日教育活动时应有效整合和优化多种教育资源，促进幼儿发展。其次，融合与节日习俗相匹配的教学方式。教师应结合幼儿生理和心理等特点以及教学内容选择多元化教学方式，例如可采取传授式教学方式或体验式教学方式，并积极运用激励性语言激发幼儿学习和思考的兴趣。

（一）创设与节日氛围相匹配的教学环境，充分体现情境性

集体教学活动中材料和环境的创设其实是师幼间一种隐秘的互动，是师幼对话中的“隐形助教”。积极创设情境化的传统节日环境，有助于幼儿深刻感受传统节日文化氛围，从而引起幼儿对传统节日的关注和探究兴趣。

1. 提供富有节日文化的媒体材料

对于中班幼儿来说，在活动中各种感官相结合是获取信息最有效的手段。多媒体教学能充分调动幼儿视觉与听觉，声音、影像的趣味呈现有利于激发幼儿学习兴趣，增强其学习自主性。相对于由教师教授较古老的节日文化起源和习俗，借助多媒体设备的传授方式更能激起幼儿学习的兴趣。

在“年夜饭”这一涉及我国最重大的传统节日——春节的活动中，教师为了便于中班幼儿了解其所涵盖的博大精深的文化和习俗，在导入环节中特意通过动画视频帮助幼儿了解除夕的由来；通过对春节期间大人们除尘、贴春联等照片的呈现，帮助幼儿联系自己生活经验，回忆春节的习俗。在活动最后升华环节中，教师则利用多媒体将教学重点放在烘托节日热烈的氛围上，通过播放与春节相关的喜庆音乐及爆竹燃放的声音，将幼儿对于春节的情感体验推向高潮。教师利用各种多媒体教学资源为幼儿创设多感官节日环境，使幼儿可

以真实地感受到节日氛围，深化其学习体验。

2. 创设富有节日情境的数学场景

在集体教学活动中，如果孩子不敢说、不想说、不愿说，不能与教师自由、愉快地交往，其学习成效将会大打折扣。因此，为幼儿创设一个安全、愉快、宽松、自由的心理环境，对增强幼儿学习的有效性有着重要的影响。不同于传统刻板的课堂学习氛围，富有节日氛围的学习环境将给幼儿带来全方位的感官刺激，寓情于景、情景交融式的学习环境将消除幼儿紧张、不安等负面情绪，使幼儿较快进入角色并发起主动学习。“年夜饭”是关于物体封闭式排列数数的集体教学活动，教师在课堂中利用圆桌、围绕圆桌摆放的一圈椅子及围成圈的年夜大餐等道具创设了全家在饭店包厢里吃年夜饭的情景，在带领幼儿身临其境地感受节日习俗文化的同时，为之后的围合数数学习做好铺垫。

（二）融合与节日习俗相适宜的教学方式，充分体现生活性

传统节日习俗与我们的生活是紧密相连的，它往往会在人们的生活行为上得以体现。教师可以以生活行为为切入点，通过多种教学方式加深幼儿对传统节日文化的认知，习得与节日习俗相关的数学经验。

1. 结合节日文化设计传授式的教学环节

传授式教学主要以教师讲授为主，重在知识本身的传达，故而在传统节日文化与数学集体教学活动的融合中，它适合运用于幼儿对节日习俗的知识经验获得过程中。中国传统节日习俗是几千年来积淀形成的固有文化，教师需要通过简单明了的传授方式使幼儿以最快的速度获得对节日文化的第一手经验，同时也能为活动的重点——数学经验的习得提供充足的学习时间。如在活动的导入环节中，教师充分利用视频和照片帮助幼儿回忆了与春节相关的民间习俗——贴春联、除尘、拜年、吃团圆饭，并由团圆饭这一习俗进而引入后续的学习环节。

2. 结合节日习俗设计体验式的教学环节

数学集体活动中教师除了要体现自身的引导和支持作用以外，还需要重视幼儿在此过程中的主动性，使幼儿能够积极主动地参与节日习俗的实践体验，在实际操作中开展数学教育。为了提高中班幼儿参与活动的主动性，教师在重点环节中设计了两个层次的操作体验环节。一是在两名幼儿给大家上完菜以后，通过抓住菜的特征来点数封闭围合式布局的菜品总数，初步掌握围合式数数的要领，即记住一个起点后往一个方向数一圈，不多数、不漏数。当幼儿感知到围合数要领后，教师结合生活情景开展第二个层次的教学环节——点数圆桌边的椅子数量。毫无特征差别的椅子给幼儿围合数带来了新的挑战，幼儿需要通过思维，从借助场外工具做标记到只用现场已有的物品来帮助记住围合数的起点，从而数出正确的数量。“圆桌边围成圈的椅子数量够不够所有人坐”这一数学问题源于幼儿吃年夜饭时的生活场景，幼儿在操作体验中既积累了数学相关经验，又能将新习得的数数经验再

运用于生活中。

三、有效渗透传统节日文化在幼儿数学教育中的重要意义

（一）深刻认识和了解传统文化

中班幼儿的思维和认知都处于萌芽阶段，这个时候的他们如同一张白纸，可塑性极强，文化作为意识形态产物能够对其产生重大影响。如果此时让幼儿处于一个充满外来文化的环境，那么其思想势必逐渐西化，对自身文化认同感较低。幼儿园教育中有意识有目的地引导幼儿对传统文化的认同与喜爱，使他们从小能够了解传统节日的由来、内容及内涵，从而树立中国文化意识，增强文化自豪感。

（二）正确认识和理解数学教育

经常可以发现很多家长对数学教育缺乏正确的理解，认为数学就是简单的计算。这种观念从根本上误导了幼儿对于数学学习的认识，当幼儿长时间地处于这种被动的学习状态时，会逐渐丧失对于数学的学习兴趣。其实传统节日的民俗文化中包含诸多的数学元素，如年画、窗花的制作等，如果能把这种传统节日文化运用到幼儿数学教育中，让幼儿通过体验式的教学掌握一些与生活息息相关的数学经验，那既会对我国优秀的民族文化的传承发挥积极作用，又可以有效地激发幼儿对于数学教育的兴趣和热爱程度。

幼儿教育是个人终身学习和发展的基础，也是塑造个人身心的关键。当前幼儿园教育教学中更加重视对幼儿的知识技能的培养，而对其思想情感教育关注不足，教学内容也只是遵循着学科教育的方向，没有考虑到幼儿的成长规律和兴趣特点。教师需要充分发挥自身能动作用，除了将传统节日文化融入数学集体教学活动，仍需不断尝试和探索节日文化在幼儿园其他学科领域中的创新应用策略，也需要结合幼儿实际情况，将已有的教学课程和传统节日文化相整合，丰富幼儿园教育教学资源。

家园共育培养大班幼儿财商的实践研究

◎ 张银磊

摘 要 近年来关于财商教育的研究已经受到越来越多的教育家和学者的重视和关注,而幼儿教育是受教育者年龄最小的一环,这一阶段的孩子可塑性极强。若能对其进行有效的幼儿财商教育,无论对于幼儿自身发展还是对于社会都有着重要意义。本文着重结合园所的角色游戏、自主游戏活动以及家园活动如压岁钱的使用,初步探讨一些家园共育,提高幼儿财商的教育策略。

关键词 财商 家园共育 大班幼儿

财商,英文名称 Financial Quotient,简称 FQ,最早是由美国著名理财教育家罗伯特·清崎在《富爸爸穷爸爸》一书里提出的,它与 IQ(智商)、EQ(情商)并称为"三商"[1]。简单地讲,财商就是一个人认识金钱和驾驭金钱的能力,体现为他在理财方面的智慧。美国国际教育基金会会长、著名教育家夏保罗在对孩子的教育问题上说:在孩子 IQ、FQ、EQ 的教育培养中,FQ 的教育培养最重要,要想子女成才,就一定要从小开始进行理财教育,培养财商[2]。可见幼儿期培养财商是多么重要。

笔者查阅了许多文献,发现没人对家园共育进行过明确的定义。家园共育,既不是传统意义上的"家长工作",也不是一方为主和另一方的"配合",而是两个同样肩负着人生启蒙教育重任的社会组织及其成员之间的携手行动。

一、财商教育的意义

(一) 理论意义

本研究汲取国外已有的较成熟的幼儿财商教育经验,设计幼儿财商教育活动的理论框

作者简介 张银磊,上海市崇明区长兴幼儿园教研组组长,一级教师,本科学历。

架，为家园共同开展对幼儿的财商教育提供了理论依据。

（二）实践意义

财商教育的核心价值，在于让孩子培养获得幸福生活的能力[3]。虽然越来越多的家长们肯定了理财教育的价值，认为对儿童进行理财教育是非常重要的，却不知从何着手。通过财商教育，能使幼儿树立科学的财商理念，学习管理金钱、创造财富的技能，掌握财富收入倍增规律的能力，建立起合理的消费观和价值观。

二、幼儿财商教育的内容

关于财商教育的内容，人们也有不同的见解。幼儿阶段主要内容有：认识货币、知道如何用钱、如何赚钱[4]。但有学者认为，培养正确的观念品质和能力比传授相关知识更重要。另一方面，也有一些研究者持综合的态度，将财商教育的内容具体设置为：树立正确的金钱观、消费观和理财观念，特别是树立起利用自己的财商求得发展的信念；关于理财的原理、方法、技巧；与财商有关的基本财务知识以及与训练财商有关的一些简明、基本的经济学原理[5]。本研究认为：随着社会的发展，学者们对财商教育内容的探讨日益丰富，并渐成体系，基本上包含了与财富活动有关的知识、能力、态度、价值观、情感等方面。

三、财商教育的途径

如何培养幼儿财商，归纳总结相关类文章，发现培养途径主要分为三种：家庭、学校和机构或者社会。有些研究是单向的，如仲唐晖《在角色游戏中渗透财商教育》主要研究如何通过幼儿园的教育，引导幼儿提高财商。吴然《从压岁钱看儿童财商教育》则是探讨家庭如何教育提高幼儿财商。当然很多研究者认为财商教育是一个系统工程，需要家庭、学校和社会等多方面的协调配合，并且要循序渐进地进行。也有学者呼吁学校和社会要加大财商教育教材研究力度、开设财商教育课程、开展财商教育实践活动，等等。现在虽然一般都是从社会、学校及受教育者自身这三个方面出发去谈实施财商教育的具体策略和途径，然而研究者提出的见解大多较为笼统，缺乏针对性和可操作性。特别是幼儿期如何提高财商；学校和社会机构如何配合开设相关课程和游戏；在家庭的日常生活中，家长如何提高自身的财商教育引导策略，等等，这些还都没有富有操作性的策略成果。

（一）幼儿园开展丰富的角色游戏，提高幼儿财商的实践

1. 买卖游戏——树立劳动致富，按劳分配的财富观念[6]

实录：角色游戏开始了，红红在小吃店当服务员（图 1），在大声吆喝：“卖包子了，好吃的

包子,快来尝一尝啊！便宜卖了……”一会儿便招来了很多顾客。等顾客都走了后,店里显得冷冷清清,这时候旁边的表演区很多观众已经买好了票,正在等待入场观看演出呢。这时红红快速地来到表演区送外卖,借机给客人表演起怎么样做包子、点心等,红红的“手艺”非常好,做的东西很不错,受到了观众的热烈欢迎,她通过自己的劳动获得了相应的报酬。结束后她高兴地说:“老师,看我赚了这么多钱,不光是卖包子的钱,我还赚了很多表演的钱。”老师夸奖她说:“你真的很棒！知道劳动是可以赚钱的,你付出了努力,得到了应有的酬劳!”红红开心地点点头,接着走回了包子店,制作起下午茶、冰淇淋、点心,卖起了下午茶,冰淇淋……她的叫卖声吸引了更多的顾客。

分析:在这个游戏的过程中,红红不仅具有买卖的意识,也就是一定的财商,而且很会利用自己的的角色,参与其他的游戏来赚钱,这样一连串的表演,为其赚到了钱,同时也丰富了游戏情节的继续开展。

(1) 劳动致富。在丰富的角色游戏中,一部分角色是消费者,他们是享受服务的;但是也有很多游戏角色是需要为他人提供服务的,他们需要通过劳动来赚取“工资”,比如:医生为病人看病,演员给人表演,加工厂工人制作产品;还有很多服务行业,如超市里的营业员、理发店的理发师、美容店里的美容师、小吃店的服务员等。这些服务人员如何通过自己的劳动来致富呢？如在理发店里,理发师为客人提供洗、剪、吹的服务,为了增加收入,理发师还推出不同的项目,推荐客人染发、烫发等,还可以为客人按摩、化妆,根据不同的服务项目收取相应的钱。当工作人员通过努力工作,让客人满意后,就能赚到钱,获得财富。有了财富,那怎么安排这些财富呢？于是就有了银行卡,工作人员就可以把钱存到银行里。孩子可以通过印章、数字积累等方式把钱存入银行,等到下次作为客人游戏的时候,就可以支配这些钱,进行其他项目的消费活动。在这个游戏过程中,孩子们既体验到了劳动致富的过程,也初步了解了财富从何处来,还能通过自己赚钱自己去消费的过程体验并享受生活。

图 1　红红的包子店

(2) 按劳分配。在角色游戏中商讨工资多少,岗位不同赚取工资的多少也有所不同。比如:有现金收入的饭店、点心店、理发店、烧烤店、超市等,也存在没有现金收入的银行等。点心店里的角色岗位有厨师、经理、服务员,他们按照岗位合理地分工合作,共同赚钱,按劳分配。到游戏结束时,三名工作人员将赚到的钱平分,并分别存入自己的银行卡。如果遇到余数,比如三名工作人员平均分到最后只剩 1 元或 2 元钱,那么他们将通过协商的方式进行分配。经理主要负责点心店的进货、付费等,工作量比员工大,在按劳分配中可以多拿 1 元钱;也可以协商平均分配,还可以通过“剪刀、石头、布”的方式随机分配。幼儿还可以在没有现金收入的银行等其他游戏岗位,通过商量自行决定领多少工资,比如:每次工作可以领到固定的 10 元工资。此外,还会存在一些工作岗位赚钱很容易,孩子们觉得不够公平。如超市里只有一名营业员,但其卖物品一天能赚很多现金,于是孩子们经过讨论制定“工资封顶”的决策。在这个游戏过程中,孩子们体验到了社会中有着不同的工作岗位,经历了与合作伙伴按劳分配的过程,懂得了货币的流通。

2. 赚钱与花钱游戏——合理支配,理性消费

实录:角色游戏已经开始了,小凯一直拿着银行卡徘徊,他似乎不舍得存钱,也不舍得到其他地方花钱。这时小璇跑了过来说:“我也就这么点钱,如果花完就没有了,不如我们去其他地方打工赚钱吧!”他们两个一拍即合,于是一起去点心店“打工”(图 2),制作出了各式各样的点心,最后把赚到的钱,一起放到银行存了起来。此时小凯还是觉得钱不够多,于是又建议跟小璇一起去超市、服装店、理发店“打工”赚钱(图 3)。可是理发店的老板说:“我们这里工作人员已经够多了,不需要新员工了。”这下可怎么办呢?小凯灵机一动说:“老板,我们可以增加一个新项目,给客人按摩,按摩一次收费是 4 元,赚到的钱我们平均分,你一半,我一半,你看可以吗?”老板这才同意了他们两个的加入,于是孩子们非常认真地给客人按摩,同时也获取了相应的工资。游戏下来,两个小朋友可开心了,到处炫耀自己赚了很多钱,银行卡里也存进了很多钱。

图 2　点心店“打工”

图 3　超市、服装店、理发店“打工”挣钱

分析:每个孩子拥有一张游戏银行卡,我们如果去仔细观察和分析,会发现一个很有趣

的现象：有的孩子在游戏中是几乎不消费的“守财奴”，有的则是有多少花多少的“日光族”。这种财富行为与孩子的个性、财富的意识、家庭的教育等影响因素密切相关。有的孩子只喜欢赚钱的工作，每次都去选择当超市营业员、医院的医生、公共汽车的司机等，把赚到的钱存在银行卡里。这样的孩子从不消费，或者说不会消费。而另一种则恰恰相反，他最喜欢当客人，每次游戏都没有节制地领钱，去理发店美发，去坐车旅行，去超市购物……直到把全部的钱都花完为止，然后就漫无目的地到处闲逛。针对这两种情况，我们在游戏评价时展开谈论。孩子们认为：第一种情况除了工作还需要休闲娱乐；第二种情况则需要适当地工作，赚取工资，还要对自己获得的工资进行合理支配，懂得如何用有限的工资来满足自己不同的需要，如去买自己心仪的东西等。我们通过幼儿园的角色游戏，适当渗透财商教育，奠定幼儿的财商基础，引导幼儿初步树立正确的财富理念，获取初步的财富知识，以期为幼儿将来形成良好的财富行为做好准备。

在角色游戏中，我们都是使用模拟真实的钱币，如面值100、50、20、10、5、1元的纸币或硬币。用真实的钱币建立幼儿的金钱概念效果较好，买卖游戏是增进幼儿金钱使用能力的有效途径。使用逼真的人民币图片作为游戏的代币，比传统的代币有更直观的视觉冲击，幼儿在游戏中不断接触钱币图片，在潜移默化中认识钱币；而以与钱币相关的主题游戏为干预活动，既具趣味性也增加了幼儿金钱使用的经验。幼儿对于金钱使用经验逐步增加，这样既有利于幼儿金钱概念的建立，又能让幼儿金钱使用能力得到提升。在这种很自然的模拟社会成人买卖的游戏中，幼儿不仅可以进行物品的买卖，还可以从中学习到很多关于赚钱的知识，比如钱币的形式有哪些、存取钱的不同方式等，这种小银行的游戏，不仅让幼儿增加了社会经验，同时也使其逐渐树立了正确的金钱观念(图4)。

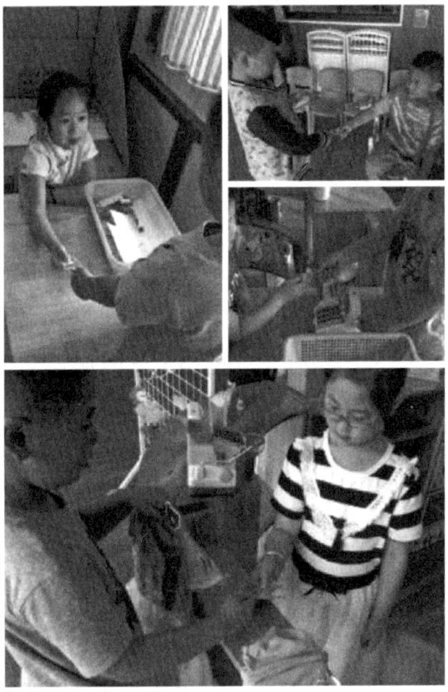

图4　游戏中的金钱交易

（二）家庭中开展丰富活动，提高幼儿财商的实践

1. 压岁钱的使用——逐步建立理财观念

实录：春节到了，涵涵收到了很多的压岁钱，将近3 000元。妈妈说：“宝贝，你的压岁钱能放在妈妈这里，我帮你保管着吗？”涵涵很不开心地说：“不行，这个是别人给我的压岁钱，我要自己保管！”妈妈还是坚持着说：“放你这里会弄丢的，还是妈妈帮你保管吧，比较安全！”看着孩子一脸的不情愿，于是爸爸提议：“涵涵，我们一起帮你把钱存进银行，行吗？”涵涵说：“可是我还想用压岁钱买我想要的东西，我想买一套芭比娃娃！”爸爸笑着说：“这当然

可以了，这些都是你的钱，你有权利去使用这些钱，但是花剩下的钱该怎么办呢？”涵涵低头思索着，似乎也没有什么好办法。爸爸趁机说：“我建议你存进银行，以你自己的名字存进去，你以后如果需要用钱，可以随时取出来，如果以后又挣到钱了，也可以继续存进去哦！”涵涵皱着的眉头慢慢地舒展开来了，她开心地和爸爸讨论起了什么是储蓄卡，怎么样取钱、存钱，经过一番热烈的讨论，涵涵高兴地答应了。爸爸继续说：“以后每个月，你都可以去看看你的账户的钱是变多了，还是变少了。”“变少了，怎么办？”“自己挣钱去，做家务可以挣钱。”涵涵越说越兴奋、越说越高兴！

分析：首先，从三四岁起，孩子自己就已经有了花钱的意识，这时接触最多的可能是压岁钱，对于压岁钱，大部分家长的处理方式可能都是像涵涵妈妈那样，怕钱财丢掉而强行去保管孩子的压岁钱，导致孩子的不满。在我们的现实生活中，很多时候家长可能会给孩子一些零用钱，孩子每年还会收到不少压岁钱。很显然，案例中涵涵妈妈的处理方式是不可取的，涵涵的爸爸则让孩子有了一定的理财意识，也让涵涵学会如何管理这笔钱，这是对孩子理财教育的第一步。他建议将压岁钱存入银行，培养了孩子的储蓄习惯，并且没有反对涵涵拿压岁钱去消费的想法，借机引导孩子理性消费，为涵涵办理了储蓄卡，还引导其认识银行卡的用途，了解有关存款利率的知识，并将压岁钱和平日积攒的零用钱储存到银行卡中，使其认识储蓄的作用。家长培养孩子理财的兴趣和能力，对孩子来说是终生受用的，在涵涵储蓄的过程中，爸爸向其普及基本的储蓄知识，并且及时告知其账户收益的变化，让其在学会理财的同时，也明白理财的奥妙。

2. *家庭培养幼儿财商的其他具体方法*

孩子财商的培养是要家园共育，共同配合的。在实践中我们可以通过家访、开讲座、集体讨论，也可以通过微信公众号、QQ 等网络平台，与家长沟通分享实践的经验。当孩子明白了财富的重要性之后，家庭中提升孩子财商的方式，不能太过教条，而要从孩子的感受出发，尊重孩子的想法，引导孩子懂得财富与理财的重要性。一味地让孩子节俭、省钱，绝对不是明智的教育方法，经常灌输“花钱是罪恶的”的观念给孩子，更是不可取的。与其这样，不如给孩子足够的探索空间，让其自己通过“练习”，体会出什么是好的消费习惯。

（1）孩子来做小管家。在家庭教育中，可以让孩子来做“管家”，父母通过游戏的形式与孩子分享理财的过程。如和孩子一起建一个账本，由孩子来记录一天内所有的开销，这样孩子就有了初步的花费概念。慢慢地，孩子会发现钱是有限的，就会根据自己手头上金钱的数目，重新设计一个合理的购买计划，这样就能逐渐培养出对资金使用的预算能力。

（2）学会存款。家长可以带孩子一起到银行去存款，并为他们开设一个独立账户，教他们如何把钱存入银行内。比如当孩子手上有了一定数目的钱，父母可以引导孩子留多少钱自用，剩下的钱存多少、存多久。可以把钱存成定期，比如三个月或半年，让孩子看到存款是有利息收益的，钱的总数目是在不断增加的，这样，孩子在潜移默化中就形成了理财意识。

(3) 读故事,理解财富概念。也可以通过故事的形式帮孩子理解。通过故事幼儿可以理解一些原本复杂的、抽象的概念,读懂其中的情节。如家长可以有意识地为幼儿阅读有关财富方面的相关图书《小狗钱钱》《富爸爸穷爸爸》等。

(4) 学会怎么使用钱。还可以带孩子去一些大型购物中心去花钱。在购买商品的过程中,小朋友们不但可以理解买和卖之间的关系、增强金钱意识,还可以体验到购物的乐趣。

维果茨基提出"游戏是学前期的主导活动"的理论,该游戏理论强调儿童游戏的社会性本质,认为游戏来源于生活,也将教育儿童参加未来的生活[7]。在本研究中,各主题活动,都是幼儿的亲身经历,幼儿通过角色扮演,利用材料在情境中体验着游戏的乐趣,能在游戏中对钱币有更真实的体验和感受。在家庭生活中,通过参与家庭的理财活动,切实感受到理财的重要性,逐步提高财商。游戏活动同时也强调成人的教育影响,在钱币游戏中,游戏组织者适时为幼儿金钱概念、金钱使用能力的发展提供支持与引导,能帮助幼儿通过自己的努力达到更高的发展水平。

总之,本研究旨在通过家园合作的形式,逐步培养幼儿的财商。通过游戏的形式,在社会性角色扮演游戏中建立起金钱观念,逐步地引导他们了解货币及其作用,明白如何用自己有限的钱去消费、去理财。通过日常生活中使用金钱的活动,帮助幼儿逐步建立起正确的财富观念,获取初步的财富知识,以期为幼儿将来形成良好的财富行为作好准备。

参考文献

[1] 罗伯特·清崎,莎伦·莱希特.富爸爸穷爸爸[M].萧明,译.海口:南海出版公司,2011.
[2] 任宪法.快教孩子学理财[M].沈阳:辽宁教育出版社,2011.
[3] 杨慧,马静,裘瑜芳.幼儿财商教育的实践探讨——以绍兴市一所省级示范性A幼儿园为例[J].经济与社会发展,2014,12(1):138-140.
[4] 郭清娟.幼儿理财意识的培养[J].好家长,2007(22):29.
[5] 夏翠微.培养儿童正确的金钱观[J].教育探索,2002(11):87.
[6] 仲唐晖.在角色游戏中渗透"财商"教育[J].好家长,2014(Z2):72-73.
[7] 吕晓,龙薇.维果茨基游戏理论述评[J].学前教育研究,2006(6):53-55.

统编教材背景下小学语文课内外阅读衔接的策略研究

◎ 郭　咪

摘　要　阅读是人类生存的重要手段，无论是对个人成长还是对民族发展都具有无可比拟的价值和意义。良好的阅读能力是学生适应终身发展和信息化时代发展的必备能力。统编语文教材高度重视学生阅读兴趣和习惯的培养，将课外阅读纳入课程，通过区分课型和设置阅读栏目等措施，构建了“精读—略读—课外阅读”互为补充的“三位一体”阅读教学体系，旨在引导学生成为积极主动的阅读者。本文将具体分析课内外阅读衔接的必要性，梳理统编小学语文教材衔接课内外阅读的新思路，进一步思考阅读教学中存在的问题，并提出相关建议。

关键词　统编教材　小学语文　课内外阅读衔接　策略

小学语文课内外阅读的有机衔接，可以有效扩大小学生的阅读量，使小学生在大量的阅读实践中获得丰富的知识，开阔视野，活跃思维，启智润心，对小学生语文学科核心素养的形成有着积极的影响。但是，在实际教学中，大多数一线语文教师往往将语文阅读教学理解为“课堂上围绕课文的教学”，以致课外阅读常常被边缘化而蜕化成“课程之外的阅读”。课内外阅读的严重脱节导致学生的学习大多局限于教科书中的内容，学生读书少、阅读面窄的现象十分突出。温儒敏教授曾多次强调：“不读书少读书是语文教学‘少慢差费’的病根，语文课改的首要任务应是去除‘病灶’，千方百计把学生读书兴趣的培养放到头等位置，改变学生不读书、少读书的状况。”[1] 并提出改革路径：“语文教学应让课堂阅读教学往课外阅读延伸，实现课内外的相互交叉、渗透和整合，连成一体。”[2]

基于此，新投入使用的小学语文统编教材对阅读教学的弊病进行了纠偏，通过区分“精读课”和“略读课”，设置“和大人一起读”“快乐读书吧”“我爱阅读”等栏目，构建了课内阅读

作者简介　郭咪，上海政法学院人事处；同济大学硕士研究生在读，研究方向为教育管理。

和课外阅读互补联动的“三位一体”阅读教学体系，旨在强调阅读教学应是课内外阅读的整合教学，课外阅读应是语文课程必须完成的刚性任务。在此背景下，如何有效衔接课内外阅读，是急需探讨和解决的重要课题。

一、关键概念的界定

阅读是一种复杂的心智活动，既涉及视觉感知、神经传递、大脑活动等生理机制，也关联到形象思维、抽象思维等智力活动，同时也与个人情感、兴趣、动机等心理因素存在密切关系，包含阅读信息的提取、传递、加工、储存和输出等一系列过程。王继坤教授在《现代阅读学教程》将阅读定义为：“阅读是阅读主体对读物的认知、理解、吸收和应用的复杂的心智过程，是现代文明社会人们不可或缺的智能活动，是人们从事学习的最重要的途径和手段之一。”[3]沈韬则认为：“阅读是一种从书面符号中获取意义的心理过程。读者有意识地从文字符号中选择最精练的语言讯号，并随着作者的思路预测意思，进行思维加工，得出初步判断，以便进一步在阅读中获得印证和修正，从而理解读物的意义。文字符号—选择讯号—预测意思—理解意义，可谓是阅读的典型过程。”[4]以上两位学者对阅读的解释虽然不尽相同，但都强调了阅读是阅读主体对阅读客体进行理解和再创造的心智活动。

依据阅读时间、阅读材料等的不同，阅读又分为课内阅读和课外阅读。课内阅读一般指课堂阅读，是指由教师直接指导的在课堂上进行的阅读活动。从阅读材料来看，课内阅读是基于教材的学习，包括理解课文内容、体会文章与作者的情感、内化思想感情、习得言语表达等。[5]关于课外阅读，大致有三种解释。第一种解释主要从阅读材料的角度出发，认为课外阅读为课本之外的阅读。如寿永明认为：“课外阅读是相对于教科书学习而言的读书活动。”[6]第二种解释则从时间角度考虑，将课堂阅读训练之外的阅读活动统归为课外阅读。如《阅读辞典》中指出：“相对课堂阅读而言，课外阅读指课堂阅读训练之外的各种独立阅读活动。它是课堂阅读的补充和继续，是阅读能力训练的必要组成部分。”[7]第三种解释综合了以上两种释义，认为“课外阅读是课堂、教材阅读之外的一种阅读活动”[8]。笔者结合以上观点及教育部2021年印发的《中小学生课外读物进校园管理办法》中关于课外读物的界定，认为课外阅读应是课堂、教材及教辅之外的一种阅读活动。

本文探讨的课内外阅读衔接，就是要将课堂上基于教材的阅读教学与课外教材及教辅外的阅读活动进行有机整合和渗透，以加强学生的阅读期待，激发学生的阅读兴趣，引导学生投身于大量的自主阅读中，在实践中不断运用课内学到的阅读策略和方法，提升阅读素养，使学生真正“得法于课内，受益于课外”。

二、加强课内外阅读衔接的必要性

（一）语文课程阅读教学目标要求

语文课程是学生学习运用祖国语言文字的综合性、实践性课程。教育家叶圣陶在《略谈学习国文》一文中对语言文字的学习目标进行了阐述："语言文字的学习包括理解和运用两方面，理解指得到一种知识，运用指养成一种习惯，二者必须要联成一贯，达到'知行合一'，才能形成语言文字应用能力。而知识的获得和习惯的养成不能凭空着手，必须有所凭借。就阅读来说，需要凭借国文教本提供的选文获得阅读知识，并在实践中应用国文教本得来的知识反复历练形成阅读习惯。然而，单凭一部国文教本是谈不上反复历练的，必须在国文教本外再看其他的书，越多越好。"[9] 由此看来，语言文字的学习只靠课内阅读的"知"是不够的，还必须凭借"知"在课外阅读大量的"行"当中不断领悟、把握语文的应用规律。实现课内阅读与课外阅读的贯通融合是达成语言文字教学目标的应有指向。这与《义务教育语文课程标准(2011 年版)》(以下简称《课标》)中所提倡的阅读教学目标是一致的。

《课标》中"总体目标"和"学段目标"论及阅读教学处，不仅包含了大量对课内阅读目标的具体论述，还对课外阅读提出了宏观要求。《课标》要求："学生九年课外阅读总量应在 400 万字以上。其中，第一学段(1—2 年级)要能够积累自己喜欢的成语和格言警句，课外阅读总量不少于 5 万字；第二学段(3—4 年级)要养成读书看报的习惯，收藏图书资料，乐于与同学交流，课外阅读总量不少于 40 万字；第三学段(5—6 年级)要扩展阅读面，课外阅读总量不少于 100 万字。"[10] 为达成课外阅读目标，《课标》在"关于阅读的教学建议"中特别强调：教师要高度重视学生阅读兴趣的培养，远离题海战，鼓励学生多读书，读好书，读整本书，要加强对课外阅读的指导，并开展丰富多彩的阅读活动，为学生自主阅读提供机会和条件。

课内阅读是课外阅读的基础，课外阅读是课内阅读的拓展和延伸，二者相辅相成，是实现语文阅读教学目标的题中之义。语文教材中的一篇篇课文，理应成为通向多种多样书籍和文章的阶梯，阅读教学由课内延伸到课外是语文教学的必然选择。[11]

（二）全民阅读国家战略的重要组成部分

诺贝尔文学奖获得者约瑟夫・布罗茨基曾说："鄙视书，不读书，是深重的罪过。由于这一罪过，一个人将终生受到惩罚；如果这一罪过是由整个民族犯下的话，这一民族就要因此受到自己历史的惩罚。"阅读不仅关乎个人的终生发展，更关系到一个国家的文化软实力和民族的精神文明传承。新的历史条件下，推动全民阅读是提升国民整体素质、实现我国伟大复兴的中国梦的重要途径。在全民阅读工程中,保障和促进少年儿童阅读是基础。我国首个国家级全民阅读规划《全民阅读“十三五”时期发展规划》中指出:“全民阅读工作必须坚持少儿优先、保障重点的原则,注重从小培育阅读兴趣、阅读习惯和阅读能力。”2020年,中央宣传部印发的《关于促进全民阅读工作的意见》中再次强调要积极推动青少年阅读和家庭亲子阅读。

语文课程是开展少儿阅读的主阵地,加强课内外阅读的融合是推动全民阅读工作的重要抓手。小学语文统编教材“和大人一起读”课外阅读栏目中的“大人”内涵广泛,包含了父母、教师、爷爷奶奶、邻居等。该专栏通过倡导儿童和大人的阅读互动,在促进成年人积极参与儿童阅读,引导全社会关注儿童阅读生活,促进社会整体阅读环境改善等方面具有重要价值。[12]

(三)促进学生成长发展的重要途径

大量理论和实践证明,加强课外阅读无论是对学生学业成绩的提高还是个人成长发展都具有重要的促进作用。苏联教育家苏霍姆林斯基认为,学生学业成绩的提高关键在于多阅读。“凡是那些除了教科书以外什么也不阅读的学生,他们在课堂上掌握的知识就非常肤浅,并且把全部的负担都转移到家庭作业上去,由于家庭作业负担过重,他们就没有时间阅读科学书刊,这样就形成一种‘恶性循环’。因此,让学生变聪明的办法不是补课,而是阅读、阅读、再阅读。学习困难的学生读书越多,思考就越清晰,智慧力量就越活跃。”[13]我国关于儿童阅读情况的调查也显示:“阅读频度越高、时间越长的儿童学习成绩越好,反之,阅读频度越低、时间越短的儿童学习成绩越差。”[14]另外,语言学家吕叔湘提出了“个人语文能力三分得益于课内,七分得益于课外阅读”的观点。特级教师于永正也认为自己的成长主要得益于大量读书,并强调:靠读书长大的孩子,生命有“根”,有“根”的孩子才有可持续发展的后劲。

三、统编小学语文教材衔接课内外阅读的思路分析

自2011年《课标》修订印发以来,在阅读教学中倡导课外阅读、强调扩大阅读量开始引起语文教育界的普遍关注。关于课外阅读的研究越来越多,数量呈直线上升趋势。这在一定程度上表明,随着语文课改的不断深入,越来越多的理论研究者和一线语文教师开始认识到课外阅读的重要价值。但是,从语文教学的实践效果来看,学生课外阅读状况依旧不是很乐观。

究其原因,主要在于语文教学中常常将课内阅读和课外阅读割裂开来。具体表现在:其一,课内阅读教学倾向于围绕教材中的选文精耕细作、深入解读,教学内容缺乏与课外读

物的链接，而且缺乏阅读策略和方法的传授。其二，课外阅读教学缺乏系统规划和科学的指导。语文教学中课外阅读一般没有硬性要求和明确的任务，最多只是让学生摘抄优美词句、精彩段落以及写好读书笔记，而且对学生“读什么书”“怎样读书”等缺乏具体的指导，对“读得怎么样”更是缺少跟踪和评价。这就造成学生不仅在阅读内容的选择上存在很大的盲目性和随意性，而且缺少多样的阅读方法来指导不同文本的阅读。从这个角度看，阅读教学花费精力大但收效较差也就不足为奇了。

统编小学语文教材关注到了问题所在，在编写上进行了改革创新，通过将课外阅读纳入教材并区分课型等，构建了“精读—略读—课外阅读”三位一体的阅读教学体系，在课内阅读和课外阅读的衔接上提供了新思路。

（一）设置专栏，提供书目，解决学生“读什么”的问题

确定阅读内容，是进行课外阅读的前提和基础。目前，市场上图书数量繁多，质量良莠不齐，其中有一些是经典之作，有一些则没有什么营养或者根本不适合小学生阅读。而小学生判断能力还十分有限，很容易因读一些不值得阅读的书或对一些有价值的书泛泛而读，而浪费时间和资源。因此，加强课外阅读，首先要在阅读书目的选择上加以指导。吕叔湘先生指出：“教师对学生的课外阅读不能放任自流，什么书值得看，什么书不值得看，这本书有什么长处，那本书有什么缺点，教师适当指导一下，学生得到的帮助就很大。”[15]

鉴于此，统编教材对以往教材进行了改革创新，根据学生的年龄特点、心理特征、认知发展规律等，按照由易到难的程度将童谣、儿歌、绕口令、儿童散文、童话、寓言、神话、科普作品、民间故事、小说等课外阅读作品有序编入各个年级“和大人一起读”“快乐读书吧”“我爱阅读”相应栏目(表1—表3)，推荐阅读作品既有单篇文章又有整本书，体裁多样，题材丰富，在一定程度上避免了学生选择阅读内容的随意性和盲目性。此外，推荐作品与相应单元选文的内容、主题、文体等存在一致性或互补性，搭建了课内阅读与课外阅读互动融合的桥梁，对学生阅读方法的迁移运用具有重要价值。

表1　一年级课外阅读推荐作品

推荐作品编排设置	“和大人一起读”栏目	“快乐读书吧”栏目
一年级(上)	《小白兔和小灰兔》/《剪窗花》/《小鸟念书》/《小松鼠找花生》/《拔萝卜》/《谁会飞》/《猴子捞月亮》/《春节童谣》	《读书真快乐》
一年级(下)	《谁和谁好》/《阳光》/《胖乎乎的小手》/《妞妞赶牛》/《狐狸和乌鸦》/《夏夜多美》/《孙悟空打妖怪》/《小熊住山洞》	童谣、儿歌： 《摇摇船》/《小刺猬理发》

表2　二年级课外阅读推荐作品

推荐作品编排设置	“我爱阅读”栏目	“快乐读书吧”栏目
二年级(上)	《企鹅寄冰》/《十二月花名歌》/《王二小》/《画家乡》/《刻舟求剑》/《鲁班造锯》/《分不清是鸭还是霞》/《称赞》	童话故事: 《小鲤鱼跳龙门》/《孤独的小螃蟹》/《“歪脑袋”木头桩》/《小狗的小房子》/《一只想飞的猫》
二年级(下)	《笋芽儿》/《一株紫丁香》/《小柳树和小枣树》/《手影戏》/《好天气和坏天气》/《最大的“书”》/《月亮姑娘做衣裳》/《李时珍》	儿童故事: 《神笔马良》/《七色花》/《一起长大的玩具》/《愿望的实现》

表3　三至六年级课外阅读推荐作品

推荐作品编排设置	“快乐读书吧”栏目	
	你读过这本书吗	相信你可以读更多
三年级(上)	《安徒生童话》	《稻草人》/《格林童话》
三年级(下)	《叶公好龙》	《伊索寓言》/《克雷洛夫寓言》
四年级(上)	《中国神话》	《世界神话传说》
四年级(下)	《十万个为什么》	《十万个为什么》/李四光《看看我们的地球》/高士其《灰尘的旅行》/贾兰坡《人类起源的演化过程》
五年级(上)	《田螺姑娘》	《欧洲各国民间故事》/《非洲的民间故事》等
五年级(下)	《西游记》第六十一回“猪八戒助力败魔王,孙行者三调芭蕉扇”	《三国演义》/《水浒传》/《红楼梦》
六年级(上)	高尔基《童年》	徐光耀《小兵张嘎》/曹文轩《草房子》
六年级(下)	《鲁滨逊漂流记》	《爱丽丝漫游奇境》

(二)注重阅读策略和方法的指导,解决学生“怎么读”的问题

常言道:授之以鱼不如授之以渔。课堂教学除了应让学生获得“是什么”的陈述性知识外,更应重视教会学生“如何学习、如何思维”的策略性知识。上文提到,阅读是阅读主体对阅读客体进行理解和再创造的心智活动。因此,阅读教学应充分尊重学生的独立性,给予学生独立思考的空间,切忌完全以教师的分析代替学生的阅读实践。当然,这并不是说教师完全可以对学生的阅读放任自流。考虑到小学生的认知发展规律,教师在阅读教学中应注重加强对学生阅读策略和方法的指导,使学生能够主动迁移运用、举一反三,实现自主学习和创造性学习。正如叶圣陶先生所言,“凡为教者必期于达到不须教”。

而当下,阅读策略和方法传授的缺失正是语文课的致命之处所在。"现在的语文课虽然注重阅读教学,但对于阅读方法技能的传授和训练做得不够。例如,浏览、默读、快读、猜读等,各有各的技巧方法,需要一一学习。教学生默读,总要给点具体的方法,让学生学会如何做到不动唇、不出声、又读得快。但是这些教师并没有教给学生,或者说,缺少这方面的自觉。"[16]基于此,小学语文统编教材在编排上对阅读方法和策略进行了强化。一是将阅读方法作为语文要素训练点由浅入深贯穿各个年级,逐步提升学生的阅读速度。如默读方法训练要求由二年级的"不出声读、不指读",到三年级的"带着问题默读",再到四年级的"一边批注一边默读",最后过渡到五、六年级的"带着问题用较快的速度默读"。二是单独设置阅读策略单元,促进学生阅读深化。从三年级开始,每年级上册依次单独设置了预测、提问、提高阅读速度、有目的地阅读四个阅读策略单元,以引导教师在教学中将阅读策略的传授作为语文教学的刚性任务。为达成阅读策略教学目标,统编教材对课型予以区分,通过"精读课"示范指导和"略读课"实践练习,构建了"学方法—练方法—用方法"的教学实施路径。

以三年级上册第四单元预测策略单元为例,该单元编排了一篇精读课文《总也倒不了的老屋》,两篇略读课文《胡萝卜先生的长胡子》和《小狗学叫》。《总也倒不了的老屋》主要对预测策略进行示范、指导,旨在帮助学生"学习预测",掌握预测策略的基本要点。略读课文《胡萝卜先生的长胡子》删去了原文的结尾,旨在让学生运用在精读课文中学到的方法预测故事情节的发展,并进一步学习,当预测不正确时,调整思路,及时修正,并进行继续预测。[17]略读课文《小狗学叫》提供了三种没有续写完整的结局,重在引导学生独立运用预测方法阅读故事,形成在阅读中预测的习惯。

四、小学语文阅读教学存在的问题

(一)部分教师对三位一体阅读教学理念存在认知偏差

其一,教师在对课外阅读栏目的处理上存在一定误区。课外阅读课程化是新生事物,许多教师在课外阅读教学中还缺乏经验:或者当"甩手掌柜"置之不理;或者抱着课外阅读课外做的老观念,由家长监督完成;或者采取和老教材"选读课文"一样的教法,课堂上读一读、一带而过即视为完成任务;或者将课外阅读等同于阅读课文,指导用力过度,一会儿讲道理,一会儿联系生活实际,一会儿读背写三位一体,导致学生丧失阅读兴趣。[18]以上几种教学行为偏差主要在于教师没有真正认识到课外阅读栏目的价值。统编教材设置"快乐读书吧"等栏目,意在将课外阅读引入教学,使之成为语文课程的一个有机组成部分,以进一步激发学生的阅读兴趣,使学生养成自觉、持久的课外阅读的习惯。课外阅读课程化意味着既不能对课外阅读放任自流不加监管,也不能指导得过多、过细,让学生丧失读书的兴味。

其二,对不同课型的价值认识模糊。统编教材中的课文大致分为精读课和略读课两类。叶圣陶、朱自清在《略读指导举隅》中指出了二者之间的关系:"就教学而言,精读是主体,略读是补充;就效果而言,精读是准备,略读是应用。"[19]两类课型的价值功能有所不同,教学方法相应要有所区分。精读课主要起示范指导作用,要求教师讲细、讲精、讲透,目的是教给学生阅读方法。而略读课主要是让学生运用在精读课中得到的经验自主阅读、思考和体验,其主要价值体现在"应用方法"的工具价值、"多元解读"的教育价值和"自主阅读"的过程价值。[20]然而,教师往往对两种课型不加区分,全都设计成精读精讲课。"每篇课文都要讲写作背景、段落大意、主题思想、语法修辞等,抠得很细,就如同手术解剖。这会带来很严重的弊端,学生容易因此产生厌烦情绪,自然也就失去了读书学习的兴趣。"[21]

(二)阅读教学模式单一

"1+X"教学模式(精读1篇+若干篇同类或者相同作品)是有效扩大学生阅读量,解决课外阅读难以落实、效果不佳的有效手段。霍懋征开展的分组归类文章增加阅读量的实验、韩兴娥提出的"海量阅读"、赵镜中倡导的"群文阅读"、窦桂梅的"主题阅读"以及近年兴起的"整本书"阅读等实践无一不证明了:扩大阅读量对学生阅读能力的提高具有显著成效。然而,目前这些改革成果还没有得到普遍推广,许多一线教师在阅读教学中仍主要采取"单篇幅"的教学模式。

究其原因,主要在于教师读书少,尤其是缺少对儿童作品的阅读。"1+X"教学模式要求教师在教材课文的基础上选择合适的课外单篇文本或整本书进行结合教学,以使学生达到知识迁移运用的目的,这其实对教师的阅读量提出了很高的要求。不怎么读书、阅读面狭窄的教师在选择文本上就存在困难,又何谈"1+X"教学呢?同理,又如何为学生课外读物的选择提供指导呢?再者,又以什么为凭借来实现课内外阅读的有效衔接呢?

(三)课外阅读缺少评价

评价是检验课外阅读目标是否达成的重要手段,更是激发学生阅读兴趣的重要工具。课外阅读要真正落到实处,只靠口头上提倡和提出要求是不行的,关键要建立专门的课外阅读评价体系。但是,在日常教学中,课外阅读评价仍旧处于缺席状态。阅读评价体系的不健全是课外阅读处于无序状态、游离于语文课程之外的重要原因。

五、促进课内外阅读衔接的建议

促进课内外阅读衔接是个系统工程,既需要教师在阅读教学中予以思考推进,也需要学校、教育行政部门等给予相应的支持和资源保障。

（一）针对语文教师的建议

1. 明确阅读教学目标，更新阅读教学理念和模式

教学目标和理念是教学的灵魂，指引着教师的教学行为。首先，小学语文教师应自觉加强对《课标》和统编小学语文教材编写理念的学习，充分认识课外阅读的重要价值，改变阅读教学只是围绕课文进行教学的观念，将课外阅读纳入教学目标和教学计划。如根据所教学段学生的特点从阅读量、阅读内容、阅读周期等方面制定具体的阅读计划，并定期开展班级读书会等活动进行新书的推介、共读、分享以及阅读成果展示，形成“读前有规划—读中有指导—读后有总结”的课外阅读教学体系。其次，在教学过程中，注意思考课外阅读与课内阅读的衔接点，以课文为基点，通过连接同一题材作品或同一作者的不同作品或扩大至整本书等一篇带动多篇作品的方式，激发学生的阅读兴趣，打通课内外语文生活，让学生在不同作品的比较中丰富认知视角。同时，利用好精读课和略读课的不同功能，精读课“扶”学生一把，为学生阅读提供具体的示范指导；略读课“放”学生一把，给学生独立运用思考的空间。略读课可以在教材选文的基础上引入相关的课外阅读资源，进一步加强学生的迁移运用能力，丰富学生阅读体验。

2. 扩大阅读量，加强对学生的阅读指导

教师只有自己多读书，拥有宽广的阅读面，才能在阅读教学时“取之左右逢其源”。而目前，教师阅读普遍存在“职业性阅读”现象，对儿童文学作品的涉猎还很少。笔者认为，加强课内外阅读衔接，首先得从抓教师阅读着手。要求学生加大阅读，教师首先要成为“读书种子”。2020 年，教育部首次向中小学生发布了《教育部基础教育课程教材发展中心 中小学生阅读指导目录(2020 年版)》(以下简称《指导目录》)。《指导目录》根据中小学生的认知理解水平和阅读特点，分年龄、分学段向学生推荐了文学、人文社科、自然科学和艺术方面的具体书目，其中包含小学 110 种，初中 100 种，高中 90 种，较之以往《课标》提供的简略课外读物建议书目更加具体、全面和科学，是对课外阅读探索的一大进步。该指导目录不仅是中小学生的阅读目录，更应该成为教师的阅读目录。教师有必要制定详细的阅读计划，对《指导目录》中的书籍广泛涉猎，并根据目录的更新情况及新书发布信息不断提高自己的儿童文学素养，与学生建立共同的阅读话题。此外，教师还要从以下两方面加强对学生的阅读指导：其一，提供书目指导。以学生的年龄、认知水平、阅读兴趣等为前提，以教材选文为基础进行辐射，制定课外阅读书目。书目范围要广，数量要大，要给予学生充分的选择空间。其二，提供阅读方法指导。知识爆炸时代，学生快速阅读和提取信息的能力越来越重要。教师要定期开展读书方法指导课，以具体作品为例向学生示范略读、快读、检索阅读等方法，并给予学生充分的训练时间，鼓励学生灵活运用这些学到的方法读书。在指导时要注意，“每一种学习方法都有必要通过一段时间(半个学期甚至一个学期)的指导，直到学生

真正掌握并且形成习惯,再继续学习另一种方法”。[22]

3. 强化课外阅读评价,激发学生阅读兴趣

评价在教学中起着“指挥棒”的作用。为充分激发学生的阅读欲望,教师应从以下两点入手加强课外阅读评价。其一,日常考试中加大对学生的阅读面和知识面的考查,在考题的设计、选材等方面要具有一定的灵活性,不能只拘泥于教材。现在高考命题已呈现出加强课外阅读评价的趋势,在阅读速度、阅读量和阅读面等方面对学生阅读能力提出了更高要求。小学阶段也要顺应阅读评价改革趋势。当然,这里的考试要突破传统笔试考试的局限,可以将“办手抄报”“制作剪贴画册”“设计广告”等作为考试内容,也可以将口试作为考试形式,以充分激发学生的阅读热情。其二,注重阅读过程评价。教师可采用阅读记录卡、阅读档案袋或者开展班级读书分享会、读书知识竞赛、编演儿童话剧等活动,对学生的阅读兴趣、习惯、方法和能力等进行总结和评价。评价应以表扬、鼓励为主,以不断加强学生的阅读成就感,形成学生持久阅读的良性循环。

(二)针对学校的建议

1. 加强对语文教师的培养,提升阅读教学水平

于漪曾指出:语文教育质量说到底是语文教师的质量。提升语文教师的阅读教学能力是加强课内外阅读衔接的关键一环。学校可从以下五点着手:其一,定期邀请专家到校开展统编教材阅读教学的专题培训,为教师提供先进的阅读教学理念。其二,学校备课组在备课过程中,应围绕“课内外阅读衔接教学”展开具体研究,充分考虑教学设计中是否体现了激发学生阅读兴趣的相关目标,充分发挥教师的集体智慧,开发与选文相适切的课外阅读资源,从阅读教学模式、教学方法等方面进行分析,确定最佳的阅读教学方案。其三,开展优秀课例研讨。教研组应定期组织教师参加优质阅读教学课的观摩交流活动,为教师开展课内外衔接阅读教学提供有益经验。其四,以课题研究带动阅读教学模式变革。支持教师开展基于课内外阅读衔接教学的平行班对照实验研究,并给予一定的资金支持。其五,将课外阅读纳入教师研修计划。教研组应制定详细的课外阅读目标和实施计划,并给予教师充分的自主阅读研修时间。

2. 重视图书馆建设,提供丰富的阅读资源

图书馆是教师、学生获取阅读资源的重要途径,是辅助课程教学、推动教师专业成长、促进学生全面发展的重要依托。加强图书馆建设应注意两点:其一,配置专业的图书馆管理人员。一座好的图书馆,不仅仅拥有丰富的馆藏资源,更配备高素质的管理人员。以吕叔湘先生为例,其在苏州中学担任图书馆馆长期间,通过定期在校刊上公布新书信息、撰写新书评介等方式引起学生阅读兴趣,对促进学生课外阅读和书香校园建设具有重要的引领作用。提升图书馆管理人员素质,是建好图书馆的根本。其二,丰富馆藏资源,确保资源质量。学校要千方百计抓好图书馆纸质资源、数字资源建设,提供专门的经费予以保障支持。

在书籍的采集上,应坚持方向性、全面性、适宜性、多样性和适度性的原则,对书籍质量进行严格把关。此外,以《2019年全国中小学图书馆(室)推荐书目》和《指导目录》为主要参考,逐步配足配齐纸质书刊,为学生开展课外阅读提供丰富的资源支撑。

3. 健全师生阅读评价激励机制,推动书香校园建设

学校应充分发挥评价激励的引导作用,使阅读内化为师生的阅读习惯。其一,将教师阅读情况纳入年度考核内容,并作为评优评奖的重要参考依据,引导教师做好学生的"读书种子"。其二,开展形式多样的阅读活动,对表现优秀的师生、班级、家庭予以奖励。如定期组织开展朗读、演讲、故事大赛等各类竞赛,分教师组和学生组两类,评选"读书达人""故事大王""十佳朗读者"等,并颁发奖状、奖品予以鼓励;组织开展"书香班级"评选活动,对获得"书香班级"称号的班级进行表彰奖励。此外,积极邀请家长到校参加"亲子共读"活动,进行"书香家庭"评比推荐,以发挥家长在课外阅读中的重要作用,营造家校协同育人的良好氛围。

(三)针对教育行政部门的建议

其一,建立阅读激励机制,对书香校园建设表现突出的学校进行表彰,并召开工作总结推进会对优秀案例进行宣传推广。其二,积极推进"大阅读"线上平台建设,提供优质的免费阅读资源。2020年,国家中小学网络云平台开通,其中,"经典阅读"栏目引人注目,提供了大量电子书籍,为学生、教师、家长阅读提供了极大的便利。以此为契机,笔者认为应借助信息技术,对阅读资源进行集成整合,建立统一的"大阅读"线上平台。平台中的阅读资源应首先以《指导目录》为参考,进行电子书籍的分批上线,并按照学段、图书种类等进行分类设置,优化使用者的阅读体验。其三,定期组织开展"课内外阅读衔接"为主题的研讨活动和培训,提高教师进行课内外阅读衔接教学的意识和实践能力。

参考文献

[1] 温儒敏.培养读书兴趣是语文教学的"牛鼻子"——从"吕叔湘之问"说起[J].课程·教材·教法,2016,36(6):3.

[2] 温儒敏.忽视课外阅读,语文课就只是半截子的[J].课程·教材·教法,2012,32(1):49.

[3] 王继坤.现代阅读学教程[M].青岛:中国海洋大学出版社,1999:1.

[4] 沈韬.阅读教学论[M].南昌:江西高校出版社,2010:1.

[5] 朱家珑.义务教育课程标准(2011年版)案例式解读 小学语文[M].北京:教育科学出版社,2012:89.

[6] 寿永明.课外阅读:促进学生发展的有效途径——论苏霍姆林斯基关于课外阅读指导的思想[J].教育研究,2007(5):79.

[7] 李德成.阅读辞典[M].成都:四川辞书出版社,1988:6.

[8] 赵秋霞.小学高段学生课外阅读现状及对策研究[D].昆明:云南师范大学,2020:14.
[9][19] 叶圣陶.叶圣陶语文教育论集[M].北京:教育科学出版社,2015:2-3+14.
[10] 中华人民共和国教育部. 义务教育语文课程标准(2011 年版)[S].北京:北京师范大学出版社,2012:7-23.
[11] 于源溟,周庆元.课外阅读指导的反思与前瞻[J].中国教育学刊,2003(6):40.
[12] 徐轶.统编小学语文教材的创新设计及现实影响[J].课程·教材·教法,2021,41(6):66.
[13] (苏)B.A.苏霍姆林斯基;给教师的建议[M].杜殿坤编译.北京:教育科学出版社,1984:88+56-57.
[14] 王泉根,赵静.儿童文学与中小学语文教学[M].广州:广东教育出版社,2006:284.
[15] 李行健,陈大庆,吕桂申.吕叔湘论语文教育[M].郑州:河南教育出版社,1995:53.
[16] 温儒敏.温儒敏语文讲习录[M].杭州:浙江人民出版社,2019:164.
[17] 陈先云.语文教育问题与改革[M].天津:天津教育出版社,2020:63.
[18] 刘仁增.小学语文统编教材的语用解读[M].福州:福建教育出版社,2020:82-83.
[20] 张敏.统编小学语文教材略读课文教学的价值探讨与策略分析[J].基础教育课程,2021(9):60-62.
[21] 温儒敏.把培养阅读兴趣与习惯,当作语文教学头等大事[J].语文建设,2016(25):5.
[22] 吴忠豪.统编教材中年段语文要素解读[J].语文建设,2021(12):55.

新时代小学劳动教育的职业启蒙特征审视及发展策略

◎ 夏　莹　孙晓楠

摘　要　职业启蒙是新时代小学劳动教育的重要内容和特征,小学职业启蒙的开展需要融入反映时代特点的新知识、新方法、新工艺内容。职业启蒙教育是新时代小学劳动教育的重要组成部分,是引导学生从校内、家庭劳动世界向校外真实职业劳动世界转移的第一步。职业启蒙通过培养学生科学职业理想、形成初步职业劳动技能、树立良好劳动习惯和职业观念,更好帮助学生理解新时代国情民情变化,更有利于发挥劳动教育立德树人的积极作用。当前小学的职业启蒙存在价值认识不清、职业启蒙内容选择迷茫、职业启蒙资源支持力度弱、教育形式单一的问题。因此,需要通过深入理解劳动教育与职业启蒙的关系,推动政策设计完善、挖掘现有课程素材,加快职业启蒙课程开发、多元主体参与,推动职业启蒙实践活动等途径强化职业启蒙教育的实施效果。

关键词　新时代　劳动教育　职业启蒙

劳动教育是通过劳动育人功能的发挥,使学生热爱劳动、热爱劳动人民的教育活动[1],职业启蒙是学生了解职业世界发展的第一步,是新时代小学劳动教育发展的方向和关键特征。在全国教育大会上习近平提出"要培养德智体美劳全面发展的社会主义事业的建设者和接班人",[2]是对劳动教育育人作用的充分肯定和重视。新时代的小学的劳动教育需要兼顾学生的个人发展要求与社会需求,充分反映产业新业态、劳动新形态,发挥引导个人成长与社会进步发展同向而行的关键作用。[3]因此需要通过在劳动教育内容中吸纳新知识、新方法与新工艺,使学生真切感受到平凡劳动的价值与意义。《国家职业教育改革实施方案》中明确要求在中小学开展劳动和职业启蒙教育,以此弘扬劳动精神、增强学生的劳动观念、使学生能够继承优良劳动传统、彰显劳动的时代特征。[3]职业启蒙成了新时代劳动教育

作者简介　夏莹,同济大学附属实验小学一级教师,同济大学教育硕士研究生。
孙晓楠,同济大学职业技术教育学院教育学研究生。

的重要办法和特征。通过在小学阶段开展职业启蒙，将其融入全面发展教育体系的劳动教育内涵之中，对密切小学生与真实劳动生活实践的联系，形成基本劳动技能，树立劳动的正确观念及对职业世界的初步认识具有重要作用和意义。

一、小学劳动教育的职业启蒙特征审视

伴随现代教育体系的发展与完善，职业启蒙愈加受到政府的关注，学界对职业启蒙的相关研究也愈加深入。职业教育类型教育地位的确立，使得职业教育取得了与普通教育一样重要的地位[3]，摆脱了“层次教育”地位的职业教育将对提升职业启蒙地位、完善职业启蒙结构、丰富职业启蒙教育资源和内容起到积极推动作用。新形势下也应当清晰地认识到，在小学阶段开展职业启蒙需要考虑调和职业教育类型与普通教育类型的潜在的理念及结构冲突的问题，教育工作者需要对职业启蒙与劳动教育的依存关系进行梳理，化解过去“普职教育互不干涉融通，职业启蒙与劳动教育实践互不交集”的观念，因此需要在义务教育阶段推动劳动教育与职业启蒙教育相互融通，体现新时代劳动教育中的职业启蒙特征。

职业启蒙是新时代小学劳动教育的重要内容和关键特征。新时代以来，习近平多次论述了劳动和劳动教育的重要现实价值，提出劳动是推动人类社会进步的根本力量，将劳动教育提升到与德智体美育同等重要的地位。弘扬劳动精神，将生产劳动与社会实践相结合，是劳动教育的独特功能和必然要求，[4]新时代的小学劳动教育需要在面对新技术和新业态不断重构现实世界、重塑劳动观念的情况下，吸纳更多反映时代特点的劳动教育内容，推动劳动教育的内涵更加丰富，劳动教育的形式愈加创新。

国家教育事业发展十三五规划中首次提出了在义务教育阶段开展职业启蒙的要求，这肯定了职业启蒙的价值及明确了其所开设的教育阶段；义务教育阶段劳动教育的开展，必须重视和发挥劳动教育的综合育人功能，将劳动教育指导纲要的制定作为劳动教育开展的基本保障，必须能够对学生生活实践、劳动和职业体验教育等给予全面指导[1]。新时代小学劳动教育的开展所遵循的基本条件就是“劳动教育面向真实的生活世界和职业世界”[1]，这意味着新时代的小学劳动教育既要包含传统的以家庭劳动教育和学校劳动教育为基本内容的生活世界劳动教育，还要进一步延伸向学校外的世界，关注职业世界的要求和变化，通过让学生在真实和富有时代特征的劳动情境和职业情境之中获得积极的价值体验，实现劳动教育的育人价值。因此，小学教育作为学生生涯发展的起步阶段、核心素养塑造的第一步，进行合理适时的职业启蒙教育将为学生提供了解新时代社会和职业变化的途径，有助于学生形成正确的职业认知和自我认知，对学生的职业生涯发展产生积极影响，塑造良好的核心素养。

当前学界将职业启蒙分为三类，第一类将职业启蒙界定为现代教育体系中职业类型教

育的起步阶段，是为儿童未来职业生涯进行初步规划的教育，旨在加强儿童对职业岗位的了解和认识，是保障儿童顺利向职业生涯过渡的保障。如将职业启蒙界定为对儿童实施的关于神圣职业的入门教育，这种教育的目的是使儿童获得对职业世界的基本认知，形成初步的职业理想和向善的职业伦理，提供对未来职业生涯的基础帮助。[5]抑或是将职业启蒙定义为职业教育和终身教育的准备阶段，是儿童对其职业生涯探索的途径[6]。第二类观点将职业启蒙界定为一种素质教育，是一种基于儿童发展的多种可能性，旨在培养学生正确劳动观念、正确认识自我职业能力的教育活动。例如“职业启蒙旨在激发儿童对职业的好奇心和兴趣，为儿童提供初步的职业认识，培养正确的劳动观念和完整的人格品质”。[7]。第三类观点将智力改造纳入职业启蒙的内涵要义，旨在使学生获得基本的职业技能。如将职业启蒙教育的目的界定为培养青少年的职业思维能力，是通过识别职业特征、判断职业类型、习得职业技能、树立职业道德、规划职业道路等途径开展的智力改造活动。[8]

对职业启蒙的理论分析反映出职业启蒙的共同特征有两点：一是实施对象皆是在校的儿童和青少年学生；二是启蒙目标上均重视培养学生正确的职业认识和劳动观念，促进学生人格发展及核心素养的提升。总体来看，国内学者对职业启蒙的定义和研究均是从职业教育的视角来进行分析，着重从职业启蒙整体的角度来对其目标、价值与功能进行研究，但是对不同教育阶段的职业启蒙要求，职业启蒙如何融入普通教育的育人体系方面仍然缺少研究。

将职业启蒙融入劳动教育体系，彰显劳动教育的职业启蒙特征是新时代劳动教育发展的新要求。劳动教育作为中国话语体系的一种特有表达，是一种旨在培养正确劳动观念和优秀劳动素质的教育体系，其发展与马克思主义教育学及时代要求密不可分。[9]马克思对体力劳动与智育和体育结合的可能性进行了详尽的论述，认为人的全面发展需要依靠生产劳动和智育与体育的结合。[10]后期伴随着一大批马克思主义教育研究者的努力，在此基础上进一步提出了“教劳结合”的思想，将其作为培养全面发展的现代生产工作者和社会成员的指导方针。[11]面对新的历史阶段和要求，劳动教育进行了相应的调整，并逐步形成了旨在融通“有教育的劳动”和“有劳动的教育”的新理念，劳动教育的落实机制也不断得到健全。[11]同时伴随世界科学技术的不断发展，劳动技术、劳动组织及劳动形式等出现了新的变化，与之相伴的是劳动教育的内容和形式不断创新，学生的劳动需求和职业兴趣也在不断发生变化。职业启蒙教育在这个过程中被逐步纳入新时代劳动教育的范畴，成为新时代劳动教育发展的一个重要特征和内容，并且正不断从政策设计和基层推进落实两个维度逐步走向完善。

因此小学职业启蒙的内涵可以分为三部分：一是小学阶段劳动教育的重要组成部分和关键特征；二旨在培养学生关于职业世界的正确观念，形成对自己职业生涯发展的初步规划；三是职业启蒙的基本内容包括职业知识学习、职业情感形成和职业技能掌握。

二、小学职业启蒙的现状与问题

小学职业启蒙是在劳动教育指导下，对小学阶段的学生进行基本的职业知识、职业技能和职业情感教育，激发学生对职业和自身能力的探索，生成初步的职业生涯规划以及正确的劳动和职业观念的教育。当前各地已开展了丰富的职业启蒙教育活动，提供了多样化的职业启蒙开展形式，如上海地区举办开展了“中小学生职业体验日活动”、北京地区将职业认知、职业适应等内容引入普通教育的校本课程、江苏的苏锡常地区采取地区合作策略，整合三地职业院校资源向区域内基础教育全面开放，以推动普职融通等。但在近年来劳动教育及职业教育不断推进和发展的过程中，出现了两类极具反差性的景象：一方面，目前国家层面以及地方政府层面对职业教育及劳动教育的职业启蒙特征重视程度不断提升，希望培育学生的核心素养，形成积极正确的劳动观念与劳动精神，进一步完善现代职业教育体系，为技能型社会发展提供充足的人力资源储备；但另一方面，部分直面劳动教育和职业教育影响的学生、家长和教师群体却对劳动教育重视程度有限，对职业教育的偏见使其难以接受职业启蒙教育，对职业相关内容的兴趣不高。这一“不理解”主要表现为对职业启蒙的价值意义认识偏差，职业启蒙内容选择迷茫，职业启蒙教育实现形式单一。

（一）职业启蒙价值的认识偏差

在小学的实际教育教学过程当中，存在着教师不重视和简单化劳动教育，家长娇惯学生忽视培养勤俭劳动家风，轻视无分数的职业启蒙教育，学生劳动能力薄弱，职业意识不强，部分家长、教师和学生会将“打工”“洗车”“当老板”“做白领”作为一种职业发展目标来看待，将职业简单化和分级化，轻视职业启蒙在学生人生成长发展中的作用等问题，而这些问题都是对职业启蒙价值意义认识不足的表现。

正确认识职业启蒙在小学阶段的开展意义将对学生核心素养的形成具有积极作用。劳动意识是中国学生核心素养框架中的重要内容，显示出基础教育阶段中劳动教育的重要地位和作用。职业启蒙通过理论结合实践的方法，引导学生逐步获取基本的职业认知和自我认知，借助在真实职业和劳动情境中探索自我与职业关系的机会，帮助学生形成对自我与职业的深入思考，产生正确的劳动意识。[12]

（二）职业启蒙内容的选择迷茫

面对职业启蒙教育这一新兴概念，选择什么样的职业启蒙教育内容以及如何呈现这些内容也是影响小学职业启蒙教育发展的因素。一方面，当前小学课程体系中没有设置专门的职业启蒙课程，相关的实践和内容更多是依靠劳动技术课来进行实施和呈现，但职业启蒙、职业生涯规划发展等作为一个相对完善的体系，在这种情况下相关内容只能以片段零散的方式呈现给学生,对内容的理解将更多依靠教师的解读,使得学生在这种情况下接受的职业启蒙教育缺少清晰的规划设计,教育的效果大打折扣。另一方面,一线教师对现有教材本身所蕴含的丰富职业启蒙内容进行挖掘的意识、动机和能力不足。“新课改的核心理念就是要促进每个学生的积极发展,充分信任每个学生的发展能力。”这一理念的达成需要教师在“大课程观”的指导下,具备将课程内容、学生需要和社会发展要求进行有效结合的能力。当前小学教师基本可以做到将课程内容与学生切身生活实践相联系,能够与课程思政工作要求相契合,但是在挖掘现有课程内容中的职业素材,将课程内容与职业技术发展、职业情感的联系和拓展上仍显不足。

(三)职业启蒙资源支持力度弱,教育形式单一

各类新兴技术的快速发展和演变,对社会进步、岗位要求和职业技术技能标准的影响较历史上任何一个时代都更大更快速。当前小学职业启蒙教育却并没有与时俱进,其内容和形式更多停留于传统的园艺、陶艺、家务劳动等,同时社会企业和家长参与意愿薄弱,数量有限的职业实践体验活动也难以满足学生了解职业和劳动世界的需求。在以常州五所小学为对象的调查中,数据显示“小学阶段职业启蒙教育的场地选择主要是班级内部场地和社会职业体验机构。14.6%的教师认为小学阶段职业启蒙教育的实践活动次数少于5次”。[13]职业启蒙教育的开展需要系统的规划、完善的执行策略、多元主体的参与以及充足的教育资源保障,单靠学校的力量而忽视劳动教育与职业教育的平台建设是不可能实现良好的职业启蒙的,需要社会多主体的积极参与,通过整合校内、社会教育资源以及当地职业院校的多方力量来达成小学劳动教育和职业启蒙的育人目标。

三、职业启蒙的发展策略

(一)深入理解劳动教育与职业启蒙的关系,推动政策设计完善

首先,提升社会对新时代劳动教育的职业启蒙特征的认识离不开政策引导和保障。2018年以来中央发布的一系列文件对劳动教育及职业启蒙的内涵与开展要求进行了完善且较为清晰的解读;各地方政府也以“结合本地区产业实际,发挥社会力量”为要求,对中小学职业启蒙开展的内容和形式进行了明确。因此,推动对一系列政策文件的深入解读和宣传工作是提升教育从业者和社会大众对劳动教育和职业启蒙的认同度,明确社会各主体具体职责的第一步。扩大职业启蒙的社会影响,将教育系统内部开展的学习工作及成果向全社会推广,运用各种新媒介工具,营造有利于职业启蒙发展的舆论氛围。

其次,要从经费保障和法律法规建设两方面推动现有政策体系的不断完善。任何教育改革都离不开经费的支持,小学职业启蒙教育发展的经费需要从现有的教育经费体系出发

进行系统的规划，一方面要将相关费用开销纳入地方政府教育经费的使用范畴，为中小学开展相关教育提供支持；另一方面，地方政府可以采取部分出资引入社会组织及企业参与匹配以及出台优惠政策的方式，鼓励和引导社会组织及企业参与职业启蒙相关活动，以完善职业启蒙课程开发、实践服务基地和设施建设等。应进一步推动健全法律法规建设保障。在当前正在修订的《义务教育法》和《职业教育法》中明确职业启蒙和劳动教育的相关内容，为劳动教育和职业启蒙提供健全的法律保障。这对明确劳动教育和职业启蒙地位、政府和社会组织责任、从业人员资质、课程开设及内容范围以及教育评价机制等都有着积极的保障和促进作用，也是提升劳动教育和职业启蒙社会认可度的关键一步。

（二）挖掘现有课程素材，加快职业启蒙课程开发

小学劳动教育职业启蒙特征的彰显和发展需要在各类课程的实施中得以实现。这主要通过两种途径，一方面是要挖掘现有课程中的职业启蒙内容，将职业启蒙和劳动观念的树立融入到日常的教育教学之中。另一方面，要重视职业启蒙教育自身的系统性，开发具有时代特征及与地方产业特色相结合的职业启蒙教育，使得学生能在真实的劳动和职业情境中磨炼劳动技能，形成良好的职业观念和劳动习惯。

当前我国的课程体系是多年建设和改革的结果，职业启蒙作为新兴的概念需要与现行的课程体系结合才可以顺利地在实际教育教学中发挥作用。[14]我国小学阶段的各科教材中具有丰富的职业启蒙教育素材，大量“职业认知类”内容以凝练的语言塑造了不同职业从业的职业成长发展、职业品格塑造和职业技能形成的历程。[15]因此教师在进行课程设计时可以充分利用教材中的材料，挖掘教材内容的职业特色，引导学生感受职业劳动过程，产生对职业劳动的共鸣以及对劳动者的尊敬之情。

同时也应当认识到职业启蒙是一个系统的内容，学科课程是依据各学科的知识体系来设计形成的，过分强调依赖现有课程开展职业启蒙既不利于系统的职业知识传授，也不利于教师系统学科知识的传递，对教学内容的过分解读也会大量消耗教师的职业精力。因此，依托时代技术发展和地方产业集群建设，开发专门的职业启蒙课程将对完整介绍职业理论及相关知识、协助学生形成职业理念和职业自我，探索自身职业能力起到重要支持作用。小学职业启蒙的特殊性在于需要考虑 6～12 岁儿童特殊的心理发展特征，通过职业了解与自我观察、职业探究与体察以及职业陶冶和自我评价三部分主题所构成的启蒙课程，帮助学生了解自身职业能力、匹配自身合适的“职业群”，并以实践拓展活动的形式逐步帮助学生掌握初步的职业技能，树立初步的职业信念。考虑到地区间产业发展带来的课程开发资源的差异以及实践场地的限制，职业启蒙课程应当由教育部制定相关标准，开发任务交由地方教育部门执行，通过汇集一线小学教师、职业院校教师、地方产业组织代表以及行业技术专家等的智慧，共同编写职业启蒙教材及拓展读本，明晰实践活动开展形式，转变传统劳动技术教育课程以及职业启蒙课程杂而不精的现象，真正发挥和落实职业启蒙的育人

作用。

（三）多元主体参与，推动职业启蒙实践活动

职业启蒙的育人效果发挥应该是多主体参与的结果，不同社会主体参与到职业启蒙的建设工作中将有利于推动职业启蒙教育以更适应我国社会实际需要的形式发展。当前小学的劳动技术课程、职业启蒙课程、实践活动课程、通用技术课程等劳动教育课程育人目标的实现更多需要依靠实践活动，因此以相关课程的开展为契机整合校内外多主体资源，构筑职业启蒙实践平台将会对丰富劳动和职业启蒙课程形式、强化职业启蒙教育起到积极作用。

职业启蒙实践活动平台的建设需要密切联系小学、政府、企业组织与地方职业院校四类相关主体，通过校际合作、建设实训平台两种途径共同推进小学职业启蒙实践。第一可以建立小学与地方职业院校的校际合作关系，引入职业院校的专业师资队伍，辅助小学开展相关的职业启蒙课程开发，依托职业院校的校内实训基地开展相关的启蒙实践活动，克服小学职业启蒙教育师资能力不足、实践资源短缺的问题。第二可以由政府牵头地方企业组织、社会实践教育基地等场所，实现对地方教育资源的充分调动，为小学提供相关的职业启蒙实践场地，开展公益性质的职业启蒙教育，满足学生对农业劳动、工业制造、服务体验、创新实践等系统多元的劳动实践需求，通过让学生走入真实的社会劳动环境，更深刻了解职业变化和国情民情，真正在流汗劳动中体会平凡劳动者的伟大。

参考文献

[1] 中国中央国务院关于全面加强新时代大中小学劳动教育的意见[N].人民日报，2020-03-27(1).

[2] 习近平. 坚持中国特色社会主义教育发展道路培养德智体美劳全面发展的社会主义建设者和接班人[EB/OL].(2018-09-10). http://www.moe.gov.cn/jyb_xwfb/s6052/moe_838/201809/t20180910_348145.html.

[3] 国务院.国家职业教育改革实施方案[EB/OL].(2020-02-13). http://www.gov.cn/zhengce/content/2019-02/13/content_5365341.htm.

[4] 鲁满新.论新时代弘扬劳动精神的重大意义与实践路径[J].思想理论教育导刊，2019(4):134-137.

[5] 陈鹏，李蕾.职业启蒙教育的内涵探源与维度界分[J].中国职业技术教育，2018(27):5-12.

[6] 田静，石伟平.英国生涯教育：新动向、核心特征及其启示[J].中国职业技术教育，2019(18):83-88.

[7] 薄晓丽.从英国职业指导计划论及我国儿童职业启蒙教育[J].职业教育研究，2012(11):79-80.

[8] 刘晓，黄卓君.青少年儿童职业启蒙教育：内涵、内容与实施策略[J].中国职业技术教育，2016(23):32-37.

[9] 罗生全，杨柳.中国劳动教育发展 100 年[J].西南大学学报(社会科学版)，2021，47(4):129-141+229.

[10] 马克思，恩格斯.马克思恩格斯选集：第 2 卷[M].北京：人民出版社，2012:230.

[11] 成友信:论教育和生产劳动相结合的实质[J].中国社会科学,1982(1):163-176.
[12] 刘晓,黄顺菊.职业启蒙教育:内涵审视、作用机制与实现路径[J].职教论坛,2019(11):28-34.
[13] 郁珂.我国小学阶段职业启蒙教育的调查研究[D].杭州:浙江工业大学,2019:32.
[14] 李俊,何多明.德国的职业启蒙教育新解——对历史沿革及课程定位的分析[J].河北师范大学学报(教育科学版),2015,17(6):76-82.
[15] 陈鹏.职业启蒙教育:开启职业生涯的祛昧之旅[J].教育发展研究,2018,38(19):21-27.

以“劳动育人”理念为音乐课堂注入新活力

◎ 李雪莹

摘　要　学生的学习过程也是一种劳动，这一过程既包含着学生的体力劳动，也包含着他们的智力劳动和情绪劳动。在音乐教学中，要充分调动学生的学习劳动过程，就需要不断激发课堂活力，增强学生的学习兴趣与参与主动性。当前中小学音乐教学中还存在着一些活力释放不充分的现象，结合“劳育”理念建设音乐“活力课堂”是有效的应对措施之一。

关键词　劳育　音乐教学　活力课堂

随着教育部《大中小学劳动教育指导纲要(试行)》的发布，劳动育人的理念愈发在各类学校中得到认同和推广。如何在中小学音乐教学中渗透“劳动育人”理念，增加音乐课堂的活力，促进学生的劳动意识养成，成为广大音乐教师需要思考的重要命题。根据马克思主义的经典理论，劳动创造了人类本身，并进而创造了人类的生活世界。[1]在人类的发展历史中，劳动作为音乐的起源，特别是人类伴着节奏音乐参与劳动，节奏体现出了比音调和歌词更重要的意义。[2]在劳动间隙中歌唱，通过音乐来促进劳动，本身就反映了在丰富的人类社会实践中劳动与音乐之间的功能互动。无论是在上古社会诞生并持续到近现代的“音乐性劳动号子”，还是人们在传统社会从事农牧林渔等生产性劳动时所哼唱的劳动曲调，以及革命时期在共产党根据地广泛传唱的《南泥湾》《生产忙》等歌曲，都极大地舒缓了人们的疲劳情绪，调节了人们的身心状态，促进了劳动意识的培育和生产效率的提高。[3]

学生的学习过程也是一种劳动，这一过程既包含着学生的体力劳动，也包含着他们的智力劳动和情绪劳动。在音乐教学中，要充分调动学生的学习劳动过程，就需要不断激发课堂活力，增强学生的学习兴趣与参与主动性。从音乐教学的潜力来看，音乐本身就蕴含着促进学习活动、增加学习活力的功能。虽然当前的中小学音乐教学中还存在着一些活力

作者简介　李雪莹，上海市七宝实验小学教师，音乐学硕士，主要研究方向为音乐教育。

释放不充分的现象，但仔细分析现象背后的原因，探索目前中小学音乐教学机制中存在的潜在阻碍，就会发现结合“劳育”理念是提升音乐课堂活力的有效路径之一。

一、音乐教学蕴含促进学习活动、增加活力的功能

（一）音乐教学促进学生体质健康和学习活力的功能

人的身体器官的健康状态，一般需要通过体能锻炼或劳动来保持，但音乐也具有一定的促进人体健康的作用。音乐的功能，就是促进人的主观能动性，通过美的旋律，促使人体运动起来，达到促进身体锻炼和运动，提升劳动能力的作用。毛泽东早年指出：“图体育之功效，非动其主观，促其对体育之自觉不可。”[4]此外，音乐教学能很好地促进学生提高自身的平衡感知，通过音乐舞蹈的形式加强反应速度和能力。舞蹈动作中的拉伸、压腿等动作可以很好地锻炼学生的全身肌肉，提升学生韧带的弹力和韧性，增加他们的身体抵抗力。音乐能使学生保持身体健康的良好状态，通过符合音乐节奏的活动身体，节省体力消耗，科学地利用体力。

从心理学的角度来看，随着学生年级的提升和升学时期的临近，其在学业上面临的压力也越来越大，导致精神压力递增。如果学生长期处于高压力的状态，极容易失眠、厌食甚至身体的健康状态受损，严重影响其学业成绩和学习积极性的提升。在临床医学上，通过音乐疗法来缓解神经系统和心脑血管系统的疾病已经取得了较好的效果。[5]在合适的时间区间，开展形式灵活的音乐教学，能极大地促进学生保持学习活力。乐器和歌唱的声波能有效地作用于学生们的大脑，促使他们的大脑中分泌出酶激素等活力因子，有利于人们的血液循环和消化系统代谢，使得人体保持充沛的精力。

（二）音乐教学促进学生智力劳动和创造活力的功能

智力劳动体现为人的脑力资源和创新能力，在当今的知识经济时代，培育和提升学生的创新能力成为教育的重要功能之一，而想象力就是创新能力的重要内核。如同法国著名哲学家利奥塔所言，依靠想象能力，我们可以创造新的跨越，甚至改写旧的游戏规则。[6]人作为创新的载体，其创造能力不是基于过去的实践经验的简单累计，而是呈现出一种非线性、非逻辑化的超越性思考。这种非条理性的精神动能具有微妙和复杂的特性，而音乐就是很好的一种激发的力量。通过人这一媒介，音乐把激发创新的潜能带入学生的学习、思考过程之中，提升其对知识的理解和吸收。一方面，音乐具有提升学生主动创造的激发能力，与学生的大脑运作过程产生联觉反应。通过某一段旋律、某一句歌声来点亮学生的思绪，打开他们的思维之窗。所以，在音乐教学的过程中，使用灵活的音乐形式，可以激发学生们在课堂上的联觉和想象，为他们在知识海洋里的创造性探索提供动力和工具。

想象力本身就是内化于人体心理机制中的一项重要功能，要激发更强的创新创造能力，以经常运用音乐教学来训练这种内部的回馈机制。通过音乐教学，可以有效地培养学生们的创新和创造思维，在大脑中同时激活左右半球，促发脑部智力和情感功能的联动和创新。学生们无论是在音乐学习、音乐表演还是音乐欣赏中，都能有效地发挥音乐在大脑中创造性功能。所以，通过音乐教学中的有效安排，能极大地提升学生们的创造性思维能力，促使学生们的内部智力发育和外部世界感知。

（三）音乐教学促进学生情绪劳动和心理活力的功能

情绪教育本身就是素质教育所蕴含的重要内容，理性的情绪劳动，能有效地促进学生自我观念的形成，增强他们的情绪稳定能力和心理健康状态。[7]音乐影响情绪劳动，本身建立在人体的生理基础之上，通过对神经系统的不同刺激作用来激发不同的情绪感应。音乐与情绪的联系主要依靠人体的下丘脑完成，通过人体的内部器官完成情绪整合后，神经信号传导至内脏组织和外部器官，引发不同情绪下的生理反应。而音乐教学中的节奏、旋律、声调等元素引发的情绪反应，通过调节内心紧张度和情感变迁，帮助学生形成张弛有度和细腻丰富的内心感受，调整学生们的学习情绪，推动他们学习劳动的效率提升。

一些学生面临的学习困难和障碍，是身体状态的适应不良引起的神经系统紊乱或心理调适不佳导致的。一旦出现这一情况，就会导致学生学习能力逐渐下降，以及学习信心和积极性严重下滑。通过音乐教学中积极的情绪引导，可以对学生的情绪反应起到治疗或保健的作用，缓解其情绪疲劳。通过音乐教学的“安全阀”功能，释放消极情绪，唤醒他们心中的快乐感受和积极力量。在音乐的感染带动下，学生们的紧张感受有力消除，焦虑不安的心情得到缓解，从而为学习技能和创造力的增加提供了背景性动机。[8]通过发挥音乐教学的积极作用，激发学生们的学习积极性，帮助他们充满热情和干劲地完成学习任务，取得学业上的成功。

二、当前音乐课堂活力不充分的表现

（一）传统的教学模式互动不足，影响了学生在音乐课堂的活力表现

随着奥尔夫教学法、柯达伊教学法等新式教学法在中小学音乐课堂的推广，许多城市都开始采用新教学法来开展音乐教学，也加大了音乐师资培训的投入力度。但是，从全国范围来看，学习和采用新式教学法的学校毕竟还是占少数，大量中小学依然采用传统的教唱方式来开展课堂教学。这种灌输式的教学方法，完成任务式的教学安排，使得学生的学习参与度和主动性都没有得到很好的发挥，逐渐减弱了学生学习音乐的兴趣和活力。

究其根本,从教师角度来看,现有的音乐教师大多是在以教师为中心的理念指导下培养和成长起来的,长期的学习经历和教学习惯,已经让他们对传统的音乐教学方式形成了某种程度上的路径依赖。要让他们马上转换到以学生为主体、增强互动和思维发散为主导的新的教学思路,面临着不小的困难。同时,在目前的基层实践中,一些地区的音乐教师课时较多,兼职较繁,时间分配效率有待优化,以疲劳教学的状态无力践行新的教学理念。

(二)学生的主体性强调不够,"教""学"张力影响了课堂活力的充分释放

在传统文化的熏陶下,大多数学生的性格比较内敛,在音乐课堂教学和课外社团活动中,学习被动性较强,大多是等待着老师的命令和指引。能真正做到与老师积极互动,响应老师的提示主动参与教学环节的学生极为少见。这就意味着,要激发音乐课堂的活力,发挥各类音乐教学法的功效,就必须打通学生在主动性和创造性方面的"任督二脉",而这是短时间内难以迅速改变的。在实际教学中,以学生为主体的教学理念与传统文化中以教师为中心的尊师重道思想相冲突,导致学生的自由发展与教师的秩序责任两者产生张力,而其中的平衡之道,年轻老师不易把握,使得音乐教学中活力的完全释放存在着阻碍[9]。

(三)地区教育资源的差异,限制了对音乐"活力课堂"的探索

由于我国东西部的地域差异和城乡差异,内地的一些民族地区、农村地区经济文化发展缓慢,对于音乐教学的重视程度不高。在中小学音乐课堂上,大量存在着教学形式刻板、教学方式单调的情况。在这种沉闷的教学氛围下,教学手段运用有限,授课以完成课本内容为主,音乐知识讲解抽象,影响了学生对音乐的理解和学习活力。地区教育资源的短缺,使得音乐教师在教学场地和教具设备等方面获得的支持有限,提升其素质能力的培训机会更是稀少。而教学资料与交流平台的缺乏,不利于教师掌握新的音乐教学理念与方法,也限制了他们对音乐"活力课堂"的探索。

三、以"劳动育人"理念为音乐课堂注入新活力

(一)教学设计突出劳育理念,激发学生的学习活力

要在音乐教学中渗透"劳动育人"的理念,首先必须重视音乐课程的设计。良好的课程设计,既能提升音乐课堂的育人意义,又能更好地实现音乐教学的教学目标。音乐教学本身的意义,不仅仅是传播一些音乐基础知识,教会学生一些规定的歌曲曲目,而是通过音乐

艺术这一人类的高级能力，来培育学生内心对世界的敏感和细微的感受。对于处于少年儿童时期的学生们，虽然他们对世界的理解能力还有所欠缺，但已经具有相当强的接受领悟能力。要把劳动育人理念融入音乐教学之中，就必须通过合适的曲目选择和有意的劳动理念引导来开展教学。通过在教学过程中点透其中蕴含的劳动观念，建立学生们对于劳动过程的积极感受，就能有效激发学生们的劳动兴趣和热情，最终完成劳动育人的课程目标。

持续和单调的学习方式，极易引发学生的疲劳感受，降低他们的精力集中度。在音乐教学中，要引发学生对劳动感受的共鸣，增强他们在学习劳动中的活力，就必须将教学内容与劳育的课程目标有机地结合起来。对于小学生而言，单纯的理念说教并不能取得好的教学效果。要想让学生获得有关劳动的深入感受，就需要在教学过程中有效利用歌曲内容来让学生产生共鸣。只有在这一实际的教学情境之中，让学生们体会到劳动的快乐和责任感，才能真正唤醒学生们的劳动热情，进而把这份活力迁移到学习过程中。比如在沪教版三年级音乐科目“森林里的铁匠”一课中，就应该在课堂上让学生们学会区分爱劳动与不爱劳动的区别，让他们思考勤劳和懒惰分别会产生什么后果，其他人会有哪些不同的感受。经过这样的思考，学生们肯定会真正理解劳动的意义和重要性。

（二）歌曲创编歌颂劳动价值，培育学生的创造活力

在学生了解到劳动的价值和感受劳动的积极情绪体验之后，教师就可以进一步强化教学效果，通过组织学生开展歌曲创编来培育劳动光荣的理念。在这一过程中，可以让学生基于自身对劳动过程和劳动价值的理解，活用已有的一些曲调来编写歌词。在这一环节，要特别注意根据学生的年龄阶段和音乐理解能力来指导他们选择歌曲。教师负责把关学生们选择的歌曲是否具有积极正面的劳动蕴含，并选取其中的优秀歌曲示范演唱，提升学生们的积极情感体验。[10]通过歌曲创编这一主动性的学习形式，学生们可以获得更高的参与感，形成劳动光荣的感受，最终完成音乐课堂中的劳动育人目标。

（三）舞蹈训练体验劳动美感，释放学生的运动活力

舞蹈是表达音乐作品思想的重要手段，而通过舞蹈训练帮助学生实践劳动的美感，感受音乐中蕴含的内核思想，就需要从学生们的肢体语言学习方面开展工作。[11]古人有言“言之不尽则歌之，歌之不尽则舞之”，有了对劳动观念的正确认知，还需要身体力行，通过亲身实践在痛与快乐的交织中感受劳动的美感。当然，在这一过程中要注意循序渐进，打好基础，根据学生们的体质和年龄来选择合适的舞蹈训练动作，注意做好热身训练和身体保护。特别是选用一些节奏鲜明、受到学生欢迎的歌曲，如《劳动者之歌》《套马杆》等曲目，编排一些头部、手部、腿部的不同动作组合，有效激发同学们的练习兴趣，让学生们在快乐中参与和实践，最终体会到音乐中蕴含的劳动美感。

四、结语

在《义务教育音乐课程标准》中，强调了要把激发学生的学习兴趣和活力作为核心动力。而教育部提出的2022年在初中升学考试中普及音乐科目考试的新政策，要求我们要重视对学生音乐素养的培育，不断激发音乐课堂的活力。在这一过程中，结合“劳育”理念为音乐课堂注入新动能，不断活化音乐课堂的教学氛围。教师在教学准备过程中，事前环节应做好教学设计，突出劳育理念，激发学生的学习活力；事中环节可通过歌曲创编和舞蹈训练歌颂劳动价值，体验劳动美感，培育学生的创造活力和运动活力；事后则需要不断反思，进一步优化提升音乐教学的全流程。只有这样，才能推动中小学音乐“活力课堂”的建设不断走向深入，探索出一条适合我国国情的音乐教学之路。

参考文献

[1] 杨荫浏.中国古代音乐史稿(上册)[M].北京:人民音乐出版社,1981:2.
[2] 普列汉诺夫.普列汉诺夫哲学著作选集(第二卷)[M].北京:生活·读书·新知三联书店,1974:75.
[3] 侯延爽.音乐与提高劳动生产率正相关效应研究[J].济南大学学报(社会科学版),2016(5):95.
[4] 杨靖.浅谈《体育之研究》[J].体育时空, 2011(10):10.
[5] 吴婧.音乐治疗和音乐教育的对比研究[J].文化创新比较研究,2020,4(13):19-20.
[6] 利奥塔.后现代状况[M].岛子,译.长沙:湖南美术出版社,1996:154.
[7] 刘宣文,梁一波.理性情绪教育对提高学生心理健康的作用研究[J].心理发展与教育,2003(1):70-75.
[8] K.T.斯托曼.情绪心理学[M].张燕云,译.沈阳:辽宁人民出版社,1986:174.
[9] 吴一波.奥尔夫教学法对小学音乐教育问题的突破[J].中国教育学刊,2016(5):85-88.
[10] 邹芝涵.谈小学音乐课堂教学中的情感教育[J].中小学音乐教育,2020(2):32-33.
[11] 田振晓.中职音乐教育中劳动美意识教育的渗透[J].四川教育,2017(11):26.

供给侧结构性改革背景下民航运输专业职业素养培育策略研究

◎ 黄颖芬

摘　要　供给侧结构性改革，对职业教育人才规格提出提升职业素养的质量要求。通过对民航运输专业200名学生的调查分析，剖析该专业学生职业素养培养现状和问题，结合新时代背景提出教学内容对标职业资格、教师队伍“双师型”和教育环境情境化的职业素养教育新模式。

关键词　民航运输专业　职业素养培育　调查

民航业是国民经济的支柱产业，推动区域经济协调发展和国家综合国力的提升。同时在经济全球化背景下，民航成为融入全球经济的快速通道，业已成为联结中国与世界各国的窗口。2015年，习近平总书记指出，民航业是重要的战略产业，要始终坚持安全第一，严格行业管理，强化科技支撑，着力提升运输质量和国际竞争力，更好服务国家发展战略，更好满足广大人民群众需求[1]。2016年，民航局《关于进一步深化民航改革的意见》中围绕民航服务品质工作提出了“提升民航服务能力、建立完善航班正常管理体系，健全企业服务质量管控体系”三项改革任务[2]。作为国民经济大动脉的民航运输行业，提升民航服务供给的效率与质量，需要高素质的劳动者，不仅要具有扎实的理论知识和操作技能，更要具备高水平的职业素养。

深化供给侧改革的新时代背景下，社会经济保持长期高速增长，对我国人才培养规格提出新的需求。加强对职校生的职业素养培育是大势所趋，不仅是我国向服务业强国转变、促进国家和企业生存发展的必然要求，更是促进职业学校学生全面发展的重要保障。培养立足民航、服务社会、面向世界的德技并修高素质高技能人才，是新时代对建设社会主义事业建设者和接班人队伍在民航业界的强烈呼唤。

作者简介　黄颖芬，上海民航职业技术学院副教授；同济教育专业硕士在读，研究方向为民航运输管理，职业技术教育等。

一、调查对象和内容

本次问卷调查采用李克特五分量表和等级顺序量表，主要围绕学生“职业认识”“职业态度”以及“职业行为”这三个方面进行调查。抽样对象为上海某职业学校民航运输专业二年级学生。学生在三年级开始企业实习，调查时间安排在学生二年级第二学期，即参与企业实习前一学期，便于真实把握民航运输专业学生职业素养在学校的培育情况。以问卷星形式随机发放并回收 200 份调查问卷，其中女生、男生分别占比 49%和 51%。为弥补问卷调查的不足，研究还借助与 10 名学生和 5 名教师的访谈，并对教学标准和教案等资料进行查阅。

二、调查结果分析

（一）职业认识

1. 岗位需求认识

表 1　岗位需求认识调查

选项	非常认可	比较认可	一般	较不认可	非常不认可
人数	22	30	86	48	14
比例	11.0%	15.0%	43.0%	24.0%	7.0%

对于“目前您是否非常了解自己即将奔赴的岗位需求”这一问题，只有 11.0%的学生非常认可，同时，也有 15.0%学生表示比较认可，而占据多数的还是认可度一般的学生，约有 43.0%的学生认为自己对岗位需求只处于一般了解的状态，甚至还有 31.0%的学生选择了“较不认可”和“非常不认可”(表 1)。通过这一组数据可以得知，当前职业生在自己的专业认知上还存在一定的问题，毕业前，多数学生都不能完全了解他们即将就业的岗位需求，在这种情况下，要想实现高质量的就业还是很不容易的。

2. 自我素养认识

表 2　自我素养认识调查

选项	非常认可	比较认可	一般	较不认可	非常不认可
人数	12	63	58	42	25
比例	6.0%	31.5%	29.0%	21.0%	12.5%

从表 2 中的数据中可以得知，“比较认可”是当前学生在自我素养认识上占比最多的，约占总人数的 31.5%，而“一般”和“比较不认可”的人数均在 20%以上，“非常认可”的只有 12

人，占总人数的6.0%。通过分析这些数据可以得知，还是有很多学生在“毕业前你是否非常清楚自己的职业综合能力”这一问题上，呈现出不乐观的态度，这也在一定程度上表明了当前学生的自我职业能力认知比较差。

3. 职业成功认识

表3 职业成功认识调查

选项	非常认可	比较认可	一般	较不认可	非常不认可
人数	10	59	87	38	6
比例	5.0%	29.5%	43.5%	19.0%	3.0%

在分析表3数据时发现，“一般”是占比最大的选项，约为总数的43.5%，其中“非常认可”和“比较认可”的占比34.5%，尚不及选择“一般”选项的人数；而且，其中还有44人对“你认为顶岗后能否满足岗位需求”这一问题持否定态度，这足以说明当前职业教育学生在职业生涯规划和奋斗目标的确立上还存在明显的不足。

（二）职业态度

1. 就业态度

表4 学生就业态度调查

选项	岗位目标明确	专业对口就可以	无所谓	不想就业
人数	36	62	96	6
比例	18.0%	31.0%	48.0%	3.0%

从表4的就业态度上来看，大多数学生都对就业持无所谓的态度，占比48.0%，人数占到将近一半，其次，学生最多的选择就是“专业对口就可以”，占比31.0%，只有不到五分之一的学生认为自己的“岗位目标明确”，甚至受访者中还有6人提到不想就业。通过这些数据可以得知，当前学生的就业态度还是比较堪忧的。

2. 择业态度

通过图1的结果可以看出，多数学生都认为“收入待遇高”是择业的主要选择，而且较多学生也认为“工作舒适轻松”是择业的主要要求，“符合自己的兴趣爱好”位居第三。从以上数据中得出一个结果，即薪酬待遇已然成为当前学生择业的主要考虑因素，但是，就受访学生的所学专业而言，民航运输专业的择业态度令人非常担忧，由于当前民航运输专业的就业单位在成熟人才上非常紧缺，但实习生和应届毕业生的薪酬尚不如一些普通工作，在这种情况下，民航运输专业学生如果只考虑薪酬而择业，就会丧失很多提升自身专业能力的机会，未来发展更是无法保证。

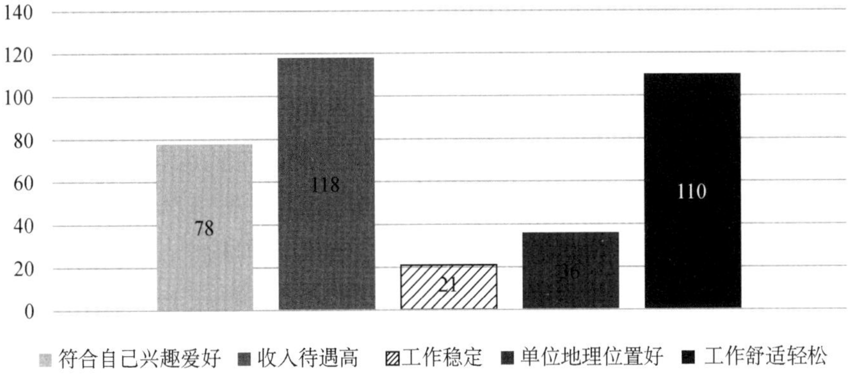

图 1　择业态度分布图

3. 立业态度

表 5　学生立业态度调查

选项	卓越	优秀	达标	有待提升	不达标
人数	14	32	92	44	18
比例	7.0%	16.0%	46.0%	22.0%	9.0%

在表 5 中，有 46.0%的学生认为自己在立业态度上严肃谨慎，但在细致周全上还存在很大欠缺，只能说基本达到要求，这也是受访者中占比最高的选项，16.0%的学生认为自己在立业态度上属于比较严肃谨慎的，且细致周全，能够达到相关要求，而其中只有 14 人对自己的工作态度表示非常自信；但是，也有 31%的学生认为自己的立业态度是不符合岗位需求的，还需进一步提升。这一结果说明，当前仍有很多学生在职业态度上还存在一定的欠缺，轻率、粗心、应付了事的情况仍然常见。

（三）学生职业行为

从图 2 的调查结果统计中就可以看出，在民航运输专业学生的调研中，“整顿清洁”优秀选项占比最高，除了“整顿清洁”，其他四个内容中占比最高的选项是“良好”。接近半数的学生能够非常认真地对自己学习生活场所和使用物品进行整理，保证环境的整洁。大部分学生能够换位思考，理解并愿意满足其他人的具体需求，为别人提供便利；具备较强的责任心，清晰自己的责任，勇于负责；并且也能严格按照相关规章制度工作，服从领导安排；原则性相对较强，对待工作有明确的是非观念，能自觉约束自身言行。这足以说明，经过两年职业教育耳闻目染，学生的职业行为整体表现较好。但还存在提高的空间，每一个内容，都存在少量“不合格选项”。

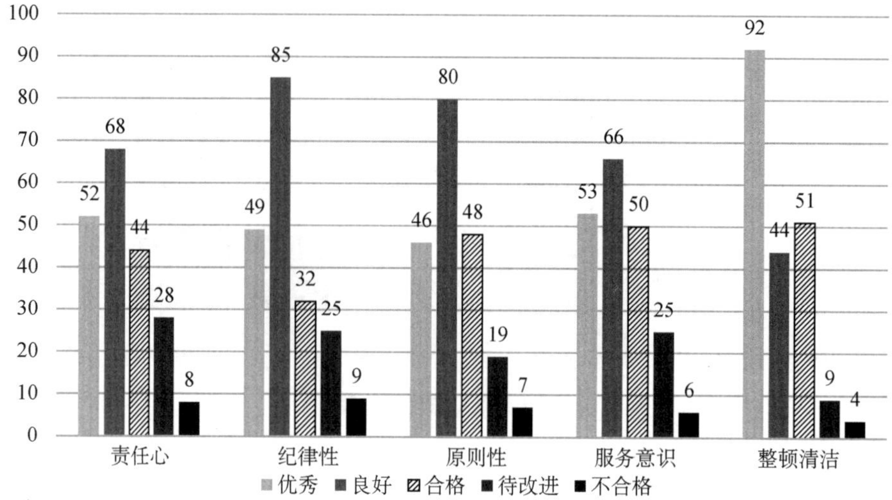

图 2 学生职业行为分析图

三、职业素养培育问题的主要原因

（一）职业素养培育缺乏系统性

在以就业为导向的职业教育中，学校有必要对行业、企业以及具体岗位的需求进行全面考虑，紧紧围绕社会需求对职校生开展合理的职业素养培育工作。在此过程中，行业、企业以及学校应该形成深度的合作，共同规划职业素养的培育标准和方向，行业内具有丰富经验的工作者也要积极参与学校培育的全过程，结合实际情况适当提出一些指导性意见。此外，在实际教育过程中还要注意，职业素养的培育至少要包含符合学生成长需求的基础性职业素养、与相关专业能力发展相匹配的专业性职业素养和以学生职业发展和个性成长为目标的发展性职业素养。[3]然而现实是，职业素养培育课程缺乏严谨性和科学性，由于学校并没有从学生的职业发展上进行系统布局，未按照职业素养的要求构建科学的职业素养培育体系，东一榔头西一棒槌，不仅学生在学习过程中感觉“云里雾里”，部分教师也出现了不知所措的情况。这就使得职业素养培育的动力不足，培育出的学生也不能与企业的实际岗位需求相契合，学生毕业后很难得到社会的认可，给其未来发展造成了很大阻碍。

（二）职业素养课程缺乏可操作性

在与教师的访谈中发现，教师们对学校职业素养培育不满意的主要原因就在于课程规划上缺乏系统性；课程不能围绕学情设计，缺乏专业特色；教材内容陈旧，时代感欠缺，无法充分激发出教师和学生的课程兴趣；教材不具备足够的可操作性，把握度不够。基于上述情况，通过对职业学校职业素养课程的深入调查发现，当前职业学校在设计职业素养课程时更加关注“学科系统逻辑”，在此基础上进行课程的编排工作，虽然课程是以项目为导向，但也只是将理论知识中每一章节的内容更换成任务，过于强调知识的逻辑性，在很大程度上忽视了学生的可学性，在此过程中，学生并不能真正感受到未来工作中包含的职业素养，只是为了获取知识应付考试而学习，职业素养达不到有效的积累。在这样的课程中，就算职业素养拥有丰富的内涵，并获取足够的知识和能力，学生也很难实现真正的提升，职业素养也无法满足企业的需求，由于结构性错位的存在，企业满意度必然是无法提升的。因此，在当前的职业素养培育过程中，学校必须对实际学情进行全面的分析，合理规划、统筹兼顾，为职业素养的有效培育提供保障。

（三）职业素养培育活动缺乏策略性

在学生访谈中了解到，当前学校开展的职业素养培育活动在吸引力上还存在很大欠缺，希望学校能够进一步创新活动形式，加大活动设计和组织投入。结合学校和专业的特色，策划与学生发展相贴合的活动，例如专家讲座、杰出校友论坛、组织学生担任志愿者、参与行业协会的各种技能比赛，使学生在潜移默化中形成专业认同感，从而为其职业素养的提升提供保障。职业素养培育活动中只有不断创新活动的形式，促使学生全方位参与，学生才能在不同活动中真正体会到本专业的职业价值、职业道德和职业心理；此外，还要将职业素养活动品质的提升重视起来，促使学生的高效率参与，让学生在有限的学习中真正实现职业素养的提升。

四、职业素养培育的对策建议

（一）教学内容对标职业资格

教学大纲是教师开展职业教育工作的主要依据，国家在落实职业素养培养的过程中更要将其重视起来。由于当前民航企业的很多岗位都需要员工持有相应的岗位技能证书，拥有证书后才能上岗。因此，在教学大纲以及相关课程的设计上，国家教育部门就可以将与民航运输有关的从业资格证书中的内容融入教学大纲和专业课程中，如在进行“民航旅客运输”的教学中，可以结合“民航运输销售代理岗位资格证书”中涉及的内容进行教学，并引导学生考取此证书，从而促进学生职业能力和素养的形成。[4] 在此过程中，政府部门和行业协会也可以结合民航运输行业的实际情况出台准入政策，将基本的职业证书和综合素质证书作为进入民航运输业的门槛，将学生综合能力的提升重视起来。实际上，学生考取这些证书的过程就是其职业素养形成的过程，有利于为其后续长足的职业发展奠定基础。

（二）师资队伍“双师型”

一般而言，学生职业素养的有效培养都是在良好教师条件的保障下完成的，尤其是对于民航运输专业来说，教师的综合素质和水平对学生有着很大的影响，因此，在实际教学中，在重视学生学习的同时，还要将教师的培养重视起来，积极打造“双师型”的教师队伍，加强在职培训，从而为学生职业素养培养的有效进行提供保障。在此过程中，首先可以组织民航运输专业的教师深入企业挂职锻炼。到企业挂职是培养“双师型”教师的重要手段，也是当前工学结合背景下教学改革的有效举措。因此，学校有必要将其重视起来，对于拥有企业岗位职业资格证书的教师，可以将其介绍到合作企业进行挂职锻炼，并担任一定的岗位职务，保证挂职教师真正得到实战锻炼。虽然这种方法在执行过程中会出现一些困难，但在校企的深度合作以及校领导的支持下是完全可以实现的，对于学生职业素养的有效培养也具有重要意义。除此之外，学校也可以组织教师带队参加生产实践。在这种模式下，学生实现了理论和实践的有效结合，也能深入了解民航运输行业各岗位的职业素养需求，为其职业素养的形成奠定基础。但是，在实施这种模式时也要注意，专业教师在深入企业前必须具备相应的业务上岗证，只有具备上岗资格，才能在实践的过程中对学生进行更好的指导。

（三）教育环境情境化

针对学生职业素养培养，有两种典型观点，第一种观点就是职业素养“养成论”，即学生的素养是在循序渐进的过程中养成的，并不是速成的，需要学生在日常学习和熏陶中形成；第二种观点是职业素养“情境论”，即由于运输业务是发生在真实环境中的，所以，民航运输专业学生的职业能力和素养只有放到真实的情境中才能得到有效的检验，检验的标准也应该是学生对真实业务的处理。因此，学校在开展学生职业能力和素养的培育工作时，应将校园环境的建设重视起来，积极为学生营造综合性的业务情境，引导其进行真实的模拟训练[5]。

校内实训的效果，将对学生的企业实习以及职业素养的养成产生直接的影响。因此，职业学校在职业素养教育过程中，有必要将校内实训教室建设重视起来，综合考虑民航运输专业的实际需求，在此基础上构建分别满足销售业务、机场客运生产组织、训练危险品识别能力、运输服务人员行为礼仪训练的计算机订座实训室、机场离港系统实训室、危险品运输实训室以及顾客服务实训室，实现对学生基本职业能力和职业素养的有效训练，只有具备高水平的职业素养，才能提升其就业竞争力，促进其拥有更好的职业发展。除此之外，如果学校条件允许，职业学校还要积极为学生打造民航呼叫中心实训室，实现对呼叫中心人员基本业务技能的训练，突破以往只进行理论教学的局限，真正培养出高素质的技能型人才。

参考文献

[1] 中国民航局.两会聚焦:让真情服务成为民航的拳头产品[EB/OL].(2016-03-10)http://www.caac.gov.cn/ZTZL/RDZT/LHDBRYMH/201603/t20160310_29827.html.

[2] 中国民航局. 关于进一步深化民航改革工作的意见[EB/OL].(2016-05-25)http://www.caac.gov.cn/XWZX/MHYW/201605/t20160525_37549.html.

[3] 陈效. 航空服务与管理人才培养问题与对策研究[D].石家庄:河北师范大学,2020.

[4] 孙娟. 中职生职业素养培育实践研究[D].扬州:扬州大学,2019.

[5] 马广岭,张伟,宋欣明.高职民航运输专业工学结合人才培养方案设计[J].空运商务,2010(8):45-48.

中职名师培养途径研究

◎ 李小燕

摘　要　职业院校名师培养是职业教育师资队伍建设的重要组成部分。本文采用扎根理论的质性研究范式，对职教系统名校长名师培养工程中具有代表性的教师访谈资料进行分析编码。通过访谈调查发现：一方面，基于中职名师成长的外部环境并从教师主观能动性出发，应重塑外部环境，推动“名师基地”及“国培计划”项目建设双向并行，校企联动创设中职教师企业实践、项目参与平台，建设教学科研相辅相成的中职教师培养机制，善用多样化激励方式对教师产生正向“压力”作用；另一方面，应优化内部环境，基于教师主观能动性，以“师德为先，理念发展为本”为培养目标，以“热爱职教事业、坚持自我发展”为关键要素，以“养成持续学习、终身学习”为基本理念。为在职业院校中建立较为全面、成熟、可落地实施的中职名师培养路径提供参考与启示。

关键词　中职名师　培养途径　扎根理论

一、研究背景

何谓名师？广义地说，名师是社会各界影响广泛并拥有追随者和知名度的杰出人才。狭义地说，名师特指教育人才的精英，教育工作者的杰出代表，教育理论的创立者和教育实践的带头人。简言之，狭义的名师是包括广大优秀教师在内的教育界的名家和大师。[1] 2003 年，教育部开展了“高等学校教学名师奖”的评选表彰工作。随着第一届百名国家级教学名师的诞生，全国上下掀起了“教学名师热”，各高等教育机构相继开设相应级别的教学名师奖项，总结获奖教师经验，开展向获奖教师学习的活动，积极培养建设名师。[2] 譬如，上海市分别于 2004 年、2008 年、2012 年、2018 年开启一至四期的“双名（名校长、名师）工程”；2014 年 8 月，教育部颁布《关于实施卓越教师培养计划的意见》（教师〔2014〕5 号），该意见明

作者简介　李小燕，同济大学职业技术教育学院硕士研究生。

确提出建立健全高校与行业企业、中等职业学校的协同培养机制，探索高层次‘双师型’教师培养模式。”截至 2021 年 6 月，我国已形成了省级以上、市(区)、县、院校 4 级评定体系，建立德、绩、学、研、誉等方面的综合评价指标；提出宏观、中观、微观三个维度以创新的思维和方法推进名师名家培养工作的相关对策意见[3]。但随着名师工程建设的推进，针对中小学及高等普通教育名师的研究较多，而职业院校名师评选、培养的方法体系发展并未成熟。本文从中小学及高等普教出发，结合对上海市第三期“职教系统双名工程”的 7 名上海市中职专业教师的深度访谈，旨在为在职业院校中建立较为全面、成熟、可落地实施的中职名师培养路径提供参考与启示。

二、研究设计

（一）研究样本

本文的研究对象是在参与并通过上海市第三期“职教系统名校长名师培养工程”的教师中筛选得出，共 7 名上海市中职专业教师 (C 老师，X 老师，Z 老师，W 老师，S 老师，H 老师，Y 老师)。所选取的这七名教师均有着丰富的中职教育工作经验，教龄在 15 年以上，是所在学校所在专业的顶级水平的教师。这七名教师来自不同的中职学校，所教授的专业也不相同，其中一名教师（W 老师）是男性，其余皆是女性。样本的基本信息如表 1 所示。

表 1　样本的基本信息

资料编号	性别	工作职称	所授专业	教龄
A1-C-001	女	教研部主任	市政工程	26 年
A2-X-002	女	教科研主任	建筑材料	16 年
A3-Z-003	女	副校长	汽车	20 年
A4-S-004	女	教务科科长	土木工程	20 年
A5-H-005	女	系主任	建筑工程	16 年
A6-Y-006	女	副校长	土木水利	31 年
A7-W-007	男	工会主席	园艺	17 年

（二）研究方法

本研究采用质性研究方法中扎根理论开展研究。扎根理论(Grounded Theory)是格拉斯(Glaser)和斯特劳斯(Strauss)于 1967 年首次提出的一种从资料中建立理论的特殊方法论。[4]为了探寻中职名师成长过程中的共性，以此建立中职名师成长路径，研究首先对中职名师培养相关的研究成果进行搜集、分析，形成文献综述；其次，根据文献梳理成果形成访谈提纲，并采用半结构化访谈对每位研究对象进行为期60～120分钟的正式访谈；再次，借助Nvivo11.0对访谈文本进行三级编码，即开发编码、主轴编码和选择编码，依次形成本土概念、主副范畴和核心范畴；最后，基于分析结果建立中职名师成长路径。

（三）数据采集与整理

对获得的访谈资料进行处理，将所有访谈资料逐字逐句地转录并编辑成为文本材料，将文本材料导入Nvivo11.0质性分析软件，遵循扎根理论的研究范式，对文本进行标注与编码。

首先对7位受访者的访谈文本逐字逐句进行自由编码，将编码内容形成子范畴，得到39个一级节点，144个参考点，涉及的主题包括培训促进专业成长、缺少教育教学知识、课题参与和企业实践促进专业发展等。其次将子范畴进行合并与分类，形成主范畴，即形成相关的类属，得到122个参考点，包括项目培训、科研、平台、企业实践和教学实践等新的类属。最后，对子范畴与主范畴进行深入分析，提炼和整合各类属的节点，同时检查各类属节点是否存在交叉和重复编码问题并给予改正，最终得到94参考点。访谈内容编码如表2所示。

表2 访谈内容编码

类别	参考点	占比	参考点实例
科研、课题	3	3.2%	“科研能力弱”“鼓励参与科研”“参与课题”
名师工作室及国家级项目培训	13	13.8%	“名师工作室”“国培项目”“项目中成长”
企业实践	23	24.5%	“企业联系”“实践教学获利“
教学实践	4	4.3%	“教育教学基本”“实践提高教学能力”
激励机制	9	9.6%	“经费保障”“精神激励”
专业道德和理念	19	20.2%	“对职教事业热爱”“师德不变”“责任感”“理念转变”
内驱力	20	21.3%	“对自我要求”“有内需”
终生学习	3	3.2%	“内心坚定”“不断学习”

三、中职院校名师培养的内外部途径分析

名师的成长不仅是教师个人努力的结果，更是环境和制度造就的产物。制约名师成长的因素还有很多，归根结底来自两方面：一是外部环境，包括班级、学校、社会等环境的制

约;二是自身因素,包括教师的自身认识、职业定位和自我规划等。二者相互影响,盘根错节,阻碍着名师的成长。[5]故在中职名师培养的过程中,政府、社会及院校应为教师创造合适的成长平台;其次,从教师个体角度出发,在成长为名师的道路上,教师个体意识行动应是积极主动的,而不是“被参与”。

(一) 重塑外部环境:完善涵盖职前教育、职后培养的中职教师成长机制

一件事物的发展变化,无论是积极的或消极的,总是受外部环境的作用。研究发现,名师成长的过程也与其他领域的人才成长一样,确实要有一定的机遇,而这种机遇存在于他每一个发展阶段中,上一次公开课、参加一次培训或进修、参加一次教研活动、受到一次表彰等,都有可能成为名师成长的“机遇”。[6]中职院校名师的成长也需要积极的、良好的外部环境支持。结合国内现有培养平台和7位受访者的诉求,建议从以下四点促进中职院校名师成长。

1. 推动“名师基地”及“国培计划”项目建设双向并行

我国对中职教师的培养可划分为两阶段:职前阶段和职后阶段。前者是学生身份,主要由学校和专业教师对其进行培养;后者是教师角色,需承担相应的教学和科研任务。由讲台下知识的学习者变为讲台上知识的传播者,这种角色的突然转变使得新任教师出现“不适性”。如何使中职新任教师顺利度过不适期,并进入优秀教师行列,最终成长为职教名师?朱伟、王跃平认为,可建立以名师工作室为依托的教师专业发展路径,以名师的声望为旗号,汇集成志趣相投的教师专业发展社群。[7]

职教名师的成长是一个长期的过程。受访的7位教师从新任教师成长为职教名师的时间13～25年不等。对问题“在您专业发展的过程中,您认为哪些事件对你的成长影响较深”的回答,4位受访者提及名师工作室,1位受访者提及国培项目。W老师说:“我参加了在同济大学举办的上海第三期双名工程的培训,这个项目给我带来了在职教理念方面的影响……我觉得这五年对我来说是提升最快的一个时期,尤其是眼界开阔了……”“您认为名师工作室的主要功能或作用是什么呢?”W老师的回答是:“一个是整合资源……把社会上的资源、企业的资源整合起来,搭建一个平台。再一个就是孵化成果,名师工作室主持人能够带领我们这群人,把一些科研成果培育出来,在社会上有些影响力。”

我国自2009年开始提出国家级培训政策,中央政府投入了大量专项资金保障这项政策的顺利实施,由此形成了一个政策话语,即“国培计划”。[8]虽然不同的“国培计划”项目在培训时间、培训方式、培训内容等方面有所不同,但朱旭东认为,无论哪种方式的教师培训,培训内容是由项目设计者和专家提供的预设知识构成的,因此教师从能够认知能力上获得提高就实现了培训的目标。这些形式各异的“国培计划”项目会提高教师认知能力,改善教师行为,提升教师教育教学实践能力,提高教师基本专业素养。[9]

S老师有过三次国培经历,她说:“2007年我参加了三个月国培,我觉得对我影响蛮大

的……还有三个月的校长培训段……2012年去德国培训,看到了国外中职教育状况。这个阶段,我觉得就是上了一个高度段……”

2. 校企联动创设中职教师企业实践、项目参与平台

职业教育区别于普通教育,这是由职业教育特殊的知识结构和能力结构所决定的。一般认为,职教师资需要具备“双师型”素质:既要掌握工程技术学科的专业理论、基础知识和基本的实践操作技能,又要掌握教育学理论、知识和教学的基本方法。不仅如此,职业教育教师还应具备一种他人无法替代的职业核心能力,即在教学中把职业、技术、教育融为一体的能力。[10]同时,职业教育作为一种培养学生专业实操技能以服务社会生产活动的教育活动,与企业和行业有着紧密的联系,应加强校企合作深度,使职教教师深入了解社会实际生产活动,培养娴熟的实操技能,了解行业发展趋势,适时调整自己的教学内容,向名师教师队伍靠拢。冯瑛认为,院校应开展多层次的实践能力培训,分期分批选派教师到企业和国家培训基地进行工程实践。[11]

“您有没有企业行业方面的工作或者实践经验呢?”接受访谈的7位教师都表示有过企业实践或项目实践经历。如C教师说:“企业方面的工作经验,有的……我们学校原来校企合作的一块做得非常好……当时我们专业老师是可以利用业余时间到设计公司去参加一些设计。寒暑假什么的可以是全部脱产。在那里大概做了六七年。”“在企业实践的经历,对您的教学最大的帮助是在哪方面?”C教师回答说:“帮助非常大。我是大学毕业后直接到这个职业院校任教,实际上教授的很多内容还是理论上的东西……去企业实习以后,就接受了很多实践上的东西……我如果没去看过施工现场,没去做个施工项目,要给学生讲清楚是很难的。我确实觉得,有过企业实践的老师和没有企业实践的老师还是完全不一样的……我经历过,我就有底气去讲……经历过和没经历过还是有区别。”

W教师在成为中职教师前有三年在企业工作的经历,他说道:“这种企业实际经历肯定对我有影响……我进学校后,学校里很多技术等就是我从企业里带来的,很多在技术上面还是有优势的……在资源的利用上也比较有利……我知道学生需要什么样的东西。学校的很多东西还是落后于企业,要促进中职教师专业发展,最好要和企业有接触,可能到企业里会对专业上的适应性更好一些。”

H教师说:“在成为中职教师前参与企业实践,对我影响是非常大的,因为刚刚工作的时候,去做这个企业项目,一点经验也没有……我觉得正是这个阶段的积累,让我在后续教学中变得底气很足,后续的阶段我还对外上了一些造价员的课程……就是因为有了这个基础才敢接一些这样的课程。”

3. 建设教学科研相辅相成的中职教师培养机制

作为教师,最基本的任务是能上好一堂课。作为中职教师,除了需要有可传授给学生的学科专业知识,还需要考虑如何使用合适的教育教学方法,将教师内隐化的知识外显化,从而达到在课堂上将学科专业知识传授给学生的目的。接受访谈的7位教师中有6位都是

非师范专业毕业的。那么作为非师范专业出身的教师,在刚开始工作时您感觉主要的困难或挑战是什么? W 教师说:“因为你不是师范专业的,很多教育教学的理论,你也不知道,你得去学习。如你怎样把你的知识传授给学生,让学生去……”Z 教师说:“是教学方法的运用……我在大学里老师是怎么教我的,我就怎么传授给我的学生,还是一种沿袭,没有去研究……更多的还是根据自己以往的经验做一种模仿。”

分析 6 位教师的成长经历发现,对于如何提高自身在教育教学方面的知识,教师提及带教、公开课研讨、课程教法评优和讲座讲坛等方法。虽然形式各异,但都强调在实践中自己一点一点摸索积累。如 C 教师说:“这就是在实践中自己一点一点积累,一点一点去学习,体会,改进,然后慢慢形成……”Z 老师说:“当时学校里也有一些入职培训,也是自己边摸索边实践出来的……对于教学法这方面,学校里也有老教师带教什么的,但主要还是靠自己摸索和对比,去听听别人的课等其他方法。”

科研为教学名师的发展提供了理论依据,为名师发展指明了方向,有利于名师按照教育教学规律进行教学与育人。相比高职院校看重教师的科研能力,中职教师科研能力薄弱是职教行业的“通病”。Z 教师说:“我觉得要鼓励中职教师参与科研,现在我们很多老师不愿意做,对于教研工作,有的老师只是在做一些表面的东西而不是提升性的东西。如果你最后要转换一些东西的话,还是要通过一些教育科研来做的,你要把你做的一些东西,转换出来……”

4. 善用多样化激励方式对教师产生正向“压力”

面对问题:“您觉得骨干教师、教学名师等称号对中职专业教师有无激励作用?”7 位受访者有 6 位做出肯定的回答,回答内容可分为物质激励、精神激励和精神“压力”。如 Z 教师获得过较多称号,如名师工作室主持人、上海市教学团队主持人、精品课程主持人等。她说:“一个是绩效工资上的激励,一个是荣誉上的激励……学校给不同阶段的老师提供一些平台……要不然大家都没有拉开差距,那老师就没有这种获得感……”S 教师说:“有这样一个聘书,证书在的时候,你感觉还是不一样,好像有点沉甸甸的,但我想强调一点就是,对于一个教师队伍的发展来说,这个(骨干教师、教学名师等称号)是需要的,因为是对青年老师的一个认可,骨干的头衔挂上去以后意味着他有一种责任,同时也是对他能力的一种认可……然后还有一点就是,他这个区里面有一定津贴……”

此外,这些头衔称号会对当选教师产生一定程度的精神压力,迫使教师提升自己。如 Z 教师说:“如果想当选的话,就会逼自己去做这方面的准备。如果你在教育教学方面、专业实践方面没有这个积累的话,你在能力上是不到这个点的。所以也需要有一些这种考核体系。”Z 教师说:“当选以后,我觉得促进了自己的发展。你要上台阶就是要有一些这样的积累。如果你没有这段经历,或者你没有这个积累,你就不可能再上一个层次。”

(二)优化内部环境:有效激发教师主观能动性

教师的专业成长除了受外部环境的牵制,教师个体主观能动性也是促进专业发展的重要影响因素。人的主观能动性在哲学中的解释为，人对外界或内部的刺激或影响做出积极的、有选择的反应或回答，表现为通过思维与实践的结合，自觉地、有目的地、有计划地反作用于外部世界。作为教学三要素的其中之一，在教与学过程中，教师应从主体主观能动性出发，培养职业道德和专业理念，热爱职教事业、坚持自我发展，养成持续学习、终身学习理念。

1. 以“师德为先，理念发展为本”为培养宗旨

中职院校名师成长是一个长期而艰难的过程。教师在专业成长中会面临来自教学、科研等方面的压力，长时期压力体验下容易产生情感、态度和行为的衰竭状态。中职院校教师团队职业倦怠最明显的岗位表现有：工作缺乏热情、缺乏活力和主动性、个人发展无目标和计划、个人发展停滞、个人成就感低等。[12]

“在您专业成长的过程中，您认为您在职业道德和专业理念方面有变化吗？”7 位受访者中大部分(6 位)认为其职业道德未改变，专业理念不断深化。C 教师说：“道德不是说随着你专业教学时间越长，你的专业道德就肯定比年轻教师强，这不是随着年龄增长成正比的……像我们有一些年纪大的老师就是在等退休，混日子，而年轻老师却很敬业。”S 教师表示自己在师德方面没有变化，“一开始就是觉得要做个好老师，现在也是”。Z 教师说：“师德这方面好像没有变化，因为你作为一个老师的话，要有这种基本的职业道德素养。”

在专业理念方面，C 教师说：“理念变化还是蛮大的。我刚刚做这个专业老师时，其实没什么职业教育理念的……没感觉到职校老师和大学老师有什么区别，只知道是学校不一样……最近几年，随着职业教育改革发展，经过专业建设、专业改革、老师培训这种活动，慢慢就对职业教育与普通教育的区别这一块有了清晰的认识。对学生，培养目标定位越来越明晰，怎么培养这样的学生，在教学中怎么培养他们的专业技能和素养，这种理念也是不断在提升。理念先行嘛，理念转变了……我举得这对我来说还是非常重要的。”

2. 以“热爱职教事业、坚持自我发展”为关键要素

2019 年出台的《国家职业教育改革实施方案》指出，党中央、国务院高度重视职业教育，把职业教育摆在了前所未有的突出高度。职业教育和普通教育是两种不同的教育类型，具有同等重要地位。[13]但从现实状况来看，中职教育相比于普通教育，无论是在政策制度、师资力量还是在生源质量等方面均呈现出一定程度的劣势。五千年传统的“学而优则仕”观念根深蒂固，导致中职教育受到社会的歧视。Z 教师说：“我觉得社会对职业教育是比较轻视的，认为职业教育的层次比较低。很多家长认为是因为自己孩子考得不好，才只能上个中职；甚至有家长认为自己的孩子因为有点小小的残疾，只能被迫来上中职。”相比于普通教育，社会认可度低、师资待遇低、生源质量差的现实状况下，中职教师更容易产生职业倦怠感。H 教师说：“我觉得，要成为名师，真正的名师，必须要有对中职教育的热爱，对教育事业的追求。”S 教师说：“如果你对你工作的热情还在，你知识和技能的成长还是有余地的，如果没这个热情，就是每天 8 小时上班……首先你自己要接受这份职业，不能只觉得是个

工作……”

另一方面，教师也需要坚持对自我专业发展的强烈意愿。面对问题：“您认为名师区别于其他教师的特性是什么？”Z教师说：“他的内驱力比较强，就是说你给他搭好平台以后，他会主动地去做一些东西，除了一些规定动作以外，他可能还会做一些主动提升的东西。这种内动力来源于对自我的一种要求，以我们学校为例，给每个老师的平台都是一样的，有的老师就会抓住这个平台，遇到机遇就成长起来，有的老师就不会。”Y教师说：“名师有一种积极向上的，从他们身上能看得到的、体会到的一种正能量。这个好像什么也不可替代。这种激情这种愿望，这种渴望，渴望学、渴望团队、渴望参与各方面的一些活动。”

3. 以“养成持续学习、终身学习”为基本理念

职业教育与社会产业结构紧密结合，受社会产业结构的不断升级改造，职业教育学科专业知识和技能处于不断变化状态中。作为中职教师，应对时代的变化做出积极的主观能动反应，与时俱进地将自己已有的知识和能力进行更新，把握与职教专业相关的新兴知识与技能，明确专业发展动态与未来发展方向，形成终身学习、持续学习的学习理念，才能保持竞争力，是不被时代所抛弃的有效保证。如Z教师说：“像我们这种专业本身是在发展的，最基础最理论的还在……像我大学做设计，还是手工画图的……现在我们用CAD画图，刚开始很多人接受不了还要去学，我就是那时候学的。专业这方面肯定不断在提升，因为专业本身也在发展。所以学习，是不断的，是终身的。”

根据王铁军和方建华的观点，教师在专业成长中会出现高原平台期。[14]这类教师会因自身的经验及资历而自以为是，也会因“职称”到顶而不思进取；会因自己对岗位工作的熟悉，在“小环境”的显赫成就（职务上的或职称上的成就）而骄傲自满，也会由于满足于已有的成就或地位，产生“职业懈怠”的心理，从而失去进一步发展的动力和可能。如W教师说：“如果内心没有内动力的话，你可能就是，做个普通老师就过来了……我评上高级职称正好是在我35周岁生日那天……当时很激动，躺了一天在想，接下来我到底要怎么干。因为作为中职来说呢，高级职称就封顶了啊，我是继续学习提升呢，还是就这样过了。如果我继续学习提升，说实话对我的收入也没有什么影响的……过了一个寒假，我慢慢地觉得，维持现状还不行。”

四、结语

教育部等九部门印发的《职业教育提质培优行动计划（2020—2023年）》提出“实施职业教育‘三教’改革攻坚行动”“构建‘双师型’教师培养体系”[15]。职业院校名师培养是职业师资队伍建设的重要途径，从“双名工程”教师实际培养情况出发，聚焦于受培训教师的真实感受，培养应从内外部同时着手。教师自身须有最基本的职业道德和专业理念，且热爱教育事业，具有终生学习理念。教师的成长需要平台，需要项目，需要一定的激励机制。在完

善的职前教育、职后培养的教师培养培训体制，及教师主观能动性的双重作用下，中职教师才能更快地成长为名师。

参考文献

[1] 程大琥.试论名师的基本特征[J].中国教育学刊，2000(3):60-63.
[2] 何莽，许陈生.以“三维路径”破解名师工程的“三重困境”[J].江苏高教，2011(5):44-45.
[3] 阮红芳，靳玉乐.创建名师工程　培养高素质的教师队伍——浙江台州椒江“星级教师”制探析[J].当代教育论坛，2004(9):89-91.
[4] 陈向明.扎根理论的思路和方法[J].教育研究与实验，1999(4):58-63.
[5] 王标，宋乃庆.中小学名师类型、特征及成长策略[J].中国教育学刊，2013(5):7-11.
[6] 王铁军，方健华.名师成功:教师专业发展的多维解读[J].课程.教材.教法，2005(12):70-78.
[7] 朱伟，王跃平.生态取向的教师专业发展的四种路径[J].教育理论与实践，2012，32(20):24-27.
[8] 管培俊.努力建设高素质专业化教师队伍[N].中国教育报，2010-08-11(1-2).
[9] 朱旭东.论“国培计划”的价值[J].教师教育研究，2010，22(6):3-8+25.
[10] 张建荣.职教硕士:职教师资专业化培养的有效途径[J].教育与职业，2009(22):22.
[11] 冯瑛.高职高专院校名师培养与师资队伍建设的探索[J].中国成人教育，2010(18):33-34.
[12] 吴雪恩.中职教师职业倦怠分析及对策[J].职教论坛，2008(6):30-31.
[13] 国务院.国务院关于印发国家职业教育改革实施方案的通知 [EB/OL].(2019-01-24)http://www.gov.cn/zhengce/content/2019-02/13/content_5365341.htm.
[14] 王铁军，方健华.名师成功:教师专业发展的多维解读[J].课程・教材・教法，2005(12):70-78.
[15] 教育部等九部门.关于印发《职业教育提质培优行动计划(2020—2023年)》的通知:教职成[2020]7号[A/OL].(2020-09-16)[2020-12-21].http://www.gov.cn/zhengce/zhengceku/2020-09/29/content_5548106.htm.

创新与创业教育

科研项目和学科竞赛协同培养大学生双创能力*

——以 2020 挑战杯金奖项目“纤清注射液”为例

◎ 高芙蓉　徐国彤　吕立夏

摘　要　当前，各大高校都在大力开展针对大学生的创新创业能力培养。然而，与欧美等国的创新创业教育“产学研一体化”的教学模式相比，我国高校创新创业教育体系还不够完善；学生对创新创业的积极性不足，使得创新创业教育的效果大打折扣。如何调动学生的积极性，改善创新创业教育成效是同济大学医学院一直探索的课题。本文以 2020 年第十二届“挑战杯”中国大学生创业计划竞赛金奖项目“纤清注射液”为例，总结同济大学医学院通过科研项目和学科竞赛协同作用以促进对医学生创新创业能力培养的探索。

关键词　科研项目　学科竞赛　大学生创新创业能力培养

创新创业能力的培养对一个国家乃至世界的发展都很重要。古往今来，社会变迁巨大，其中无不是人类创新能力发挥的结果。我国提出了“大众创业、万众创新”的战略决策，并在 2015 年发布了《关于深化高等学校创新创业教育改革的实施意见》，为高校创新创业教育工作提供了行动指南[1]。然而，与欧美等国的创新创业教育“产学研一体化”的教学模式相比，我国高校创新创业教育体系还不够完善[2]，创新创业理论有余而实践不足。为应对这种不足，当前，各大高校都在大力推行大学生创新项目、学科竞赛等，为培养创新创业型人才提供了平台。创新的根本在于独立思考，以及时间和经验的堆积，而在大学生创新项目的具体实施中，往往出现学生参与时间较短且积极性不足的问题[3]；在学科竞赛方面，因高质量的项目并不多，能够参与学科竞赛的学生很少。

---

* 基金项目：2020 教育部高等学校创新方法教学指导分委员会创新方法学科建设与研究专项规划项目（项目编号：TJ2021496181）。

作者简介　高芙蓉，同济大学医学院讲师，博士。
徐国彤，同济大学医学院教授，博士生导师，博士。
吕立夏，同济大学医学院教授，博士生导师，博士。

创新非一朝一夕所能完成，创新非空中楼阁。在对大学生创新能力的培养中，科研项目无疑是有效的一种方式，而学科竞赛不仅是科研水到渠成的结果，更是进行创业的一次绝佳的演练。如能将二者有机结合，将极大提高高校对大学生创新创业能力培养的效果。2018 年诺贝尔生理学或医学奖获得者，国际著名日本免疫学家本庶佑总结了 6 个 C，即好奇心（Curiosity）、挑战（Challenge）、勇气（Courage）、专注（Concentration）、持续（Continuation）和自信（Confidence）。我们的学生不缺乏好奇心，也不缺乏应对挑战的勇气，缺的是专注力和持续的投入。如何调动学生的积极性，让学生真正投入到科研项目中并实现商业转化是我们医学院一直探索的课题。

下面以 2020 年第十二届“挑战杯”中国大学生创业计划竞赛金奖项目“纤清注射液”为例，总结我院对医学生创新创业能力培养的探索。

一、科研项目

（一）确定导师

医学生具有“健康所系，性命相托”的使命，他们有着治病救人的热忱，与临床疾病相关的科学研究更能激起他们的崇高医学使命，也更能激发他们的热情。然而，科研过程是枯燥且是充满挫败的过程，加之医学院出名的课业繁重，要坚持是很难的一件事，没有一心所向的热情是很难坚持下来的。所以，确定学生愿意为之付出所有课余时间的研究领域是至关重要的，而研究领域又与导师相关。所以，我院培养体系的第一步就是通过本科生导师制确定导师。学生通过医学院导师库中各导师的研究内容简介，选择自己感兴趣的领域，进而确定导师。在“纤清注射液”项目中，团队负责人陈弈在学院组织的义诊和敬老活动中，接触到了眼盲群体，被其无助、茫然的情绪所打动，然后在导师库中看到有做视网膜变性疾病治疗的导师，当即与导师取得联系，开始了其长达 4 年的科研学习之旅。

（二）确定科研项目

确定导师容易，但在确定具体科研项目时就比较难了。参与科研课题的大多是大二的学生，对于科学研究接触得很少，不仅对相应科学领域的了解很少，而且也缺乏基本的科研技能和素质，没有独立提出课题的能力。所以，确定导师后，导师并不会立即给学生确定课题，而是让学生开展为期半年的相关研究领域的文献阅读和实验基本技能的学习。在这一时期，学生每周向导师汇报文献阅读和实验情况，在导师的帮助下，逐步理清科研思路，确定科学问题。在本项目中，陈弈等同学阅读了大量有关视网膜变性疾病如年龄相关性黄斑变性、增殖性视网膜病变（Proliferative Vitreoretinopathy，PVR）的发病机制及治疗的综述和研究文章。这些疾病无一例外会造成患者视力下降直至失明。视网膜下的视网膜色素上皮细胞(Retinal Pigment Epithelial, RPE)发生上皮间质转化(Epithelial-Mesenchymal Transformation, EMT),即纤维化是这些疾病发生的关键因素。多年来,人们进行了大量的研究来治疗这类视网膜疾病,但结果并不令人满意。抑制或逆转 RPE 细胞的 EMT 可能是治疗这些疾病的一种有前途的治疗策略。于是,陈弈等人设计出"小分子组合逆转视网膜色素上皮细胞上皮间充质转化的探究"项目,在进行初步的细胞层面的预实验后,以此项目申请并获评 2018 年国家级大学生创新项目。

(三)科研项目的实施

由于医学本科生课业繁重,课余时间有限,在课题的开展阶段,由项目负责人自行统筹安排组员开展实验,而不是导师安排,增加学生的主人翁意识,提高自主能力,发挥学生的积极主动性。每周末开展一次由导师和项目成员共同参与的小组会议。在会议上,学生就前一周的实验数据、研究得失向导师汇报,导师则指导学生对结果进行深入分析,指出实验中可能存在的问题并给出改进建议。学生根据老师的意见,安排下一周的工作。通过每周一次的组会,导师能够充分参与课题,协助学生克服科研中的困难,从而保证了课题的顺利进行。科研过程中,经常会遇到很多问题,而怎样解决这些问题对于培养学生的独立思考能力是非常重要的。导师要抓住这种机会,不要直接告诉学生解决方法,而应鼓励、指引学生去查阅相关文献,由学生提出解决方案,然后导师给出必要的修正。问题的最终解决将会极大地激发学生的自信,使他们愈挫愈勇。

(四)论文和专利撰写

在项目完成后,由学生完成专利的撰写。考虑到学生的专业背景知识尚不全面,由导师完成英文论文的关键部分,如题目、摘要、背景介绍、结果与讨论,而学生主要完成实验方法的撰写。论文成文后,要求所有参与人都认真阅读并提出自己的建议,以此来培养学生英文学术论文的写作能力。本项目最终发现了能够逆转 RPE 细胞的 EMT 的小分子组合,受邀参加 2020 年国际顶级眼科学年会——美国视觉与眼科技术年会(ARVO)的大会报告,申报专利一项(申请号:202010779042.5),以本科生陈弈为第一作者在眼科学基础排名第一的权威杂志 *IOVS* 上发表了一篇 SCI 科研论文[4]。

二、学科竞赛

学科竞赛的主角是学生,导师此时要"无为而治",只需在学生需要时给予适当的帮助,比如帮助学生联系临床试验的医院,充分发挥学生的主观能动性。竞赛的基石是前期的研究成果。此时充分发挥学生的能动性和创造性,对研究成果进行实践转化。学生通过双创课程提供的"多学科交叉"的小组学习方式,联合经济管理学院、设计与创意学院、艺术与传媒等多学院的同学,对项目创意进行初步落地模拟路演。多学院的组成可以帮助理清创业逻辑,一般是:社会背景—社会痛点—我们的理念—优势/竞品分析—项目成果与市场前景—未来发展与商业财报—愿景。多学院的组成,能够在多个逻辑点做到有专业人员把关。

在比赛的过程中,实验室、学院、校团委和双创学院都起到了关键性的作用,是比赛成功最需要的 4 个助力因素。实验室为成果的产出提供了平台,任何比赛想取得好名次都需要有好的实验产出作为支撑,在产出的过程中,导师的指导、实验室的硬件条件是项目的基石。利用好实验室的硬件条件、在导师的指导下有所产出,这是最重要的一点。

其次是学院和双创院层面,学院和双创院对于大赛的组织积累有多年的经验,能够发现项目的亮点与不足,根据学院和双创院的建议对项目进行优化,实现科学研究到商品化的转化。此外,在比赛过程中,双创院会组织多轮专家评审并对项目进行指导,这也是项目提升的绝佳机会,能够找出项目可能的漏洞与不足并加以弥补。

最终,我们的项目产品纤清注射液——一款在治疗视网膜下纤维化疾病上有突出疗效的新型小分子药物,它是拥有国人独立知识产权,具有引领作用的原创新药,其研发处于国际领先地位,是靶向定位关键病理靶点的小分子药物。在基于导师、学院、双创学院的联合协同、全程化的指导下,学生团队凭借"纤清注射液"项目斩获包括第 12 届"挑战杯"全国金奖在内的国家级奖项 2 项、省部级奖项 3 项、校级奖项 5 项。同时学生自身也在项目培育过程中实现了双创思路、对比思考等能力的提升,项目成员获得国家奖学金、同济五四青年奖章、追求卓越学生奖、优秀毕业生称号等诸多荣誉。

教育的本质是自我教育,而自我教育其实是人的本能,每个人都有向上的欲望。创新创业教育应适应学生的兴趣和内驱力。培育学生双创兴趣,提升学生双创思维,全程孵化双创项目,使学生在双创过程中实现成长,这是医学的双创教育理念,也是医学院的双创特色,获得了较好的教育成果。

参考文献

[1] 李珂.创新创业教育的国际比较与借鉴[J].自然辩证法研究,2017,33(9):73-78.

[2] 李孟贾,霍楷.国际一流大学创新创业教育前沿理论与案例研究及启示[J].创新创业理论研究与实践,2021,4(8):7-10+26.

[3] 覃东欢,许伟,王丹.大学生课外科技创新活动的实践及创新能力培养研究[J].高教学刊,2019(25):25-27.

[4] Chen Y, Wu B, He J F, et al. Effectively intervening Epithelial-Mesenchymal Transition of Retinal Pigment Epithelial cells with a combination of ROCK and TGF-β Signaling Inhibitors[J]. Investigative ophthalmology & visual science,2021, 62(4): 21.

同济体育“创新创业综合实践基地”构建*

◎ 卢天凤 孙婧瑜

摘　要　同济体育“创新创业综合实践基地”依托同济大学医学、工学、理学等优势学科资源，重点突出体育学与其他学科的交叉应用，更加注重提升学生的创新能力，逐步建成以体育精神培育、运动技能发展、体育科学项目孵化为一体的共生型同济体育创新创业教育生态系统，在人才培养理念、机制、模式等方面持续创新，以期在体育学领域创新创业舞台上取得具有同济大学特色的佳绩。同济体育“创新创业综合实践基地”为同济大学高层次体育人才创新实践能力的培养提供新模式，同时为同济大学创新创业学院及其他跨专业创新创业类学生提供“学科交叉＋体育理念＋运动技能”三位一体式的培养方案，为学生今后的创新创业之路打下坚实基础。

关键词　同济体育　创新创业　综合实践基地　交叉课题　体育产业

一、同济体育创新创业实践基地的发展

体育是社会发展和人类进步的重要标志，是综合国力和国家软实力的重要体现[1]。体育产业创新创业对提升中国体育国际影响力具有重要的意义。根据国家、学校对人才培养的要求，坚持立德树人，以一流创新创业教育助力创新驱动发展，激发基地学生、教师的主动性和积极性，形成创新驱动、师生共创、技术转化的具有同济大学体育学科特色的双创教育系统。同济体育“创新创业综合实践基地”为同济大学在校师生投身体育产业、实现创新创业理想，搭建了理论与实践相结合的技能展示平台。

同济体育“创新创业综合实践基地”从 2009 年起进行建设，建设伊始定位为：服务于同济大学在校生的身心健康。经过 9 年的建设，基地从体育课程目标定位、体育课程内容体系

---

* 基金项目：同济大学研究生课程思政建设项目（2021KCSZYJ22）；同济大学研究生课程思政示范课程（2021KCSZKC24）。

作者简介　卢天凤，同济大学体育教学部副教授。
孙婧瑜，同济大学体育教学部副教授。

的设置、体育师资培养、学生锻炼自主性的塑造、学生课内外锻炼一体化、信息化校园建设等方面进行理论与实践探索,逐渐形成了“体育与文化并重、体质与人格共铸”的体育教学特色,培养学生积极参加体育锻炼、体育竞赛、“终身体育”的意识,逐步提高学生的体质健康水平。2018年起,基地根据国家、学校对人才培养的要求,同时总结和借鉴了以往各期基地建设的成果和经验,对创新基地的建设目标进行了重新梳理。新一期的同济体育“创新创业综合实践基地”在服务师生身心健康的基础上,以创新创业教育助力基地发展,激发基地学生、教师的主动性和积极性,形成创新驱动、师生共创、技术转化的具有同济大学体育学科特色的双创基地。同时,“体育学创新创业综合实践基地”拥有多项成熟的“体育类”实践活动平台(图1):“同济世联行深潜赛艇会”“爱脊柱瑜伽工作坊”“运动与健康知识竞赛”及高水平运动队的科技攻关服务等特色品牌活动。该系列活动丰富了学生的课余生活,同时为学生运动健康促进提供了良好的条件,也提高了学生参与体育锻炼的意识,有利于形成大学生自觉自愿参加体育锻炼的良好氛围。目前,同济体育“创新创业综合实践基地”的定位转变为:在服务师生身心健康的基础上,为师生投身体育创新科研、实现体育创业理想,搭建理论与实践相结合的技能展示平台。

(a) 同济世联行深潜赛艇会　　(b) 爱脊柱瑜伽工作坊　　(c) 运动与健康知识竞赛

图1　基地实践活动建设

2021年起,同济体育“创新创业综合实践基地”进一步瞄准国内一流体育创新创业实践基地的建设目标,依托同济大学医学、工学、理学等优势学科资源,重点突出体育学与其他学科的交叉应用,更加注重提升学生的创新创业能力,培养学生参与体育学领域创新科研的自信心,激发对体育学领域创业的激情。

二、构建体育“创新创业+”拔尖人才培养模式

体育学是一门综合性应用学科,因此,对体育学领域创新实践能力的培养是整个体育学人才培养工作的核心和关键,也是创新型人才培养的前提和基础。但目前尚无针对体育学专业大学生创新实践能力培养的一套成熟的理论体系。同济创新实践基地对人才培养目标进行了重新定位:在培养学生实践能力的同时,提升其创造能力;在培养学生就业能力的同时,提升其创业能力,从而为同济大学高层次体育人才创新实践能力的培养提供新模式。

借助同济大学“明星运动员学生”的影响力，辐射周围同学，形成“健康、运动、阳光、未来”的同济大学校园体育文化氛围。“明星运动员学生”既包括目前在读的知名体育明星，也包括从体育社团中走出来的学业、体育并重的卓越学生。发挥他们在社会及校园产生的广泛影响力，使他们成为同济大学的优质形象代言人。同时，充分运用高水平运动员经管学科背景，在体育政策、体育产业发展、体育文化建设和传承等领域开展特色化的创业项目建设，深入挖掘“明星运动员学生”的创业价值。

另外，创新实践基地不但在提高基地学生创新能力、激发科研积热情等方面起着重要的作用，还能够带动本科生实践教学，对课堂的教学效果进行检验，从而发挥其实践功能、创造功能及教学功能[2]。因此，以双创理念为指导，对校内、外体育学领域创新实践基地进行重新构建，加强产学研合作，是培养创新型、应用型高水平体育人才的重要途径，也是提升基地学生专业能力和未来职业能力，提高学校体育科研、服务与科技转化能力的主要方式，最终提高基地学生的就业竞争力。为同济大学创新创业类学生提供“学科交叉＋ 体育理念＋运动技能”三位一体式的培养方案，为跨专业学生今后的创新创业之路打下坚实基础。因此，用双创理念指导大学生创新实践基地的建设(图 2)对高水平体育学领域人才及创新创业类人才培养具有重要的意义。

(a) 2021年体育学双创项目申报动员会　(b) 体育学创新基地成果展览周　(c) 2019—2020体育学双创项目结题答辩会

图 2　体育学双创项目

三、构建“课程—实践—竞赛”高效对接的同济体育“创新创业教育生态系统”

近年，基地不断探寻大学生在体育学创新实践能力培养中的薄弱环节，以双创理念为指导，依托创新实践基地为平台，带动实践教学改革(使学生及时将理论知识运用到实践中去，并以实践为手段进一步检验理论学习)，最终从实践基地建设到实践教学改革对体育学人才培养模式进行重新构建，从而为高水平体育人才创新实践能力的培养提供新的思路。

依托同济大学综合学科平台优势，继续加大基地交叉型人才培养力度，为全校师生体育学领域的相关课题及创业项目研究提供实践平台[3]。在体育器械研发、运动生物医学、高水平运动员科研攻关服务等方向形成具有同济特色的基地建设。

继续完善已开设的体育学创新创业类选修课程的师资建设及课程建设，新建1门体育学创新创业类必修课程，服务于同济大学双创项目的多专业融合[4]。打通现有的同济大学体育学创新基地国际交流通道，增强基地学生国际化视野，进一步提升项目研究成果。

以"体育学研究生＋高水平运动员＋体育社团学生"为核心团队，着手成立同济大学"体育家园"健康师团队。通过定期开展科学健身、运动营养、体能训练、伤病防护等多样化服务内容，为在校师生及周边居民提供集中式讲解与个性化指导相结合的实践服务。通过微信公众号，推送运动健康线上服务内容，延伸服务项目的功能场景。依托学校创新创业教育体系，把"同济体育家园"作为双创教育和产教融合的重要平台，推动成立一批以学生为主体的体育创意服务企业和智能设备研发企业，研究构建"可复制、可推广"的运动健康公共服务供给模式。

积极孵育并组织基地项目参加"互联网＋"、全国大学生体育产业创新创业大赛等高水平竞赛，以竞赛促进基地双创项目及社会实践的成果输出。

四、体育创新产研共同体的建立

构建基于校企合作的产研共同体是促进知识成果转化和应用、推动协同创新的重要依托和手段，是创新创业教育由理论走向实践的必要环节和必经之路。基地将进一步依托体育教学部运动与健康研究中心、体育人文研究基地、体质健康测试中心等科研平台，孵育全方位、宽领域、多层次的双创课题及学科竞赛；继续与同济大学兄弟院校开展交叉课题的合作研究；与上海市体育科学研究所、上海市竞技体育训练管理中心、同济大学附属养志康复医院、同济大学附属第一人民康复医院等单位建立长期合作关系，拓宽基地平台范围；与日本大阪教育大学、西班牙马德里理工大学、英国拉夫堡大学建立中长期战略合作关系，构建国际化的创新基地教学实践综合平台。

参考文献

[1] Rick Snyder. Managing creativity on innovation[M]. Boston: Harvard Business School Press, 2008.

[2] Everett M Rogers. Diffusion of innovations (fifth edition) [M]. New York: Free Press, 2003.

[3] 孙婧瑜，卢天凤.基于健康中国战略下体育与健康教育的体医融合平台建设探究[J].教育现代化，2020, 7(7):73-74＋85.

[4] 孙婧瑜，卢天凤. 基于 TRIZ 理论的高校体育健康理论课程体系改革与创新[J].中国多媒体与网络教学学报，2020(3):120-121.

材料科学与工程学院创新创业教育工作浅析

◎ 王凌凌　李　楠

摘　要　近年来，材料科学与工程学院学生在创新创业工作中取得了一定的成绩，学院逐步形成了较为完备的课程支撑体系、专业指导教师队伍以及学院大学生创新实践基地的有效管理机制。本文对学院的创新创业教育工作进行了阐述，并提出了一些改进建议。

关键词　大学生创新创业　课程　指导教师　创新基地

在学校本科生院和学院党委领导下，近年来，材料科学与工程学院形成了较为完备的创新创业课程支撑体系、专业指导教师队伍以及学院大学生创新实践基地的有效管理机制，全方位持续支持学生参与各项创新创业活动以及学科竞赛，逐步建立起校级、市级、省部级、国家级以及国际级的创新创业竞赛格局。材料科学与工程学院学生近年来参与了多项国家级、省部级以及学校级别的创新创业项目，取得了较为优异的成绩。

一、建立学生创新创业的课程体系，有效支撑创新创业人才培养

目前，材料科学与工程学院仅有一个本科专业，即材料科学与工程专业。本专业以坚持传统材料高新化、大力发展新材料之“两轮驱动”为学科发展特色，根据本专业学生的市场定位、培养目标和毕业要求，以及工程专业认证及材料类专业补充标准要求，形成了完整科学的课程体系，涵盖理论教学环节包括数学与自然科类、工程及专业相关类、工程实践与毕业设计、人文科学类课程。课程体系设置特点包括以下四个方面。

(1) 强调数学与物理、化学等自然科学类课程的重要性，确保学生能够应用数学与自然科学的基本原理，解决材料与工程领域的复杂工程问题。

作者简介　王凌凌，同济大学材料科学与工程学院党委副书记，讲师，硕士。
李楠，同济大学材料科学与工程学院团委书记，讲师，博士。

(2) 强化工程基础类和材料专业类课程的教学,通过工程基础类课程的传授培养学生具备解决复杂工程问题的一般技能,通过材料专业基础类课程教学奠定学生在材料科学与工程领域的专业基础,通过建筑材料、无机非金属材料、金属材料、高分子材料及复合材料等专业方向的分方向教学,培养学生在材料科学与工程领域解决复杂工程问题的专业能力。

(3) 通过实验、材料工艺及工程设计、实习教学等手段培养学生认知理论教学在工程实践中的应用并得到锻炼,通过毕业设计(论文)全方位培养学生的动手、创新和解决材料科学与工程领域复杂工程问题的能力。

(4) 通过人文与社会科学类通识教育课程的开设,培养学生在从事材料科学研究及工程实践时拥有所需的理想信念、语言、经济、环境、法律、伦理等基本知识,服务于社会。

学院注重系统规划支撑学科竞赛的相关课程,有效保障学生各类创新活动和学科竞赛的参与,对各类课外创新活动提供了有效的支持(表1)。

表1 支撑创新创业的专业课程

序号	学科竞赛项目	主办部门	已开设相关课程
1	混凝土设计大赛	中国混凝土与水泥制品协会	"土木工程材料""建筑结构材料及制备工艺""建筑功能材料""材料检测技术""材料专业实验""材料工程设计""材料工艺设计"
2	全国高校无机非金属材料专业基础知识大赛	教育部高等学校无机非金属材料工程专业教学指导委员会	"无机非金属材料学""无机材料物理性能""无机材料物理化学"
3	全国大学生金相技能大赛	教育部高等学校材料类专业教学指导委员会	"金属材料学""金属材料热处理原理""金属材料制备工艺及设备""金属材料力学性能"
4	全国大学生微结构摄影大赛	中国材料研究学会、上海显微学学会、上海交通大学主办	"材料研究方法""材料纳微米结构研究方法""纳米材料与技术"
5	上海市先进材料创新创意大赛	上海市教育委员会	"材料科学基础""材料研究方法""材料专业实验""材料工程设计""材料工艺设计"
6	中国大学生高分子材料创新创业大赛	中国石油和化学工业联合会,中国化工教育协会	"高分子物理""高分子化学""高分子材料学""高分子成型工艺""高分子成型机械与设备"
7	中国大学生高性能复合材料科技创新竞赛	中国化工教育协会	"高分子物理""高分子化学""复合材料学""复合材料力学与结构设计""复合材料加工工艺与设备"
8	土木工程材料创意设计大赛	同济大学材料学院	"土木工程材料""建筑结构材料及制备工艺""建筑功能材料""材料检测技术""材料专业实验""材料工程设计""材料工艺设计"

学院鼓励学生通过创新活动和学科竞赛认定创新学分，创新学分认定实现了创新活动在本科生中的全覆盖，其中学生年总参与学科竞赛人次 50%左右(每届 110 名左右)，学生参与比率见表 2。

表 2　学生参与学科竞赛以及参与度

序号	项目名称	主办单位	学生参与度
1	ASCE 美国土木工程师协会轻舟赛	国际级	30%
2	全国大学生混凝土设计大赛	国家级	10%
3	全国高校大学生金相大赛	国家级	10%
4	全国大学生微结构摄影大赛	国家级	10%
5	全国高校无机非金属材料专业基础知识大赛	国家级	10%
6	中国大学生高分子材料创新创业大赛	国家级	10%
7	中国大学生高性能复合材料科技创新竞赛	国家级	10%
8	上海市先进材料创新创意大赛	省部级	10%
9	同济大学土木工程材料作品设计大赛	校级	20%
10	同济大学土木工程材料知识竞赛	校级	30%
11	科思创同济大学生创意大赛	校级	15%

近五年来，材料科学与工程学院学子在创新项目以及省部级以上学科竞赛中荣获越来越多的奖项。其中创新项目如下：

2016—2017 学年国家创新项目 4 项，上海市创新项目 5 项；第十二期大学生创新实践训练计划(SITP12)24 项；

2017—2018 学年国家创新项目 7 项，上海市创新项目 6 项；第十三期大学生创新实践训练计划(SITP13)29 项；

2018—2019 学年国家创新项目 6 项，上海市创新项目 6 项；第十四期大学生创新实践训练计划(SITP14)30 项；

2019—2020 学年国家创新项目 7 项，上海市创新项目 6 项；第十五期大学生创新实践训练计划(SITP15)20 项。

每年申报创新项目占全校前列，近五年来材料科学与工程学院大学生主要学科竞赛成果见表 3。

表 3　材料科学与工程学院大学生近年主要学科竞赛成果

获奖时间	竞赛/奖项名称	获奖等级	授奖部门
2015.5	第 36 届世界头脑奥林匹克竞赛(大学组)	冠军	国际世界头脑奥林匹克协会

（续表）

获奖时间	竞赛/奖项名称	获奖等级	授奖部门
2015.11	第十四届“挑战杯”全国大学生课外学术作品竞赛	特等奖	教育部、团中央
2017.11	第十五届“挑战杯”全国大学生课外学术作品竞赛	上海赛区特等奖、全国总决赛二等奖	教育部、团中央
2019.11	第十六届“挑战杯”全国大学生课外学术作品竞赛	全国大学生竞赛三等奖、上海赛区一等奖	教育部、团中央
2017—2019	美国 ASCE 土木工程大学生竞赛轻舟赛	太平洋分赛区第一，全美第四	美国 ASCE
2018.11	全国大学生微结构摄影大赛	一等奖	全国显微学会
2018.11	全国大学生微结构摄影大赛	优秀组织奖	全国显微学会
2018.8	2018“苏博特”杯第五届混凝土材料设计大赛	一等奖	混凝土协会会
2017.5	“2017 年同济大学追求卓越奖励基金”	卓越奖	同济大学
2019.5	“2019 年同济大学追求卓越奖励基金”	卓越奖	同济大学
2018—2020	材料大学生创新基地优秀基地	优秀基地	同济大学
2019.12	第五届中国互联网大学生创新创业大赛	优秀组织奖	同济大学
2021.5	“2021 年同济大学追求卓越奖励基金”	卓越奖	同济大学
2020.10	上海市大学生新材料创新创意大赛	一等奖	省部级
2016—2021.5	同济大学学术先锋	学术先锋	同济大学

二、依托材料科学与工程学院大学生创新基地，培育管理优秀项目

学院自 2009 年成立材料科学与工程学院大学生创新基地以来，各项创新工作井然有序、成绩喜人，无论是在项目运行管理工作还是创新成果产出上都有了很大提升。

创新项目作为创新培养体系的重要组成部分，同时也是学院其他各类科技创新活动和学科竞赛作品的坚实基础，其质量直接影响学院创新人才培养的效果和质量。创新基地成立 12 年来，学院根据实际工作中出现的新情况、新问题，逐步建立了比较完善的创新项目管理机制，建立了多项管理办法和规章制度(如《同济大学材料科学与工程学院本科生创新能力与拓展学分认定管理细则》《材料科学与工程学院大学生创新俱乐部制度》等)，规范了各类科技创新项目的申报和管理，有效提升了创新项目的培育管理质量，当前，创新基地成为了培育优秀科技创新项目的蓄水池。

过程管理至关重要，细节决定成败，我院创新基地在注重申报和选题质量的同时，更加注重项目过程管理，在项目进行过程中不定期收取实施方案、项目进度、阶段成果等，在中期考核之外对项目加强管理，保证项目完成质量。同时学院创新俱乐部为进行中的每个项目配备了联络员，定期联系创新项目成员，督促其按时完成开题、中期检查、结题等工作，并及时向学院反馈存在问题的项目，以便能尽早解决问题，帮助项目顺利完成。学院创新俱乐部定期开展创新项目交流会，邀请往届优秀项目负责人以及优秀指导教师为正在进行项目以及准备申报项目的同学举办政策指导、研究方向、经验交流等方面的讲解，受到同学们的热烈欢迎。

学院鼓励同学以所申报或已完成的科技创新项目为基础参加各级各类创新竞赛活动，同时挖掘更多优秀的科技创新项目参与到学科竞赛、创新创业等各个方面。结合本科生导师制、同济—拜耳实践培训计划、学院混凝土轻舟队建设以及与大学生创新相关的课程等计划的组织实施，本科生的创新能力培养得到100%全面覆盖，创新体系的培养使得同学们得到更多的锻炼和收获。

学院大学生创新俱乐部是学院创新基地的学生管理组织，工作内容包括创新项目课题征集与发布、组织集中统一答辩、布置各级各类创新计划项目申报、开展相关创新宣传活动等。创新俱乐部为学院大学生创新能力培养工作提供服务和保障，期间曾被评为教务处“科创先锋俱乐部”，创新俱乐部的工作也获得了学院领导和广大师生们的好评。

三、发挥学院雄厚师资，构建优秀创新创业指导教师队伍

材料科学与工程学院师资力量充足，每届本科学生与专业教师配比近1∶1。学院大学生创新基地成立之初就建立了创新导师库，在学生创新项目、学科竞赛、混凝土轻舟队建设等方面配备了优秀的指导教师，为同学们的创新能力培养保驾护航。经过多年的实践，逐渐形成了一支责任心强且勇于担当的创新指导教师队伍。学院为了鼓励创新创业指导教师，建立了奖励机制，促进了创新创业指导教师队伍不断壮大，同时，指导教师们不仅对学生的创新创业项目进行指导，也对同学们的学习、思想、生活、就业等方面开展教育，为创新人才的全面发展提供了全方位的支持。

此外，学院创新教师队伍近年来逐渐开展了一些研究，比如近年我院杜建忠教授撰写了《推进大学生创新创业教育的研究与探索》，任天斌教授撰写了《新材料创业人才培养体系的建立与实践》，景镇子教授撰写了《培养创新是高校的责任与使命》，袁伟忠教授撰写了《材料专业大学生学科竞赛对创新人才培养的实践与思考》，朱洪波副教授撰写了《同济大学材料学院SITP实践十年总结》等报告或论文，都对推进学院和学校的创新和创业工作提供了宝贵的意见和建议。大家一致认为，作为高校的教育工作者，如何响应国家的号召，在学生创新创业教育中发挥教师们的积极作用，要因人而异，因时而异，因势而异，同时还要

很好地理解教学、科研、教育、创业和育人之间的关系，这些都是非常有意义和值得深究的。

四、创新创业联动发展，培养全方位创新人才

材料科学与工程学院在学科建设、师资队伍、校友资源、创新培养等方面具有得天独厚的优势和特长，因此将创新融入创业、以创业带动创新的创新创业联动发展成为学院创新基地尝试的重要工作。学院着力做好优秀科技创新项目的前期孵化和培育，同时促进创新项目向创业成果的转化，推选优秀的适合创业的项目进入各类孵化平台和创业竞赛进行锻炼，取得了一定的成果。2016 年 4 月，成铭钊同学带领其团队以“水热固化海砂为低环境负荷的新型建筑材料”这一科技创新项目（第十四届挑战杯特等奖）为基础参加第二届“创青春”全国大学生创业大赛同济大学选拔赛并最终入围金奖；2016 年 11 月郑灵浪等同学荣获“创青春”全国大学生创业大赛实践类金奖，他们的参赛项目也都是来自学院日常的科研项目，并且在获奖以后，相继创立了创业公司，继续使创新项目成果转化为生产力。

近年来，学院努力建设创业人才培养体系，改变大学生的就业观念和择业理念，丰富大学生的创业知识，激发大学生的创业兴趣，并形成一定的创业能力，从而完善大学生的成才模式。今后一段时间，学院还将通过配合学校建立国家、上海市、学校三级联动的科技创新创业训练计划，以材料学院创新俱乐部、同济创业谷和创新工坊合作的具体做法，在学校科技园的支持下，激发大学生科技创新创业的热情，努力实践“科研服务社会”的理念，培养一批具有专业、专心、专注等优秀品质的材料专业创新创业人才，扎根材料领域，精耕细作，精益求精，未来能够在行业内大展身手并推动行业的发展，承担社会责任，使人才培养、科学研究和社会服务三者真正有效结合起来，相互促进。

五、改进学校创新创业工作的意见及建议

（一）完善创新教育课程体系

创新创业活动的基础是课堂，而且是专业课堂和创新创业课堂并举。我校专业课堂建设较为成熟，还应广泛开展创新以及创业教育课堂，积极开发创新创业相关课程。建议课程提倡引导式教学，避免“填鸭式”教学，扩大实践型课程在理论课程中的占比，设置科技创新指导课程，让学生理解创新创业的内涵，重视课程内容的连续性和指导意义，与时俱进、增进交叉学科的互相交流。

（二）鼓励创新创业联动

创新是创业的萌芽，由创新成果带动的创业模式因其专业性和独特性往往在市场中具

有很强的竞争力,也具有很好的发展前景,能够为市场注入新的活力。而创业是创新的风向标,可以反过来促进创新,根据市场中的最新需求,来设计新的产品。因为创新与创业两者所要求具备的基本素质是大不一样的。创新人才需要具备的是创造性的思维能力、卓越的实践能力和广泛全面的多学科知识储备,而创业人才需要具备专业技术能力、社会交往能力、决策能力以及经营管理能力。如何在培养创新人才的基础上进一步培养出创新创业人才,是我们需要认真思考的问题。

2015 年 11 月,材料学院景镇子教授指导的本科生成铭钊创新项目“水热固化海砂为低环境负荷的新型建筑材料”获得第十四届“挑战杯”全国大学生科技作品竞赛特等奖,该同学毕业后以这个项目为依托自主创业,取得很大进展。通过这种创新创业联动的良性循环,形成可持续的发展体系,也可作为学校创新创业管理的范式。

材料科学与工程学院将配合学校进一步做好学生创新创业教育,培育优质的创新项目,联动创业,协力推动学校创新创业人才培养工作。

跨专业教育对医学生创新能力培养的影响

◎ 苏　娜　任灏文　曹金凤　吕立夏　殷俊锋　周　斌　王　滨　杨文卓　郑加麟

摘　要　跨专业教育(Interprofessional Education,IPE)作为一种行之有效的合作学习方法,被引入"创新方法与创业基础"这门课程,通过对选修该门课程的医学生进行调研,了解IPE对学生创新能力培养的影响。结果表明52.17%的同学对IPE的学习非常认可,15%认为IPE对将来创新思维、创新意识培养非常有帮助;"创新、思维、跨学科、视野、逻辑、活动"等高频出现在医学生对专业教师的词频分析中,即对教师提出了很高的要求。此外通过总结近三年医学生创新教育的成果,发现融入IPE教学理念的"创新方法与创业基础"课程对提升医学生的创新能力有积极作用。

关键词　跨专业教育　医学生　创新能力

一、跨专业教育

世界卫生组织将跨专业教育(Interprofessional Education,IPE)定义为"来自两个或多个专业的学生相互或共同学习,通过有效合作来改善患者健康"。"跨专业"是指学生和实践者(practitioners)在教育和培训过程中均在同一目标下学习和工作,这包含了对话与协商、共识与妥协、理解与尊重[1]。由于全球卫生问题和需求不断上升,卫生保健费用增加,

---

作者简介　苏娜,同济大学新生院济人学堂副院长,讲师,研究生。
任灏文,同济大学医学院本科教学办公室教务员,研究生。
曹金凤,同济大学医学院本科教学办公室主任,助理研究员,本科。
吕立夏(通讯作者),同济大学医学院院长助理,教授,研究生。
殷俊锋,同济大学创新创业学院副院长,教授,研究生。
周斌,同济大学创新创业学院执行院长,教授,研究生。
王滨,同济大学创新创业研究中心副主任,教授,研究生。
杨文卓,同济大学医学院副院长,教授,研究生。
郑加麟,同济大学医学院院长,教授,研究生。

卫生保健相关劳动力短缺，对卫生专业人员贡献的理解和尊重不足，卫生保健系统面临越来越大的压力。IPE 在缓解全球卫生系统面临的挑战方面发挥重要作用。跨专业教育作为一种行之有效的合作学习方法，能够解决医疗服务提供中的碎片化和医疗保健专业人员之间的分离问题，增进医护专业学生之间的相互理解与尊重、提高他们之间沟通协作能力，是培养学生进入卫生工作队伍的关键方法。IPE 已经被一些国际卫生组织推广，作为医疗系统重新设计的一部分，以促进跨专业团队合作，提高患者护理质量，改善健康结果[2]。

IPE 被广泛地定义为一个“教学和学习过程，促进两个或两个以上的医疗保健专业之间的合作工作”。这一概念确定了 IPE 属性和特点，适用于所有健康相关学科，确定了共同目标，并提高了教育工作者、IPE 参与者对 IPE 的整体清晰性、共识性、一致性和理解性的认知。临床上对于疑难杂症的多学科诊疗模式(Multi Disciplinary Team, MDT)是一个 IPE 实践的典范[3]。MDT 是由多个不同学科专家组成相对固定的团队，通过在固定的时间、地点举行会议，综合讨论患者诊疗措施的医疗模式 。MDT 可以针对某种疾病，在考虑所有相关治疗选择的基础上，共同为病人制定合理的、个体化的治疗方案，增强反馈，改善临床效果[4]，同时对于 MDT 参与者也有很大的教育价值[5]。在新冠肺炎疫情期间，疫情防控也是对我国医学教育供给水平和支撑能力的一次“大考”“严考”[6]，疫情之下，涌现出来的体制创新和制度创新，不论是“整建制接管医院”还是《方舱医院中国标准》，都体现了领导力、团队合作与跨学科合作、创新思维与系统思维等在医学教育中的重要性，这些正是 21 世纪医学生具备的基本的技能及职业素养，也是教育部《卓越医师教育培养计划》2.0 的核心内涵。目前 IPE 的研究、探索和实践聚焦于大医学范围内，强调医护合作，医师来自临床科室和医技科室(化疗科、影像科、检验科、病理科等)，IPE 对医学生创新能力的影响尚未见报道。

同济大学的人才培养目标是培养具有“通识基础、专业素质、创新思维、实践能力、全球视野、社会责任”综合特质，成为引领未来的社会栋梁与专业精英。“创新方法与创业基础”是同济大学本科生的一门通识课，学生来自理、工、医、文、法等不同专业，为跨专业学习在该课程的探索提供可能。该课程的通识课属性决定了教师在设计和实施课程时需要改变传统的单一学科、专业课程的设计理念，将 IPE 引入课程设计和教学过程，达到教学目标。

同济大学创新与创业学院通过顶层设计双创教育课程，把 IPE 理念融入课堂教学，鼓励基于 IPE 大学生创新项目的立项及实施，对医学生创新能力的培养起到积极的促进作用，并取得较好的成效。

二、研究方法

(一) 调查问卷

随机选取选修“创新方法与创业基础”课程的一个自然班学生为研究对象，学生来自 2016 级与 2017 级，通过问卷星发放问卷 100 份，回收 92 份。参考 IPE 准备状态量表

(Readiness for Interprofessional Learning Scale, RIPLS)[7],自行设计的调查问卷,涉及IPE经历、意愿、IPE优缺点以及最需要IPE的其他的专业等。同时,开展专门针对医学院的一个问卷调查,向参与本研究的学生提供知情同意书。

(二) 基于IPE理念的教师的教

以1981年斯佩里的分裂脑理论(split brain,大脑两半球的高度专门化以及许多较高级的功能集中在右半球)为切入点,左右脑各有分工,左脑以逻辑思维为主,参与创造过程,而右脑以创意思维为主,贡献创意,这是跨学科组队的理论基础。来自不同学科的学生各自的优势不同,通过组建跨学科团队,能够做到优势互补;其次,把跨专业的代表性的案例引入课堂;第三,作业必须含有跨专业合作的要素。

(三) 基于IPE的学生的学习

基于项目的学习(Project-based Learning, PBL)是本课程主要采取的教学方法。组建跨专业的小组合作学习就是本课程学习的基本形式,要求每个小组由五人组成,同一专业最多两个人,充分利用教学中动态因素之间的互动,促进学生的学习,以团体进行成绩评定,发挥群体的积极功能,提高学生协作与合作能力。其次,引入创新体验学习任务(废物利用),通过团队合作,激发学生创新思维,培养学生实践动手能力。

(四) 基础IPE的大学生科创的政策支持

同济大学双创学院对交叉学科的国家级大学生科创项目开辟绿色通道,跨过二级学院遴选,直接到大学层面申请,为基于IPE的科创项目提供更多的培育机会;同济大学为教师提供学科交叉项目的专项基金支持开展学科交叉的研究。

三、结果

(一) 对IPE认知、态度和需求的调查问卷

调查问卷显示在学生在大学一年级有IPE学习经历的占58.7%(54/92),对IPE学习非常认可的占52.17%(48/92),认可的占41.3%(38/92),不评论的占6.52%(6/92),无反对(图1)。所有参与学生均认为IPE能够拓宽视野、拓宽知识面(93.48%),能够广交朋友(86.96%),集思广益,有助于深度学习(86.96%),高效完成任务(47.83%)、培养包容心(41.3%)、培养同理心(32.62%)、培养领导力(41.3%)(图2),其中认为IPE能够拓宽知识面的占据第一位。对于影响IPE学习效果和学习效率的原因分析中,组员来自不同学院,学习时间不同步占71.74%(66/92),组员对于项目的重视程度不一占60.87%(56/92),个

别组员性格内向,不积极参与占 34.76%(32/92),有的组员从不参与占 4.35%(4/92)(图 3)。IPE 的优缺点的词频云见图 2。

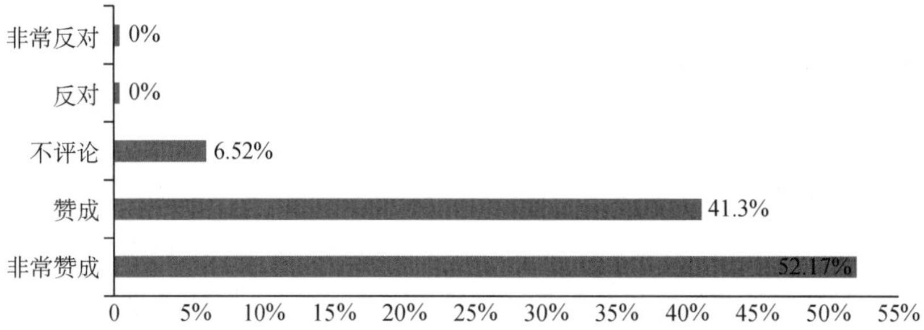

图 1　大学生对 IPE 的接受度

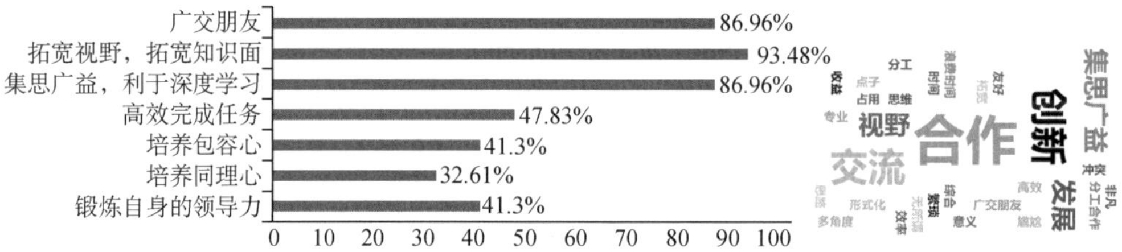

图 2　IPE 的优势分析(2-1)和词频分析(2-2)

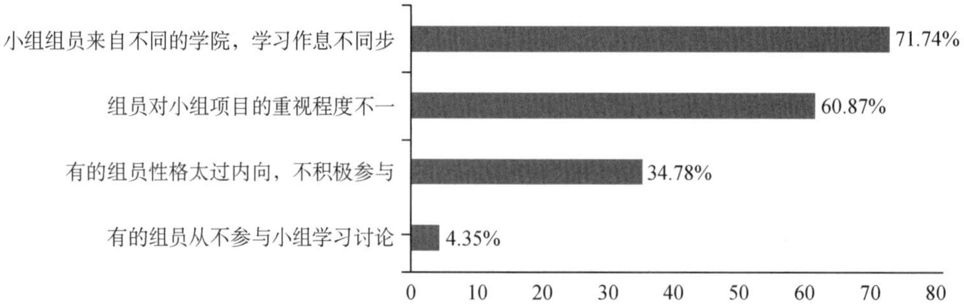

图 3　影响 IPE 学习效率的主要原因

图 4　IPE 的缺点的词频分析

进一步对 92 名学生中的 20 名医学类学生进行问卷调查,认为 IPE 对将来创新思维创新意识非常有帮助的占 15%,有帮助的占 50%,未评论的占 20%,认为没有帮助的占 15%(图 3)。对于医学生申请大学生科创项目,会主动邀请跨专业学生参加的占 80%(图 4),对于医学生邀请跨专业学生的专业的词频分析见图5。

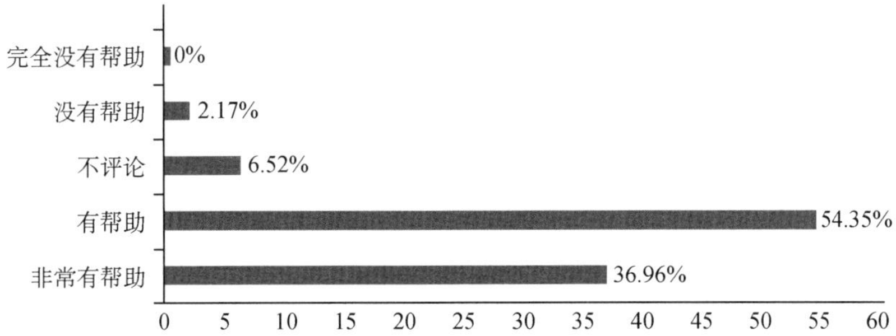

图5 IPE对学生创新能力、创新思维的影响

（二）IPE理念促进医学生创新能力培养

教育的成效在学生。"创新方法与创业基础"作为医学生的通识选修课，学生在课堂上掌握了基本的创新思维和创新技法，IPE理念越来越得到医学生的认可。在双创学院的支持下，医学院学生的科创训练全覆盖（学生主持和参与），其中，2018—2020年医学院立项的国家/上海市大学生创新项目63项，其中学科交叉8项，项目负责人均为医学生（表1）。

表1 2018—2020年医学生立项的交叉学科的国家/上海市大学生项目

序号	课题名称
1	基于卷积神经网络的椎间盘退变分度研究
2	基于九轴传感器技术实现痉挛性斜颈精确评估
3	人机互动视力验光一体化检测仪
4	高尔夫教学技术动作诊断专家系统的研究与开发
5	基于3D打印技术的肺部穿刺活检导板
6	基于机器学习的雄激素性脱发植发疗效预测
7	磁控纳米机器人在小鼠肿瘤治疗领域的研究
8	基于深度卷积神经网络的MR图像腰大肌自动分割研究

以"基于3D打印技术的肺部穿刺活检导板"项目为例，医学生通过早临床、多临床，聚焦肺癌肺癌早期诊断问题。据2019年最新统计，肺癌仍然是我国发病率和死亡率最高的恶性肿瘤。而在肺癌的诊治过程中，肺部穿刺操作十分重要。需要接受肺部穿刺操作的患者设想超过2 000万人。但是由于其操作难度过高，很难在基层医院推广，大多在三级医院开展。据卫健委统计，2019年我国三级医院的数量仅为2 639家，这意味着平均每家三级医院需要接受的穿刺量接近10 000例，实际难以满足广大患者的需求。学生采用同理心画布，分析肺癌患者需求，设想是否可以开发一款产品，辅助没有经验的基层医生，在不依赖CT的情况下，快速、精准地完成肺结节穿刺。通过医工结合（个体CT重建技术3D打印技

术,设计并打印肺部穿刺导板),为肺癌患者的穿刺诊疗提出新解决方案。接着设计临床试验,验证导板安全,临床试验的结果表明,使用导板进行穿刺的精准度不劣于CT引导穿刺,且相比于CT引导更具有技术优势,可以显著降低患者遭受的CT辐射剂量,简化操作流程及缩短医生操作时间。在双创学院和医学院指导下,团队积极参加创新创业比赛,在一次次与其他优秀作品的碰撞中不断完善产品,促进产品的更新迭代,最终形成肺部穿刺智能导航系统。该项目先后获得第十二届"挑战杯"中国大学生创业计划竞赛银奖、第十六届"挑战杯"全国大学生课外学术科技作品竞赛二等奖和第十八届上海市百万青少年争创"明日科技之星"创新作品竞赛一等奖等,该项目也很好发挥了朋辈示范教育作用,对于在大学生中强化IPE有重要的意义。

四、讨论

本文以"创新方法与创业基础"课程为例,尝试将IPE理念融入教学,通过问卷调查以及对近三年医学生创新教育的总结,认为IPE对于促进医学生的创新能力有积极的作用。

在问卷中,大多数问题调查结果相似,在"IPE对于创新能力和创新意识是否有帮助"问题上,我们发现15%医学生认为没有帮助,30%学生对此问题没有评论,而在含医学的所有专业的学生中问卷中,只有2.17%学生认为没有帮助,6.52%学生没有评论(图5,图6),这种差异的产生可能与医学生样本少、医学生负担重没有过多的时间参与IPE合作的项目有关,引起我们的重视。如果医学生组队开展科创活动,最受欢迎的非医学专业有计算机、数学、生命科学、电子信息、经管等(图7),可能与目前"互联网+"的环境、智慧医学的数模建模广泛应用、快速发展的生命科学技术与生物信息技术有关,侧面发映学生科创活动的多学科的交叉融合。在医学生创新能力、创新思维培养上,医学生对专业教师的词频分析中,发现"创新、思维、跨学科、视野、逻辑、活动"等高频出现,学生希望教师能更多开展科创实践、讲授典型创新案例、讲解跨学科案例等(图8),对教师提出了很高的要求。

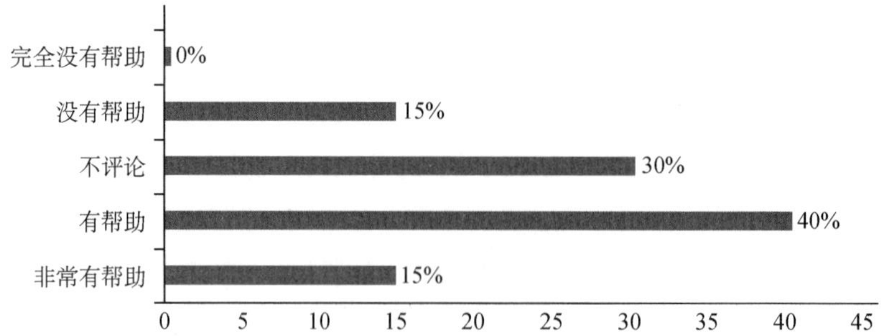

图6　IPE对医学生创新能力、创新思维的影响

图 7　医学生科创小组最希望的 IPE 专业分布

图 8　医学生对专业课教师的期待的词频分析

葛均波院士说:“医学创新还是要靠医生,医学创新一定来自临床需求,最了解患者临床需求的是医生和医疗机构,最早评估医学创新成果临床使用效果的也是医生,因而医学创新应充分发挥医生的主体作用。”因为加强医学生的创新意识和创新思维是卓越医师培养的目标之一。同济大学经过 110 余年的发展,已经成为一所特色鲜明、在海内外有较大影响力的综合性、研究型、国际化大学,为 IPE 提供了非常好的平台和条件。充分利用同济大学综合性大学的学科优势,加强医学教育的 IPE 理念,开展基于 IPE 的创新实践, 对于培养医学生的创新能力有积极的促进作用。

参考文献

[1] Herath Chulani, Zhou Yangfeng, Gan Yong, et al. A comparative study of interprofessional education in global health care: a systematic review[J]. Medicine, 2017, 96(38):e7336-e7336.

[2] van Diggele Christie, Roberts Chris, Burgess Annette, et al. Interprofessional education: tips for design and implementation[J]. BMC Medical Education, 2020, 20(S.2):455.

[3] Ndoro Samuel.Effective multidisciplin ary working: the key to high-quality care[J].British journal of nursing (Mark Allen Publishing),2014,23(13):724-727.

[4] Stiller C A. Centralised treatment, entry to trials and survival[J].British journal of cancer,1994,70(2): 352-362.

[5] August D A,Carpenter L C,Harness J K,et al.Benefits of a multidisciplinary approach to breast care[J].Journal of surgical oncology, 1993,53(3):161-167.

[6] 闻德亮.由新冠肺炎疫情防控引发的医学教育思考[J].中国高教研究,2020(5):43-47+77.

[7] Ross Reid,David Bruce,Katie Allstaff,et al.Validating the Readiness for Interprofessional Learning Scale (RIPLS) in the postgraduate context: are health care professionals ready for IPL? [J]. Medical Education,2006,40(5):415-422.

面向协作知识建构的混合式学习活动设计

——以大学生创新创业基础课程为例*

◎ 彭贤杰　成　梦　沈　嘉

摘　要　随着经济社会转型和技术结构升级，国家对创新型人才的需求与日俱增，而在后新冠肺炎疫情时代下，线上教育的发展使得高校线上线下混合式教学改革再次成为热点话题。基于此，借助技术手段开发混合式学习活动以促进大学生的创新思维能力培养，提升双创教育的教学质量，成为发展我国高校双创教育的必然要求。本研究以协作知识建构理论为基础，从共享—论证—协商—创作—反思五个环节和课前输入、课中协作及课后输出三个阶段出发，融合线上线下两种学习方式，采用元认知支持，构建面向协作知识建构的"5231"混合式学习活动，为创新创业课程混合式学习活动设计提供可参考的活动设计框架和教学策略。

关键词　协作知识建构　混合式学习活动　元认知支持

一、引言

2020年新冠肺炎疫情暴发成为线上教学发展的契机，同年8月，教育部就秋季高校教学安排做出明确指示，要求高校需积极推进线上线下教学相结合的方式开展教学。随着新冠肺炎疫情逐渐稳定，如何促进高校线上线下混合式教学改革再次成为热点话题。

此外，2020年7月发布的《中华人民共和国国民经济和社会发展第十四个五年规划纲要》也明确指出，我国教育需要发展在线教育优势。高校作为创新型人才的培养主体，通常以大学生创新创业教育课程体系为载体[1]，以此培养具有国际化视野、跨学科背景、创新

---

* 本文系同济大学创新创业教育研究项目"基于协作知识建构的混合式学习活动设计——以大学生创新创业基础课程为例"(课题批准号:2500104052)成果。

作者简介　彭贤杰，同济大学职业技术教育学院党委副书记，副教授，博士。
成梦，同济大学职业技术教育学院，硕士研究生在读。
沈嘉，同济大学创新创业学院能力部主管，助理研究员，硕士。

精神、创业意识,系统掌握创新创业知识和能力的企业领袖人才和创业领导者。同时,大学生创新创业课程的开设作为高校提升学生创新创业能力、培养创新性高素质人才的有效途径之一,其课程目标的有效达成更依赖于教学形式的创新。因此大学生创新创业基础课程教学需要有效结合线上线下教学资源,改进教学模式,创新教学方法,调动学生学习的自主性,以此形成教师主导下学生自主学习的模式。基于此,本文利用信息技术将线上教学与线下教学融合的混合式教学活动设计,有效地达成了高校实施大学生双创教育的教学要求。

为了提高双创教育基础课程的教学效果及大学生的创新创业能力,实现从传统课堂教学转向混合式教学,本研究在混合式学习模式的基础上引入协作知识建构理论,构建了面向协作知识建构的“5231 混合式学习模式”。

二、概念分析

(一)混合式学习

“混合式学习”这一概念出现于 20 世纪 90 年代,最早由何克抗教授引入国内。他认为“混合式学习(Blending Learning)就是将传统学习和数字化或网络化学习(E-Learning)两者的优势结合起来”[2],强调“教师—学生”的双主体作用。在该模式下,教师角色就传统教学模式而言有所改变,更加强调教师的主导作用;而学生的学习方式也不同于之前的被动式学习,更加强调学生学习的自主性和创造性。

混合式学习这一概念的定义从提出至今,学界对混合的定义一直存在不同看法。从要素视角出发,黎加厚将混合式学习定义为通过对教师、学生、教学内容及教学媒体等教学要素的选择与组合,以此实现教学目标[3]。霍夫曼则认为混合式学习是“利用媒体资源对教学内容的混合”。该类定义偏向于要素的混合,在线学习的内容涉及不多。而 Dziuban、Hartman 等则认为混合式学习是一种以学为中心的教学模式[4]。随着对混合式学习定义研究的深入,国外学者认同在线学习在混合式学习中存在的必要性,认为“混合”是指通过面对面学习与在线学习相结合的方式来达成学习的目的[5]。

本研究以大学生创新创业基础课程为载体,该课程的涉及面广、实践性强、知识点繁多复杂,且创新创业能力培养对多个专业、多个层次的学生都具有重要意义。为弥补传统线下教学模式过于单一、知识覆盖面不足等缺点,本研究将混合式学习定义为通过线上线下两种学习方式的混合以达到宽基础、活模块的最终学习目的。

(二)协作知识建构

“知识建构”理论出现于 20 世纪 90 年代,该理论以发展学习社区内的公共知识为目标,认为学生是积极的认知者,须共同承担认知责任[6]。而本研究所提的协作知识建构则是指学生在特定的组织中互相协作、共同参与某种有目的的活动,最终形成某种观点、思想、方法等智慧产品的过程。

本研究以协作知识建构理论为指导。当前关于协作知识建构的研究主要集中于理论研究和过程模型两方面。在理论研究方面,学者们普遍认为知识建构是一个建构的过程,强调社区成员之间的相互协作,其目的是使学习社区形成具有价值的观点或公共知识。而在模型研究方面,都是通过一定研究对协作知识产生过程进行阶段划分,涉及个体或团队的总结反思这几个环节。

表 1　协作知识建构的相关研究汇总表

研究类型	学者	时间	理论/模型
理论研究	Bereiter, Scardamalia[7]	2006 年	知识建构是不断产生与改进社区中有价值的公共知识的过程
	赵建华[8]	2005 年	ISK 模型 协作知识是个体参与到某一社区的特定活动中,通过相互协作而形成的智慧产品
模型研究	Gerry Stahl[9]	2000 年	十一阶段过程
	谢幼如[10]	2008 年	五环节过程模型
	彭绍东[11]	2015 年	三循环模型

由于创新创业基础课程的教学目标是培养学生的创新意识以及传授创新技法,课程学习偏向于理论学习,也更看重学生个体与团队之间的协作学习能力。童慧[12]提出:在混合学习环境支持下,随着时间推移,受试者的行为会从前期单纯的共享逐渐转变至协商、论证以及反思,其最终的智慧产品也会由简单观点的组合转变为协商论证后的共识。基于此,本研究最终采用谢幼如学者所提出“共享—论证—协商—创作—反思”五阶段模型作为模式设计的框架。

(三)有效元认知支持

元认知概念最早出现于 20 世纪 70 年代,由 Flavell 等心理学家提出。对元认知的定义,各个学者间也各有不同。总体而言,元认知可以理解为个体对自己认知过程中的一系列行为进行反思与监控,如监控自我学习进度或反思学习过程中策略选择的恰当与否等。而元认知支持则是指为学习者构建元认知策略而提供的各种学习支持[13],也可以理解为教师在学生遇到问题时为其提供必要的支持,从而达到学习目标和预定效果,并引导其构建相关元认知知识的一种手段。

表 2　元认知的相关研究汇总表[14]

研究内容	学者	时间	理论
元认知	Flavell	1976 年	元认知是个体对自身认知过程的认知
	Brown，Flavell	1983 年	元认知是个体对自我学习过程的管理和监控
	Wilson	1998 年	元认知是个体对自我学习策略的知识和认知

本研究以大学生创新创业基础课程为载体，以培养大学生创新创业能力为目标。其中，创新创业能力指以具体专业知识为基础，以系统的创新创业体系为支撑的应用能力[15]。有研究表明，在实际教学过程当中，实施以教师指导为主的元认知干预可以有效增强学生的元认知知识[16]。桑标等学者也指出，元认知是影响学生学业成绩的重要因素之一，对学生的学习生活起到重要作用[17]。基于此，将有效元认知支持融入混合式学习模式设计中，可以帮助学生有效地提升学习效果。

三、面向协作知识建构的混合式学习模式构建

本模式以混合式学习为理论基础，以协作知识建构的五阶段模型为框架，依托线上平台，采用传统教学模式与在线学习模式相融合的混合式学习模式，将混合式学习分为五个环节（共享、论证、协商、创作、反思）、两种教学环境（线上平台、线下课堂教学）、三个学习阶段（课前输入、课中协作、课后输出）、一种支持手段（有效元认知支持），最终完成基础认知、知识内化、技能训练以及能力应用的转化，简称为“5231 模式”（图 1）。

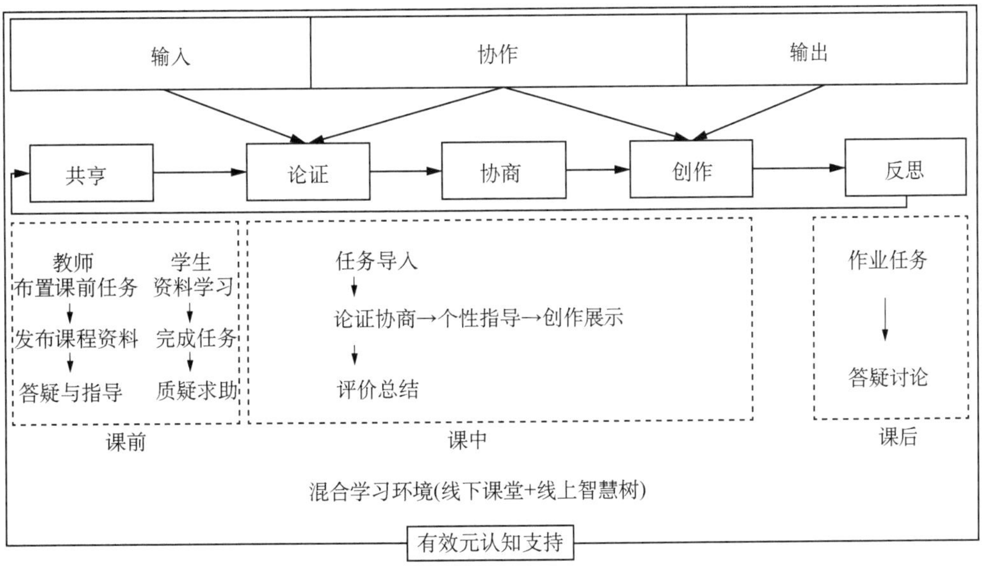

图 1　基于协作知识建构的混合式学习模式

(一) 五个环节

从图1可以看出,协作知识建构要求学习者需要经历"共享、论证、协商、创造、反思"五个环节。在面向协作知识建构的混合式学习模式中,协作知识建构是一个不断循环发展的过程,其五个环节并不局限于某一阶段,而是各个阶段均存在协作知识建构的一个或多个环节。

(1) 共享环节,一方面是基于资源的共享,包括但不限于相关事实、资料或知识的补充;另一方面是基于个人学习成果即对观点、看法、感悟等的共享。

(2) 论证环节以共享环节为基础,小组成员在共享学习成果的基础上进行解释说明,向组内其他成员补充说明自身观点的可靠性,并在听取他人学习成果的基础上进一步完善个人的学习成果。

(3) 协商环节主要是组内成员对所存异部分的同化过程,即通过对存异部分进行讨论、反驳、修改,最终形成统一的小组观点。

(4) 创作环节是小组对组内成果的直观展示,可通过多种形式将协商后的观点或论述概括提炼出来。

(5) 反思环节则是协作知识建构过程中最重要的环节,在该环节需要反思两部分的内容:首先是基于学习成果的反思,在创作环节所展示的内容,师生、生生之间通过讨论发现存在的不足之处,学生通过讨论加深了对学习内容的认识,也实现个体中知识的内化;而针对学习过程的反思,则要求教师指导学生反思在整个学习过程中,既有对学习过程中的任务和目标、学习手段与学习策略的反思,也有对学习进度是否做到有效调控、小组协商论证环节的安排是否合理等的反思,通过对过程的反思,可以有效提升学生解决问题的能力以及提高元认知知识的储备。

(二) 三个阶段

三个阶段以线上平台、线下课堂教学两种教学环境为区分,分为课前输入、课中协作、课后输出三个阶段。课前输入阶段强调学生的自主学习,要求学生能够认真完成课前学习任务,了解本次课的学习内容并掌握部分知识点;课中协作阶段,强调教师与学生之间的协作,更强调学生团队之间的协作交流。在该阶段,教师需要发挥自身的主导作用,通过多种教学手段引导学生实现知识的建构;课后输出阶段强调学生的反思,期望学生通过课后任务的完成实现知识的内化,真正将知识化为己用。

1. 课前输入阶段

在课前输入阶段,为了更好地帮助学习者自主学习相关内容,教师需要对授课班级分析学情并进行教学设计,包括但不限于收集并开发教学资源,如制作课程的学习任务单及知识点图谱、收集符合需要的微视频案例、PPT教学课件以及各种补充性教学资源;教师需要在线上平台上传教学资源(包括视频或补充性资料链接),通过线上平台的班群发布各类学习资料(如学习任务单、知识点图谱等),并开设在线交流的互动平台。此外,教师还可以根据课程教学安排设置半开放性问题,为学有余力的同学适量增加难度,提高其学习兴趣。而学习者首先需要登录线上平台梳理已有的资源,查看学习任务单与知识点图谱,明确课前学习任务及不同知识点的重要程度,随后参考知识点的重要程度完成微视频学习与测试题,检验知识点的掌握情况。若在学习过程中遇到困难,可以查看教师上传的其他教学资源。如通过自主学习依旧无法解决问题,也可通过在线交流平台和老师、同学交流讨论来解决。最后,部分学有余力的同学可针对教师布置的半开放性问题进行交流讨论与思考(图 2)。

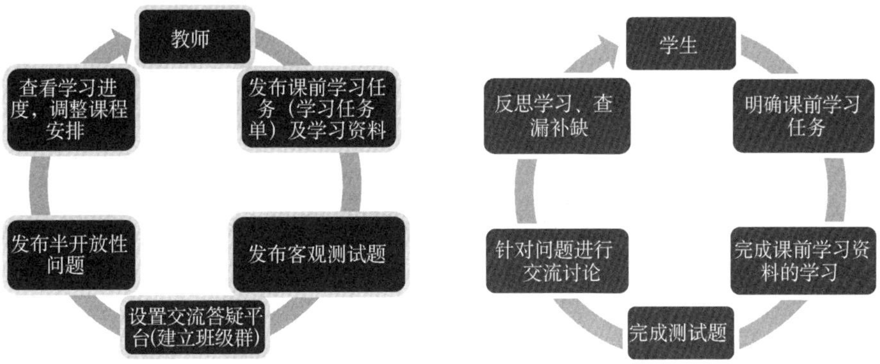

图 2　课前输入阶段的任务

2. 课中协作阶段

在课中协作阶段,教师需要对学习内容进行梳理,并对重点知识进行再次讲解,帮助学生完成知识的复习巩固;随后根据本次教学内容创设特定的学习情境并导入对应的学习任务,引导学生进行任务分析,帮助小组成员厘清论证协商的流程并指导小组展开讨论;教师需要参与学生的讨论并适时给予指导;小组对协商结果进行归纳总结并以多种形式向他人展示最终的学习成果,其他小组根据各组展示的学习成果进行讨论、提出建议或根据他组内容完善小组的学习成果,而教师应对各组展示的成果进行记录,作为对各小组过程性评价的依据;在总结归纳环节,一方面教师带领学生对课堂教学内容进行回顾总结、夯实所学知识;另一方面,教师不仅需要反思教学,不断完善教学设计,也需要引导学生反思(图 3)。

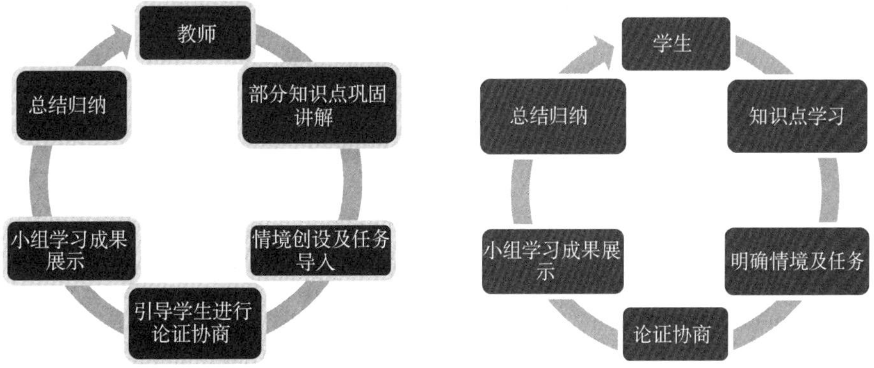

图 3　课中协作阶段的任务

3. **课后输出阶段**

在课后输出阶段,教师需要根据课中协作阶段的具体情况,发布对应的课后任务,该任务包括基于课程内容的开放性题目和学生对于学习过程总结反思,以此帮助学生完成对课程的总结反思;同时,为了保证学生完成开放性题目及总结反思的质量,教师须向学生提供相关辅助性材料(如案例分析的角度、可能用到的资料等补充说明);对于课后任务存疑部分,可向老师求助,也可组内交流讨论。在汇总学习成果后,教师需据此反思并调整教学设计与安排,而学生也需要根据学习成果查漏补缺、夯实基础(图4)。

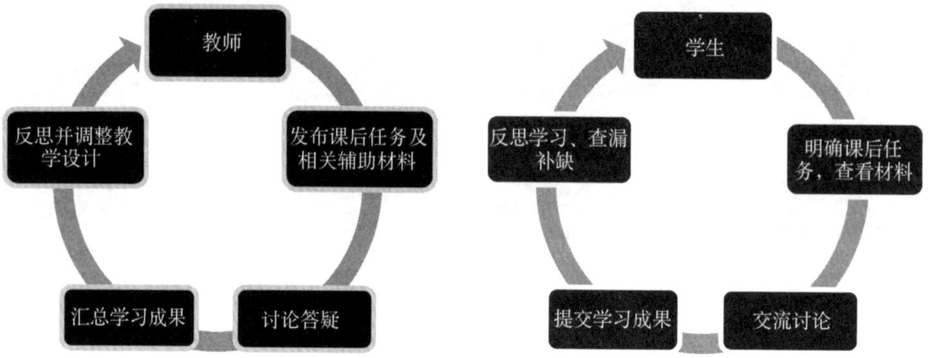

图4　课后输出阶段的任务

(三)一种支持手段

本研究所提的有效元认知支持是指教师在教学过程中,对遇到问题或困难的学生提供必要的支持和帮助,从而引导学生完成学习目标,并在一定程度上帮助他们构建元认知知识。在活动开展前,教师需要向学生介绍相关活动目标、要求等,例如向学生提供标注有知识点重要程度的知识图谱、学习任务单等辅助材料,帮助学生有目的地学习。同时,教师需要根据课程内容及学生特点选择合适的教学策略,进行教学活动设计,以确保活动安排能够吸引学生注意。在活动开展中,教师需要实时监控学生的学习进度并适时提供指导,传授相应的学习策略、学习方法等。而在活动结束后,教师需要针对学生的学习表现等进行评价,并带领学生对学习过程进行反思。

表3　有效元认知支持手段[18][19]

元认知要素	具体因子	支持手段
元认知知识	任务相关	向同学介绍相关学习任务,如课程目标、任务安排,等等
	策略相关	向同学提供相关学习策略,并指导其实践运用
元认知体验	兴趣	活动组织需兼顾同学的兴趣以提升活动的吸引力
	满意	组织总结反思活动,帮助同学直视进步,提升满意度

（续表）

元认知要素	具体因子	支持手段
元认知监控	控制	对活动实施监控，通过引导学生不断学习以保证学习进度
	评价	多方面、多角度、多形式对学生学习活动展开评价

四、结语

该模式以协作知识建构理论为基础，从“共享—论证—协商—创作—反思”五个环节和课前输入、课中协作、课后输出三个阶段出发，融合线上线下两种学习方式构建了面向协作知识建构的“5231”混合式学习活动模式。通过发挥教师—学生的双主体作用，引导学生掌握相关知识，达到预设教学目标、提升自我教育能力和元认知能力，同时提升教师的元认知评价水平，帮助教师逐步成长为专业成熟型教师。然而，本模式对教师能力有着较高要求，需要教师熟悉多种教学手段和方法并能灵活运用，且该模式实施也需要大量的前期准备工作。同时，由于该模型强调学生的自主学习和团队协作学习，因此学生的参与性也是模式能否成功实施的关键因素。

参考文献

[1] 孙文琦，蒙长玉，王文剑.应用型高校大学生创新创业能力培养课程体系研究[J].现代教育管理，2020(7):75-81.

[2] 何克抗.从 Blending Learning 看教育技术理论的新发展(上)[J].电化教育研究，2004(3):1-6.

[3] 黎加厚.新教育目标分类学概论[M].上海:上海教育出版社，2010.

[4] Dziuban C D, Hartman J, Moskal P D. Blended Learning. EDUCAUSE Center For APP lied Res. (ECAR) Res. Bull，2004(7):1-12.

[5] 罗九同，孙梦，顾小清.混合学习视角下 MOOC 的创新研究:SPOC 案例分析？[J].现代教育技术，2014，24(7):18-25.

[6] 张义兵，陈伯栋，Marlene Scardamalia，等.从浅层建构走向深层建构——知识建构理论的发展及其在中国的应用分析[J].电化教育研究，2012，33(9):5-12.

[7] Scardamalia M, Bereiter C. Knowledge building: theory, pedagogy, and technology[M]//Sawyerk. The Cambridge handbook of the learning sciences. Cambridge: Cambridge University Press, 2006:156-173.

[8] 赵建华.CSCL 的基础理论模型[J].电化教育研究，2005(10):12-18.

[9] Stahl G. A model of collaborative knowledge-building[C]//Fourth international conference of the learning sciences. Mahwah, NJ: Erlbaum, 2000:70-77.

[10] 谢幼如，宋乃庆，刘鸣.基于网络的协作知识建构及其共同体的分析研究[J].电化教育研究，2008(4):

38-42+46.
[11] 彭绍东.混合式协作学习中知识建构的三循环模型研究[J].中国电化教育,2015(9):39-47.
[12] 童慧.混合学习环境支持的共场性协作知识建构行为模式研究[J].电化教育研究,2017,38(11):56-62.
[13] 李珍. 基于元认知理论的混合学习活动设计与应用探析[D].昆明:云南师范大学,2013.
[14] 缪佳佳. 学习分析技术支持下的元认知干预实证研究[D].杭州:浙江师范大学,2020.
[15] 孙文琦,蒙长玉,王文剑.应用型高校大学生创新创业能力培养课程体系研究[J].现代教育管理,2020(7):75-81.
[16] 缪佳佳. 学习分析技术支持下的元认知干预实证研究[D].杭州:浙江师范大学,2020.
[17] 桑标,王小晔.元认知与学生学习[J].全球教育展望,2001(12):16-18.
[18] 李珍. 基于元认知理论的混合学习活动设计与应用探析[D].昆明:云南师范大学,2013.
[19] 汪玲,郭德俊,方平.元认知要素的研究[J].心理发展与教育,2002(1):44-49.

附录 “同济教育研究”丛书征稿启事

“同济教育研究”丛书是由同济大学高等教育研究所主编、同济大学出版社出版的教育研究类学术性图书。

“同济教育研究”丛书宗旨是:为高等学校教育教学服务,为同济大学改革与发展服务。图书内容以教育理论和实践研究的论文为主,包括但不限于以下板块:高等教育论坛、比较教育研究、教育基本理论、课程与教学论、教育管理与政策、教育改革与发展、教育技术、思想政治教育、高等学校管理等。

“同济教育研究”丛书的特色是立足中国教育现实,着眼国际学术前沿,坚持理论联系实际,促进学科交叉融合。

欢迎同济大学各学科师生及校外专家学者踊跃投稿!

作者的来稿一般应包括以下几部分:

(1) 标题。一般不超过 20 个汉字,必要时可加副标题。若需补充与论文有关的信息,如课题来源的基金名称、课题名称、项目编号等可以在标题右上角加页下注的方式在页面下方给出。

(2) 作者姓名。列在标题下方,作者信息(如单位,职称,职务等)可以在作者姓名右上角加页下注的方式在页面下方给出,例如:①某某人,某大学某学院教授,副院长;②某某人,某单位某部门科员;等等。

(3) 摘要。以 100～300 字为宜,对文章内容进行简要概括。

(4) 关键词。3～5 个。

(5) 正文。正文中标题层级依次编号为:

一、二、三……

(一)(二)(三)……

1.2.3……

1)2)3)……

(1)(2)(3)……

①②③……

正文中需要特别加注的说明性文字,请用脚注(页下注),序号用圆括号加注于被引用文字的右上角。

(6) 参考文献。采用尾注(文末注),正文中需要注释处,请标出注释序号,序号用方括号加注于被引用观点、数据、资料等文字的右上角。

参考文献按在正文中出现的顺序列于文末,其中包括作者、书名 / 文章名、出版社(需要加城市名) / 刊名、出版年份 / 刊发卷期、起止页码等。参考文献的标注方法执行《信息与文献 参考文献著录规则》(GB/T 7714—2015)。

投稿时请将稿件的电子文本(* .doc)通过电子邮件发送至同济大学高等教育研究所“同济教育研究”丛书编辑部的专用邮箱:ter@tongji.edu.cn,请勿投送给个人。切勿一稿多投。作者如在三个月内未收到稿件采用通知,请自行处理;请作者自留底稿,本编辑部恕不退还文稿。

编辑部地址:上海市杨浦区四平路 1239 号衷和楼 805(同济大学高等教育研究所)。

同济大学高等教育研究所

“同济教育研究”丛书编辑部